本书的全部数据和资料均来自公开出版物

国务院发展研究中心研究成果

中国企业"走出去"发展报告

（2013）

REPORT ON THE DEVELOPMENT OF
"GOING OUT"OF CHINA'S ENTERPRISES

（2013）

林家彬 刘洁 卓杰等 著

社会科学文献出版社
SOCIAL SCIENCES ACADEMIC PRESS (CHINA)

本研究由澳大利亚力拓有限公司支持与资助

（Rio Tinto）

顾　　问　刘世锦　山姆·沃尔什（Sam Walsh）

主　　编　林家彬

主要作者　刘　洁　苏　杨　卓　杰

参与作者　叶伟祺　齐浩良　佘　宇

审　　稿　李　建　宋秀丽　卜北风（Helen Robin
　　　　　　Bordie）　鲍谊安（Ian Bauert）

目 录
CONTENTS

前　言

林家彬　苏　杨

对于中国企业"走出去"这个话题，已经进行的研究和已经出版的著作都可谓数不胜数。这些成果中，既有像《"走出去"战略与中国跨国公司崛起——迈向经济强国的必由之路》这样的全面研究，也有像《中国"走出去"方式创新研究》这样的专门探讨，还有像《走出去：民营企业境外投资操作指南》这样的实务手册，全国工商联还专门进行了《中国民营企业"走出去"状况调查》。显然，如果研究领域不专门化、研究类型和角度不创新、研究数据不更新，对中国企业"走出去"的研究就可能有意无意地拾人牙慧而对实践了无作用。正是考虑及此，在澳大利亚力拓有限公司（以下简称力拓）的资助和支持下，国务院发展研究中心社会发展研究部继2010～2011年完成"中国矿产资源管理体制机制"[1] 研究后，组织多个单位的专家，于2011～2012年间开展了"中国资源型企业走出去策略研究"，相关研究成果集成于这本《中国企业"走出去"发展报告（2013）》中。

确定这个研究主题，首先是强调了研究领域聚焦于资源型企业[2]。这个聚焦基于以下时代背景：作为一个正处于工业化和城市化中期的矿产资源消耗大国，中国的快速经济发展所带来的矿产资源需求远非国内的资源供给能力所能满足，这使中国对外源型的矿产资源的依赖将长期存在。但中国这样的大国，如果只是作为末端消费者进口矿产品，"买什么什么就涨"，这种现象已经并还将显著增加中国的发展成本；而且，中国的企业尤其是资源型

---

[1]　相关成果集成于《中国矿产资源管理报告》（社会科学文献出版社，2011）。

[2]　在本书中，将资源型企业定义为以勘探、采掘和加工矿产品为主业的企业。为了简便计，书中也有多处将其称为矿企。

企业想要做大、向一流跨国矿企发展，也不能闭关自守。显然，资源型企业"走出去"已成为确保国家可持续发展和企业提高行业地位、参与国际竞争的重要手段。然而，中国资源型企业的海外拓展之路并不平坦，不仅屡有经济失算的案例，还经常遭遇经济问题被政治化的挫折，这些都使中国企业"走出去"总体上难言成功。为此，专门针对资源型企业的"走出去"问题进行研究是非常有必要的。

就研究类型而言，这个研究是标准的问题导向型的政策研究，与既有的理论研究或操作指南或笼而统之的研究有较大区别，可以更好地服务于政府管理部门、行业协会及对行业发展有较大影响的龙头企业。这个研究以四个问题（**在目前的发展阶段资源型企业"走出去"为什么特别重要、资源型企业为什么在"外面的世界"走不好、在哪些领域有较好的"走出去"前景、有哪些政策和制度需要调整**）为导向，依据最新的统计数据①，系统分析了我国资源型企业"走出去"并走得好需要克服的制度性障碍，然后在借鉴国内外经验的基础上提出了促进资源型企业"走出去"的系统的政策建议。这个前言中凝练了"中国资源型企业走出去策略研究"的主要成果，对这四个问题进行了系统回答。考虑到许多读者尤其是企业界人士对资源型企业"走出去"缺乏系统兴趣，本书在书末附上了对"'走出去'后为什么走不好"和"跨国矿企是怎么跨进发展中国家的"这两个问题的专门回答，使他们也能在"切身利益"之处从本书中开卷有益。全书的逻辑线索和内容结构参见图1。

一　在目前的发展阶段资源型企业"走出去"为什么特别重要？

一言以蔽之，这个问题的答案就是：这是兼顾"保需求"和"谋发展"之必须。

首先看"保需求"。

发展方式转型是我国迈向高收入国家的必经之路，也是促进中国经济可持续发展的重要战略决策。然而中国在发展方式转型中面临着两个基本约束：**第一，中国从来没有将来也不可能有发达国家重化工业高速发展时期享**

---

①　必须说明的是，本书中的全部数据和资料均来自公开出版物。

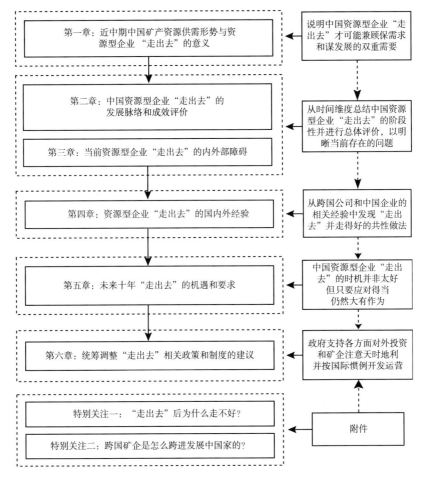

图1 全书的逻辑结构

有的廉价资源供应量和环境容量。我国在主要能源和金属矿产上对外依存度已经过高，这已经造成了国际市场相关产品的价格暴涨，极大地提高了我国的发展成本；同时，我国的污染已经呈现出"复合型、压缩型"的特点，发达国家在工业化中后期出现的污染公害已经在我国普遍出现，我国已没有继续支持这种增长方式的环境容量。**第二，正处于工业化中期的中国，经济增长至今仍然主要是发达国家已基本超越的"高资本投入、高资源消耗、高污染排放"的模式。**世界主要发达国家的发展史都表明，工业化是建立在对土地、能源和矿产资源大量消费的基础之上的，即所谓"高资本投入、高资源消耗、高污染排放"模式。尤其是采取追赶战略的国家，在其快速工业化阶段，这种人均资源消费量随人均 GDP 呈"S"形相关增长的关系表现得更为明显。工业化与矿产资源消耗的一般规律已在我国基本体现出来。而且，由于我国正在经历的是世界上有史以来规模最大的城镇化和在某种程度上担当了"全球工厂"的工业化，这种规律在工业化发展中期的表现更加明显。未来 10 年仍是我国工业化、城镇化的高速发展期，也正是矿产资源消费接近峰值的阶段，矿产资源需求将呈现刚性上升态势，资源短缺对我国经济发展的约束将进一步增强。①

而与中国对大宗矿产资源的强大需求形成鲜明对比的是，中国在国际大宗资源型商品市场上没有话语权，没有能力去主导或显著影响多数国际大宗资源型商品的市场价格。在 2000 年后的多数时间段，国际资源市场呈现出明显的卖方市场特征，资源类行业形成寡占型的市场结构，某些大宗产品的供给被垄断组织或者少数大公司所控制。② 中国对某些种类的海外矿产资源高度依赖，使得经济发展不可避免地受到了国际大宗矿产资源价格波动的深刻影响，成为矿产资源价格不断上扬的最大受害者。如果这种情况不改变的话，未来随着中国工业化和城市化的快速发展，用于进口的石油、铜、铁矿石等大宗矿产资源的高额的外汇支出将使中国经济发展的成本显著上升。

显然，在这两个约束和国际矿产品的供需状况影响下，对正处于工业化、城市化中期的我国这样一个大国来说，大量需要重化工业产品是必然的，以本国资本控股的资源型企业为主来保障需求也是必然的。在这种情况下，中国别无他路，必须利用"两种资源、两个市场"。

其次看"谋发展"。

当前，世界经济处于不稳定复苏阶段。我国经济从长远来看将保持平稳较快发展，但国内资源环境约束加剧，劳动力成本上升，且原来的发展方式长期积累的深层次矛盾凸显，迫切需要转变经济发展方式、促进产业结构优化升级。在这个过程中，在国家经济总量上占有相当比例的资源型企业通过"走出去"参与全球竞争是转变和升级的主力。而且，资源型企业自身的发展也必须选择"走出去"的道路。中国资源型企业是实施国家资源安全战略的主体，资源型企业自身实力的强弱，在很大程度上影响了国家资源安全

---

① 据对 45 种主要矿产可采储量保证程度分析预测，到 2020 年，有 25 种矿产将出现不同程度的短缺，其中 11 种为国民经济支柱性矿产。石油和天然气的供给缺口将达到每年上亿吨以上。

② 以铁矿石为例，世界排名前三的供应商必和必拓（BHP Billiton）、淡水河谷（Vale）、力拓（Rio Tinto），其供应量总和占全球市场供应量的 70%。

的保障程度。而由于矿产资源的有限性和各国资源禀赋的差异性，局限在国内不利于矿业企业的可持续发展。**从这些方面的形势来看，相对中国的发展需要，中国的矿业企业依靠国内只能立足，难谋发展。**其实，国际经验也早已说明这一点：当今世界实力雄厚的跨国资源型企业，无一不是在全球寻找资源并通过兼并、收购、重组等资本运营手段实现几何级数的规模扩展，实现规模化运营和体现成本降低、技术共享的优势，据此扩大市场份额、增强控制资源和左右市场的能力。如今，中国资源型企业已具备一定实力，"走出去"是企业发展规律的必然。如果仅仅局限在自己国家，会使国内矿业企业失去与国外同类企业竞争的地位。因此，企业需要以一种全球观的角度看待发展，只有成为国际领先才能保持竞争优势。

总结起来，资源型企业"走出去"是兼顾"保需求"和"谋发展"的不二之选：第一，能够使我国充分利用国内外"两个市场"和"两种资源"，弥补国内资源和市场的不足，保障国内短缺资源的安全和稳定供应，保证我国社会经济的可持续发展。第二，能够促进我国在全球范围内进行经济结构优化和战略性调整。第三，我国矿企"走出去"能够促使我国矿企在更大范围、更广领域和更高层次上参与国际经济合作与竞争，在激烈的国际市场竞争中发展壮大，成为全球配置资源和占领市场的跨国公司。从而不仅能够延长上游产业链，规避价格风险，直接获得一些价格公道、长期稳定的资源能源供应，同时可以增强与世界大型矿业公司谈判议价的筹码，通过分享资源能源的定价权，降低企业成本。第四，有利于增强我国的综合国力和参与全球市场竞争的能力。①

二 资源型企业为什么在"外面的世界"走不好？

对于企业来说，可持续的盈利是维持自身生存和发展的基础。没有持续的盈利，保障国家资源安全只能是空谈。因此，资源型企业不仅需要"走出去"，更需要在"外面的世界"走得好。

近年来，随着中国经济的快速发展，中国企业"走出去"的深度和广度均有大幅度增加，我国矿企到海外勘探开发矿产资源的活动越来越频繁，国际化程度逐步提高，商业谈判能力与议价能力不断成熟，参与国际合作及

---

① 张华：《我国企业投资海外矿产资源的策略》，《中国矿业》2010年第10期，第28～31页。

并购案例也日渐增多。尽管中国矿业企业积累了"走出去"的丰富经验和资本运作的大量技巧，① 取得了一定成绩，但在"走出去"后也多有企业遭遇"成长的烦恼"："走出去"却难走进去，更难赚得回。② 2009 年，《中国企业对外投资现状及意向调查报告》指出，迄今为止中国企业海外投资约1/3 成功，1/3 失败，1/3 不赔不赚，且与中国企业国内投资情况迥异的是，大企业往往遭遇大烦恼。最近几年媒体就不断报道中国矿企海外投资巨亏的消息，而且，这些矿企大多是堪称企业国家队的央企。对国家而言，如果不能迅速从国家战略层面统筹部署，资源型企业在"外面的世界"走不好将显著迟缓我国发展方式转型的进程。

如此多的矿企在"走出去"后走不好，不能不从体制机制上寻找原因。我国资源型企业在"外面的世界"走不好既与国内外经济形势有关，也与我国相关体制机制不健全有关，还与企业自身的因素密不可分。

（1）国内外经济形势

2008 年发生金融危机以来，世界经济尚处于企稳、复苏阶段，资源富裕国普遍面临经济不景气的影响，因此，欢迎外国投资带动本国经济走出金融危机。发达国家中的资源富裕国对我国企业投资的态度有所缓和；发展中国家的资源大国受我国经济发展成就和国际地位提高的鼓舞，既欢迎我国投资带动当地经济增长，更希望借此加强和我国的经济技术交流，分享经济社会发展经验，在国际舞台上携手合作。这为中国资源型企业"走出去"提供了难得机遇。

然而从当前经济运行情况来看，全球经济进一步放缓风险极高，出现二次衰退的风险已显著上升。欧债危机仍是全球经济领域的最重要威胁所在，同时先进经济体经济增长率将持续下滑，新兴市场和发展中经济体增幅也将持续减缓。并且随着金融危机缓解和世界经济复苏，国际社会在危机之初所展现的协作精神有所动摇，国际贸易保护主义重新抬头。许多发达国家针对我国设置诸多贸易、投资和技术壁垒，一些发达国家还以"中国威胁论"

---

① 我国成功"走出去"的企业具有共同的特点，简而言之，**在"走出去"时注重对天时地利人和的综合考量，不盲动，敢放弃，也敢抓住机会抄底**。所谓天时地利人和，就是这些企业在开发资源和并购企业时注重风险控制，追求海外项目的市场化运作和经济收益，并注重文化的融合。具体可参见本书第四章。

② 我们在本书中总结的**中国资源型企业"走出去"有两个共性问题：①"走出去"却难以"走进去"**，海外并购成功率不高，在并购时容易经济问题政治化；②**"走出去"却赚不回。**

等进行挑拨，增加我国企业进入的困难，使中国企业在"走出去"的过程中时常遭遇不公平待遇。发展中国家注重资源把控，从政策、税收、就业、环保等方面对我国企业投资提出更加严格的要求。这都使得中国资源型企业"走出去"面临更大的风险和挑战。

从长期来看，中国经济还将保持较快增长，但增长速度将会渐渐放缓，这是经济发展的一个规律性现象。从短期来看，中国经济正在保增长、防通胀、调结构和促改革的复杂局面中前行，处于震荡发展期。① 当前我国经济发展的主要目标是转变经济发展方式，实现消费、投资、出口平衡拉动，经济、社会、生态环境协调发展，以创新为动力，以集约化为特征的科学发展。从现实情况来看，一方面，中国也面临跌入"中等收入陷阱"的风险：经济增长过度依赖投资和出口；成本上涨速度超过劳动生产率提升速度，增长效益降低；制度创新和技术创新力低下，产业扩张更多依靠数量增长而不是质量提升。另一方面，我国目前仍处于工业化转型期，经济增长方式正在发生转变，矿产资源消费强度峰值开始显现，并开始出现缓慢下降的趋势。但随着人们生活水平的提高，基础设施不断完善，矿产资源消费总量将呈现继续上升的趋势，② 未来我国矿产资源需求空间仍然很大。预计我国矿产资源需求峰值将在"十三五""十四五"时期陆续出现，经济发展与资源环境承载力之间的矛盾将愈加突出。③ 在这种情况下，推进经济发展方式转变必须充分利用"两个市场、两种资源"。资源型企业"走出去"是主动利用外部市场和资源的重大举措，是加快经济发展方式转变的重要途径。

不过，也应该看到，在企业的跨国经营中，制度是影响企业绩效的一个十分关键的因素，它不仅仅是一个背景条件，而且能够直接影响企业战略的制定和实施。目前，我国资源型企业"走出去"既面临外部因素的阻碍，也受到国内的相关管理因素和企业内部因素的制约。对于跨国经营的企业来说，制度障碍主要体现在两个方面，一方面是引资国的制度障碍，另一方面是我国的制度性障碍。

---

① 李佐军：《中国经济未来 V 加 U 形增长》，http://finance.sina.com.cn/roll/20090929/02456803850.shtml。
② 矿产资源消耗存在两个拐点：一是矿产资源消耗强度达到峰值时对应的拐点，矿产资源由粗放利用向集约利用转变；二是矿产资源消费水平达到峰值时对应的拐点，矿产资源消费由增加向减少转变。
③ 任忠宝、王世虎、唐宇、周海东：《矿产资源需求拐点理论与峰值预测》，《自然资源学报》2012 年第 9 期，第 1480～1489 页。

（2）我国资源型企业 "走出去" 面临的外部障碍

必须看到，我国的资源型企业大规模 "走出去" 并 "赚得回" 也有力所不逮的客观因素，即天不时、地不利和人不和。其中，地不利和人不和主要是制度性障碍。

天时上的因素是 "我们起晚了，没虫子了"。20 世纪 90 年代曾有较长时间，全球初级产品行业包括矿业、农产品一直处于较低回报水平，矿业勘探投资持续走低。正是因为此前的勘探开发不足，在突遇需求增长，特别是中国等发展中国家需求激增的情况下，全球资源价格爆发了一轮大牛市。这个突如其来的行情变化可从以下两方面数据窥斑：根据国家有关部门发布的行业投资评价参数显示，1993 年黑色金属采选的基准收益率仅为 2%，而到 2006 年，则大幅增加为 15%，同时有色矿业的基准收益率也从 1993 年的 3%～5% 增加到 15%。而大型钢铁联合和有色冶炼的基准收益率却仅同比提高 1%；自 21 世纪以来，金属矿产品价格迎来了一个超级繁荣周期。比如有色方面的进口铜精矿，2002 年大概不到 400 美元/吨，到 2011 年已经超过 2000 美元/吨。再比如铁矿石，2002 年进口价只是 20 多美元/吨，到 2008 年已经大幅超过 200 美元/吨，目前也在 120～140 美元/吨的水平，排除人民币升值和通货膨胀因素，涨幅仍是非常可观。

地利上的因素，则是中国的地脉不利，既缺少许多发达国家在殖民地时代打下的文化认同基础，也缺少美国那样通过胡萝卜后的大棒震慑出的传统势力范围。这样，中国的企业在 "走出去" 寻求资源时，缺少国家软实力支撑，难以获得公平竞争的环境。

人和上的因素，是目前影响较大的。在当前世界各国政府、企业和社会民众日益重视资源能源保护的背景下，引资国的政治因素是中国资源型企业 "走出去" 面临的最大阻碍。2005 年中国海洋石油总公司收购美国优尼科公司，2009 年中国铝业收购力拓等，都是迫于政治压力而退出竞购或被迫终止收购。矿业企业海外经营项目涉及能源、矿产资源等敏感领域，出于对本国能源矿产资源保障和国家安全的考虑，引资国政府对本国矿企被中国企业并购持谨慎态度或反对态度是很正常的反应。但随着中国企业 "走出去" 规模不断扩大，特别是国际金融危机发生以来，国际社会比较密集地出现了针对我国企业对外投资行为的争议，使一些国家对中国资源型企业表现得过于敏感，甚至在政治上有更多的猜忌。因贸易投资保护主义、所谓的国家安全问题和引资国国内舆论等因素将商业行为政治化，引资国对于中国的投资，特别是重要资源和关键技术的收购与投资，往往设置较高的门槛，由此导致中国企业海外受阻或失败的例子可能会越来越多。另外，从体量来看，我国"走出去"的资源型企业以国有企业为主体。尽管中国国有企业的市场化程度越来越高，国企与私企的界限早已变得相当模糊，① 但国有企业的行为仍常被认为是代表政府的意图。中国政府对国有企业海外投资的支持容易引起引资国政治上的顾虑，同时也容易受到不公平竞争的起诉，使审批部门常以国家安全或保护当地企业为由拒绝收购申请。西方对中国国有企业的绩效和透明度向来表示质疑，而且认为国有企业的目标常常是为了实现政府的意愿而不是高效地利用资源。因此，国有企业在"走出去"的过程中所遇到的政治方面的障碍较多。

总结起来，我国矿企"走出去"所遭遇的政治阻力一般具有三个特点：一是多发生在欧美发达国家；二是多来自有条文出处的法律障碍，主要包括反垄断审查、国家安全审查、税收制度以及环境保护方面的法律；三是多具有不确定性，这些国家的政府可能出于本国经济形势或民意甚或有影响力的大企业院外公关效果而直接采用行政手段或法律手段阻断外来投资。

（3）我国资源型企业"走出去"面临的内部制度性障碍

内因是事物变化的根本动力，外因只能通过内因发挥作用。尽管外部有诸多不利因素，但只要母国形成有利的制度环境，则企业"走出去"的数量和质量都会显著提高。"走出去"战略提出以来，我国各级政府及商务部、国家发改委、财政部、国家税务总局、国家外汇管理局等有关部门对境外投资的态度不断变化，在境外投资管理制度、财税金融政策、外汇管理制度方面相继出台并不断修改了一系列推动企业"走出去"的政策。但我国对外投资体制机制目前还不够完善，一定程度上制约了资源型企业"走出去"的规模和效率，主要表现在以下几个方面：

第一，对外投资的行政审批程序繁杂。我国企业对外投资，需要经过国家外汇管理局、商务部、国家发改委、财政部和国务院国有资产监督管理委员会以及中国保监会、中国银监会、中国证监会等行业管理部门的审批。一般的企业对外投资至少要获得三个部门的审批，国有企业、保险公司需要审

① 中国企业，无论是国企还是私企，都必须经政府批准后才能开展跨国并购和其他全球化活动。即使是中央直属的一级国企（通常简称央企，由国务院国有资产监督管理委员会监管），它们在"走出去"的过程中也同样要应对私企所面临的多数问题。

批的部门更多。而且除了商务部明确规定了行政审批的期限之外，其他部门的审批时间并不确定。而对国家规定的政策，各部门又有不同的理解，缺少统一的、具有较强可操作性的政策规范，增加了大量不必要的成本，也耽误了很多良机。

第二，金融支持体系不完善。从目前国内所提供的金融服务来看，普遍难以满足"走出去"企业，尤其是民营企业的金融需求。这主要表现在：①我国境内母公司向境外子公司在境外融资提供担保的审批门槛较高。②商业银行全球授信体系尚不完善。③对境外投资的政策性金融支持服务尚欠完善。④商业银行提供跨境金融服务尚不能满足企业跨国经营战略的需求。⑤资本市场不成熟制约企业跨国经营。⑥出口信用保险发展滞后。①

第三，配套服务不足。一是缺乏具有稳定性和权威性的基本立法。到目前为止我国还没有出台一部全面、系统规范对外投资的基础性法律，已有的规定仍然以国家多个相关部门的"数个"部门规章为主，缺乏足够的稳定性和权威性。二是公共信息服务体系极不健全。目前有关政府部门虽然通过自己的网站建立了政务服务平台，但这类平台基本上都是根据本部门职能设计的，没有针对对外投资的统一平台，查找起来十分不便。三是缺少相关扶持政策。四是缺乏能够帮助中国企业"走出去"提供会计、法律等相关服务的专业服务机构。五是行业组织发育不够，难以对企业海外投资活动给予实质性支持。②

第四，既有扶持政策之间缺少协调。从机构设置上看，中国目前还没有一个权威性的综合协调管理机构来进行海外投资的宏观协调和统一规划。由于海外投资管理机构不统一，职能分散在几个部门中，政出多门、多头管理的现象时有发生，导致审批内容重叠、职能交叉过多，降低了我国企业对外投资的效率。

（4）我国资源型企业自身存在的问题

尽管中国资源型企业在"走出去"过程中会受制于国内外的各种制度障碍，但从企业的角度看，外因要通过内因起作用，所以中国企业自身存在的缺点和不足是导致企业"走出去"走不好的更重要原因。

第一，国际化经营管理能力严重不足。我国资源型企业既缺乏整体的企业模式运营经验，又缺乏具有国际经营经验水平的管理团队。在"走出去"过程

---

① 《构建企业"走出去"金融支持体系》，http：//finance. sina. com. cn/money/roll/20110211/02359358584. shtml。
② 国务院发展研究中心金融所课题组：《促进我国对外投资的政策措施与发挥香港平台作用》，2007。

中事先没有建立科学系统的对外经营战略，普遍缺乏战略规划，对矿业国际惯例和运行模式不甚了解或缺乏研究。而且在实践中，我国企业常常不按国际公司的规则办事，并常混淆"政治"与"商业"之间的界限。此外，中国企业在文化整合和人力资本整合方面，与国际行业领先者相比存在较大差距。

第二，在投资方式上，有一些央企参与的海外并购体量太大且无本土合作方，这种收购就常常和国家安全关联起来，将经济问题变为政治问题，最终被非经济因素破坏。目前的海外资源并购往往以中国的超大国企为主进行，单一的投资主体、巨大的交易金额和以控股为目标的诉求直接导致当地政府和民众对我国资源型企业的警觉与反感，再加上我国一些企业高调宣传，许多国家对"中国抢夺资源""中国威胁论"的担心与日俱增，结果使海外并购行为遇到许多障碍，甚至失败。

第三，国有企业存在弊端。中国资源型企业"走出去"的主体是国有企业，国企在体制上有着自身的弊端，主要表现在：企业缺乏严格的成本收益核算观念，对外并购不计成本，投资决策缺乏科学、全面的评估和调查；在以"走出去"的成果作为考察国企领导者政绩主要标准之一的大前提下，国有企业海外投资普遍存在好大喜功和盲目并购的问题；国外银行提供并购贷款时，首先会对目标资产进行评估，而国内银行对国企提供的多是政策性贷款，很少对目标资产进行价值评估，这也会导致并购成本的虚高。[①]

第四，在时机上，中国资源型企业没有未雨绸缪的超前思考，往往是在市场已经火暴时才开始部署相关工作，这样不仅成本高且易于吸引太多关注，经济问题政治化也与时机紧密关联。反之，跨国矿企的收购，如力拓收购加铝，就使其"经济的归经济"；合作开发蒙古铜矿，就是在冷门地域超前地开疆拓土。在中海油并购优尼科的过程中，时机选择就是中海油失败的一个重要因素。

第五，部分中国企业过于"急功近利"，未将企业自身利益与引资国国家利益、所在社区利益有机结合，并且缺少全面规范的制度。这种"急功近利"表现在两个方面。一方面，本地化经营不足；另一方面，部分中国企业在海外没有履行好企业社会责任，从而引发当地民众不满，爆发争议。

第六，危机公关能力达不到国际水准。与国际企业相比，目前中国大部分企业的危机管理只停留在产品、服务和品牌传播等单一环节阶段，全面危

[①] 刘晓岚：《中国企业海外矿产资源并购研究》，中国地质大学（北京）博士学位论文，2011。

机管理体系尚未建立。中海油收购美国优尼科、中铝并购力拓等海外并购失败的案例，都凸显了中国企业危机公关能力欠缺，面对国外质疑时与各方受众沟通的能力薄弱，危机管理能力不足。

综上所述，我国有些矿企"走出去"屡屡受挫，从内因角度，还是要归咎于一些公司在一些方面没有像跨国公司一样办事，既没有全面考量天时、地利、人和方面的因素，也没有足够的应对危机准备，以至于经济问题容易变成社会问题，在特殊情况下甚至引发政治问题①。

三 在哪些领域资源型企业有较好前景？

从上述国内外经济政治形势以及中国资源型企业"走出去"面对的制度性障碍可以看出，企业"全面地走出去"还难以实现，因此首先要保证为我国国内资源短缺，并且与国民经济和社会发展密切相关的大宗矿产拓展更好的海外来源，这样才能为中国经济的可持续发展保驾护航。此外，在我国经济发展模式由粗放型向集约型转变的背景下，提升产业结构、改善国民经济的运行质量在今后一段时期内仍将是一项非常艰巨的任务。为此，应当从转变经济发展方式的角度出发，选择合适的产业及重要领域鼓励相关资源型企业"走出去"，统筹调整相关政策减少制度性障碍，使企业在这些又重要又有可能操作好的领域率先在"外面的世界"走好。

铁矿石、石油、煤炭以及有色金属是我国国内资源短缺并与国民经济发展密切相关的大宗矿产，这四个行业的可持续发展对我国产业结构调整、提高国民经济的运行质量具有重要意义。在这四个重要领域中，石油企业和煤炭企业在"走出去"方面已具有良好的基础，尤其是中国的国有石油公司虽然属于中国政府，但它们做出的投资决策越来越多地基于市场信号，而不是国家指令。而且中国石油企业"走出去"已经起到了促进全球能源供给基础更加多元、增强能源市场的竞争性，并最终使所有能源消费国受益的作用。而铁矿行业方面，中国企业出于各种原因"走出去"成效不佳②，铁矿石资源

---

① 中国的矿企在非洲引发群体性事件已不是孤例，而力拓等跨国企业不仅近30年从未引发这样的事件，甚至其矿业生产安全状况（如事故伤亡人数）也实现了全球无差异（例如，2007年，力拓集团因为安全生产事故死亡3人，其中只有1人为其发展中国家分公司员工）。

② 正如本书第四章的分析，中国五矿等企业认为，在目前这样的格局下，中国资源型企业在铁矿等方面"走出去"很难取得竞争优势。

的保障体系亟待完善。有色金属企业"走出去"步伐也亟待加快。我国应着重在这四个领域统筹调整相关政策，促进企业在这些领域中率先在"外面的世界"走好。表1总结了这四个领域中企业"走出去"现状及需要调整的政策。

表1　未来我国资源型企业"走出去"的重要领域及其调整政策

领域	"走出去"战略	已有基础	统筹调整政策
石油行业	加快实施"走出去"战略。支持国内石化企业开展境外并购和投资合作。支持国内企业开展境外油气、天然橡胶等资源开发合作。	石油企业在"走出去"过程中积累了相当多的经验，取得了显著的成绩，实现了出口拉动、拓展市场、获得技术和资源，加快了产业结构的调整和升级，实现了同国际接轨的高速发展，具备了"走出去"的有利条件。	政府提高综合统筹能力，完善跨部门协调机制，加强实施"走出去"战略的宏观指导和服务。扩大人民币在跨境贸易和投资中的作用。维护我国海外权益，防范各类风险。石油企业必须考虑在保持制造业优势的同时，向产业链高增值环节迈进，提高我国石油企业在全球经济中的地位。另外，通过对外投资主动地从全球获取资金、技术、市场、战略资源。
铁矿行业	强化铁矿石资源保障体系建设(铁矿石保障首次纳入"十二五"规划)。积极优化铁矿资源全球配置，鼓励钢铁企业"走出去"建设国际铁矿石产业链，增强国际铁矿石市场供需关系的战略调控力。	随着我国矿山开发项目投资加快，市场活跃，铁矿保障能力显著提高。但目前国内的钢铁行业过于分散，集中度过低，各企业之间同质化竞争激烈，而且铁矿石对外依赖度过高。钢铁企业需要通过联合重组，提升专业化水准，提高资源的合理配置，积极参与国际化竞争。	整合政策资源，形成政策合力，鼓励和引导国内钢铁企业积极参与国际铁矿石资源的合作勘查开发，通过并购、参股等多种方式在国外建设铁矿、焦煤、锰矿、铬矿等资源基地，提高海外权益资源供应量比重；支持有条件的钢铁企业到国外建设钢铁厂，探索在境外建立钢铁生产基地。同时，鼓励企业积极参与海运市场、码头、海外矿山基地及相关配套设施等方面，采取措施防止矿山公司对主要铁矿石港口和海运航线的进一步垄断。摸索铁矿石期货市场、指数市场等金融衍生品的机制。
煤炭行业	积极开展国际合作，深入实施"走出去"战略。	近几年，中国煤炭企业明显加快了"走出去"的步伐。在2011年的能源矿产资源收购中，海外煤炭并购案数额仅位于石油之后，位居第二。目前国际国内煤炭都处于高位，煤炭企业"走出去"收购煤矿容易获得较高收益。另外，各国能源政策不一样，目前在发展中国家收购煤炭资源政策上相对宽松，价格也较为低廉。	研究设立境外投资专项资金，对国家鼓励的境外煤炭重点投资项目给予支持。鼓励金融机构通过出口信贷、项目融资等多种方式，改进和完善对企业境外煤炭投资项目金融服务。积极发挥商业银行作用，为企业境外煤炭投资提供融资支持，对国家鼓励的境外煤炭投资重点项目加大信贷支持力度。建立健全风险防控机制、安全风险预警机制和突发事件应急处理机制。

领域	"走出去"战略	已有基础	统筹调整政策
有色金属行业	积极利用"两种资源、两个市场"，提高资源保障能力，加快国内电解铝等过剩产能向境外转移，提高企业国际化经营水平。将国际合作作为提升有色金属工业竞争力的重要途径。	资源综合利用水平明显提高，国际合作取得明显进展，主要有色金属资源保障程度进一步增强。但资源保障程度低成为制约我国有色金属工业发展的重要瓶颈。	政府加强规划与产业政策、年度计划的衔接，及时与相关部门进行信息沟通和工作协调。优化产品进出口结构，规范进出口秩序，积极应对国际贸易摩擦。鼓励进口有色金属资源和产品，在符合世贸组织规则的情况下，严格限制高能耗、高排放、资源性产品及初级深加工产品出口。积极推动制定境外矿产资源勘查开发支持政策，鼓励有条件的企业积极开展国际合作，增强"走出去"主体实力，提高境外投资质量。

四 需要调整哪些政策和制度？

通过对我国诸多资源型企业在海外"走不好"的共性原因分析，可以看出政府统筹调整政策、企业改变经营方式并按国际公司规则办事是减少企业"走出去"阻力、推动企业海外发展的重要途径。但相关管理体制机制如何改，企业如何优化国际运作方式？他山之石、可以攻玉，在我国的市场经济体制尚未完善之际，发达的市场经济国家或地区的管理体制机制以及成功"走出去"的企业不失为样板。因此，我们总结了海尔、华为等非资源型企业在"走出去"方面的成功经验，研究了国际一流矿企在模糊国家属性和企业属性、促进矿区周边社区可持续发展方面的诸多措施，并从立法、一般性的对外投资的政策支持、资源能源类对外投资的专项政策以及全球矿产战略等方面分析了韩国、印度、美国和日本等国家在对外投资方面的成功经验。

借鉴国内外经验，我们认为中国政府必须在战略层面统筹安排"走出去"的相关政策设计，包括对外投资管理体制改革、海外投资的公共服务体系建设以及财税金融制度改革等，采取多种方式，以铁矿等重点领域为突破口鼓励企业"走出去"并创造条件让其在国外做大做强。具体来说，中国政府未来需要重点做好四方面工作：一是要加强企业海外投资立法，制定国家对外直接投资的战略规划；二是要深化境外投资管理体制改革，加快境外投资法制建设，简化审批、规范程序、强化服务，加强部门间协调与配合；三是要建立健全企业"走出去"的服务保障体系和风险控制体系，加强公共信息服务。在对外投资管理中，管好国企，放开民企，更多地通过双边政府协商、提供信息咨询等措施保护中国企业的对外投资，降低海外投资的政治风险；四是要加强财税优惠政策和金融支持政策，鼓励商业银行加大对民营企业"走出去"的支持力度，强化政策性金融支持，探索利用高额的外汇储备支持企业海外拓展的方式和途径。

而就中国资源型企业自身而言，更需要苦练内功，提升国际竞争力，增强"走出去"实力。在国际化的过程中，企业首先应强化"合作双赢"的投资理念、打造与海外公司的利益共同体；其次要加强对海外市场法律法规、政治社会稳定性、合作伙伴、民众需求等方面的认识和了解，提高风险控制能力和企业管理能力；再次要构建符合自身国际化经营要求的组织架构，建立与本企业特点相结合的国际化经营管理体系，不断提高国际管理运营能力；最后要加强公司治理、社会责任和法制意识，注重履行社会责任，提升中国企业的海外形象，使海外拓展之路走得平稳扎实。此外，在战略步骤上，还要注意循序渐进，低调谨慎，避免急于求成。

在这一过程中不仅需要政府各部门如国家发改委、商务部、国家外汇管理局、国家能源局等整合政策资源，企业加强内部管理，还需要政府、企业与其他机构如银行、保险机构等共同努力，形成政策合力，落实"走出去"战略的统筹组织工作、简化审批制度、完善税收、融资政策、构筑对外投资的风险评估与防范体系、加快海外投资的公共服务体系建设以及提升资源型企业国际竞争力，如图2所示。

有了对这四个问题的回答，相信读者对我国资源型企业"走出去"的国内外经济政治形势就有了初步了解，对我国资源型企业"走出去"却"走不好"的成因有了深刻的理解，对政府如何统筹调整相关"走出去"政策和制度，企业如何增强自身实力有了框架思路，对未来资源型企业在国际市场上的竞争也应该充满信心。更具体的内容，请读者在正文中一览究竟。

需要说明的是，这个研究中反映的资源型企业"走出去"的情况及相关评价，只是我们的一家之言。但对这样的话题，不能只用春秋笔法，必须立场鲜明地将经验和教训秉笔直书，才可能让读者真正明白中国怎么破解资源约束，中国怎样才能催生出跨国矿企？

也需要说明的是，尽管这个课题研究是力拓资助和支持的，但课题组坚持了研究的中立性和公开性：研究中采用的数据全部来自公开出版物，研究

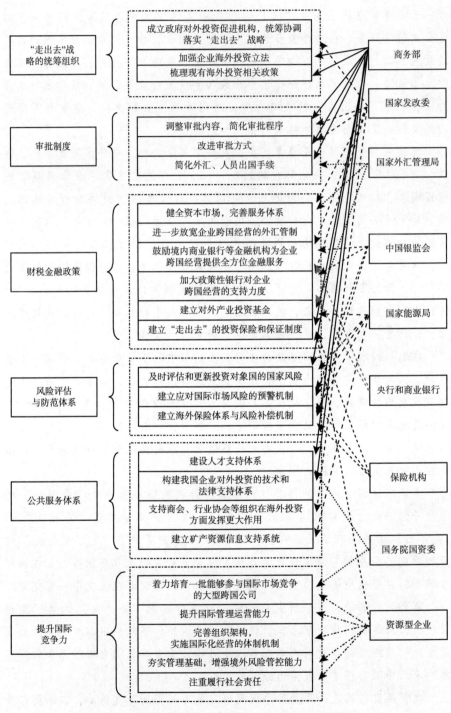

图 2 推进我国资源型企业"走出去"的政策措施

完全站在中国的中立研究机构立场，既没有偏袒考虑某个政府部门利益，也没有不适当地美誉力拓，而是将其经验与中国国情相结合，以发现可资借鉴之处。最后，还需要说明的是，这个集体研究的成果，是由以下研究人员完成的：国务院发展研究中心社会发展研究部林家彬、苏杨、佘宇，北京联合大学商务学院刘洁，上海理工大学叶伟祺和齐浩良等。曾在研究生期间在国务院发展研究中心社会发展部实习的国务院发展研究中心东方文化和城市发展研究所卓杰，不仅参与了书末技术含量较高的特别关注一的写作，还参与了前言的翻译工作。国务院发展研究中心副主任刘世锦、社会发展研究部部长葛延风和力拓中国区总裁鲍谊安（Ian Bauert）、副总裁任滨彦、公共事务部总经理宋秀丽、研究与分析部总经理卜北风（Helen Robin Bordie）和商业分析经理李建等对研究工作给予了指导和支持，本书引用的百余种文献（具体参见脚注和书末的参考文献）的作者给予了我们思路、启迪或提供了数据资料，在此一并致谢。

2013 年 1 月

Preface

Lin Jiabin & Su Yang

There are numerous research and published work for the topic of China's enterprises "going out". The research outcome includes comprehensive study such as " 'Going Out' Strategy and the Rise of China Multi-National Enterprises—the Only Way to an Economic Power", specialized study such as "On China's 'go globally' mode innovation", operation guide such as "Going out: Operation Guide for Non-State-Owned Enterprises Oversea Investment", and investigation such as "A Survey on the Situation of Going Global of Non-State-Owned Enterprises in China" by All-China Federation of Industry & Commerce. Obviously, the research on China's enterprises going out will pick up what others say intentionally or unintentionally and is of no significance to practice, if the research field would not been specialized, innovation would not been made to research angle, and research data would not been updated. Therefore, with the funding and support of Rio Tinto, LTD (Australia), the Research Department of Social Development of Development Research Center of the State Council (DRC), organizing experts from multiple institutions, has carried out the research on "the going out strategy of China's resources enterprises" from 2011 to 2012. The related outcome is integrated in this "Report on the Development of 'Going out' of China's enterprises (2013)".

The determination of this research subject firstly takes an emphasis on the research field focusing on resources enterprises[①]. This focus is based on the

---

① The resources enterprises are defined as enterprises which take exploration, mining and processing of mineral products as predominant work in this book. It has been writen as mining enterprises for convenience in many points.

background of times: the fact that China rely on exogenous mineral resources will last for a long time caused by the condition that the demand for mineral resources resulting from the rapid economic development could not be satisfied by domestic resources supply capacity in China, which is in the mid-term of industrialization and urbanization, and consuming large mineral resources. However, the phenomenon of "the price of whatever to buy being up" has significantly increased the development cost of China if China only import mineral products as an end consumer. Moreover, enterprises especially resources enterprises of China should not close their doors if they want to become the first-class multinational mining enterprises. Apparently, it has become important means of ensuring the sustainable development of China and enterprises improving industry position, and participating in international competition for resources enterprises to go out. However, the road of overseas expanding for China's resources enterprises is not smooth. There are not only many cases of deficit but also setbacks of the politicization of economic issues. It is hard to be considered as success on the whole for China's enterprises to go out as a result. Therefore, DRC has organized related experts and carried out special research on "the Going Out Strategy of China's Resources Enterprises" with the support of Rio Tinto.

The present study is a standard problem-oriented policy research, which is quite different from existing theoretical research, operation guide or general study, and can provide better service for the government departments, industry associations as well as the leading enterprises having great impact on the development of industry. This research is oriented by four questions (Why the resources enterprises going out is especially important at the current stage of the development? Why the resources enterprises go bad in the "outside world"? What areas are there having better prospects in going out? What policies and systems need to be adjusted?), makes a systematic analysis of institutional barriers which China's resources enterprises need to overcome in going out based on the latest statistics[①], and then put forward systematic policy recommendations for exploring ways to go out based on the experiences at home and abroad. The main research results is condensed in this preface, and these four questions are answered systematically. Considering the fact that many readers especially businessmen are lack of systematic interest in resources enterprises going out, the technical answers for two questions "Why go bad after going out?" and

---

① It should be noted that all the data and references in the book come from open publications.

"How do international mining enterprises step into the developing countries?" were attached at the end of the book, so that they can get more while skimming it. The contents of the book can be summarized with a development structure shown in Figure 1, which is convenient for reading.

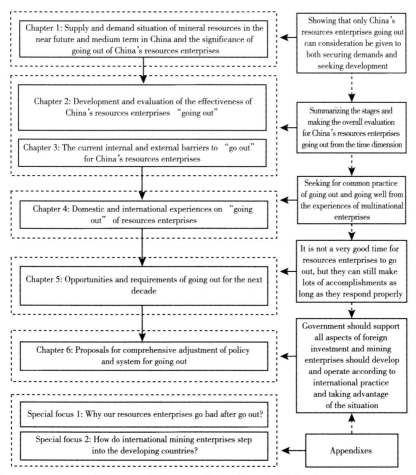

Figure 1　The general structure of this book

1. Why are resource-based enterprises especially important to become international in current stage of development?

In a nutshell, the answer to this question is: This is to accommodate the requirement of both guaranteeing the domestic demand and seeking further development.

First, let's talk about "guaranteeing the domestic demand".

3

The transformation of the mode of development is not only the way towards a high-income country, but also an important strategic decision to promote the sustainable development of China's economy. However, in the transformation of the mode of development, China faces two fundamental constraints: first, China has never been and will never enjoy cheap resources availability and environmental capacity that have ever been met by the developed countries during the rapid development of heavy and chemical industries. Chinese major energy and metal ores depend heavily on foreign market, which has caused the international market price skyrocketing, greatly increase the cost of China's development; at the same time, China's pollution has showed the feature of complexity and compression type. The pollutions produced by the developed countries in the middle-late industrialization period have been widespread in China, China has no environmental capacity to continue to support this kind of growth. Second, being in the middle of industrialization, China's economic growth mode is still characterized by "high capital investment, high consumption, high pollution emissions", which developed countries have basically past. The development history of the world's major developed countries have shown that industrialization was based in the mass consumption of land, energy and mineral resources, which is the so-called "high capital investment, high consumption of resources, high pollution emissions" mode. Especially for the catch-up countries, the relationship between per capita resource consumption and per capita GDP was "S" shaped in the stage of rapid industrialization. The general rule of mineral resources consumption in industrialization begins to emerge in China. Moreover, as China is experiencing the largest urbanization in the world and industrialization to some extent serving as the "world's factory", this law in middle stage of the industrialized development is even more obvious. The next 10 – 20 years is an important period for China's industrialization, urbanization and agricultural modernization process, it is also close to the peak stage of mineral resources consumption, the demand for mineral resources will show a rigid upward trend, the resources constraints on China's economic development will be further enhanced.

In sharp contrast with China's strong demand for bulk mineral resources, China has no right to speak, on the international resource market and do not have enough power to dominate or significantly affect the market price of international resource market. International resource market after the year of 2000 showed the obvious characteristics of a seller's market, the resources sector was generally structured as an oligopoly and supply of certain bulk products had been controlled by a few monopolists and a small number of large companies. China is highly dependent on certain types of overseas mineral resources, subject to the price fluctuations of international mineral resources. So, China is to some extent the biggest victims of the continuous rise in prices of mineral resources. Without changing of this situation, under the future rapid development of China's industrialization and urbanization, high oil, copper, iron ore and other mineral resources foreign exchange expenditure will enable a significant increase in the cost of China's economic development. Under these two constraints, for a country like China, which is during the middle phase of industrialization and urbanization, it is inevitable to need large amounts of heavy industry products, and is also inevitable to rely on national Capital Holdings to provide these products. In this case, in order to ease the resource and environmental constraints must be two resources and two markets.

Second, let's turn to "seeking further development".

At present, the world economy is in an unstable recovery phase. The deep-rooted contradictions of our economy in the long run will be to maintain steady and rapid development, but intensified domestic resources and environmental constraints, rising labor costs, and the long-term accumulation of the original development problems highlights the urgent need to change the mode of economic development, promote the optimization and upgrading of industrial structure. In this process, resource-based enterprises, which take a substantial proportion of the overall economy, will play a critical role. Moreover, the development of resource-based enterprises needs to choose to go international. China's resource-based enterprises are the main body of the implementation of the national resource security strategy. The strength of resource-based enterprises, to a large extent affects the level of protection of the safety of the national resources. The limitation in mineral resources and differences in national resource endowments are not conducive to the sustainable development of the mining companies. From these aspects of the situation, relative to China's development needs, China's mining enterprises can only keep a foothold but hard to seek development just relying on domestic. In fact, international experience already illustrate this point: in today's world all the powerful multinational resource-based enterprises are looking for resources, expanding scale geometrically, achieving large-scale operations and taking advantages of cost reduction and technology sharing through means such as mergers, acquisitions, restructuring and capital operationin order to expand market share and enhance the ability of controlling resources and market. Today, the Chinese resource-based enterprises have certain strength and "going out" is an inevitable rule of enterprise development. Confined in the home country, Chinese mining companies will lose the competitiveness with their counterparts abroad. Therefore, Chinese companies should adopt an international development strategy and only to become an international leader can they maintain a competitive advantage.

To sum up, "going out" is the right choice for resource-based enterprises to guarantee domestic demand and seek further development at the same time. First of all, it enables us to make full use of both domestic and international markets and resources, to make up for domestic resources and market in China, to protect the security and stability of supply of the domestic deficient resources, and to ensure the sustainable development of China's society and economy; Second, to promote China's economic structure optimization and strategic adjustments; Third, China's mining enterprises "going out" can make themselves participate in international economic cooperation and competition in a larger field and at a higher level, grow and develop in the fierce competition of the international market, become the multinational enterprises which allocate the resources and occupy the market on a global scale. Thus they not only are able to extend the upstream industry chain, avoid price risk, and access directly to some of the fair price, long-term and stable supply of resources and energy, but also can enhance the chips of negotiating and bargaining with the large-scale mining companies in the world, and can reduce the cost of enterprises through sharing the pricing power of resources and energy; fourth, to help enhance China's comprehensive national strength and the ability to participate in the global market competition.

2. Why the resource-based enterprises did not perform well in international market?

For enterprises, sustainable profitability is the basis to maintain their own survival and development. Without sustainable profitability, protection of national resources security is illusory. Therefore, the resource-based enterprises not only need to "go out", but also need to do well in the international market.

Recent years, with the rapid development of the Chinese economy, Chinese enterprises have played a more and more important role in international market. The overseas mineral resource exploration and development of China's mining enterprises are more and more frequent, the degree of internationalization gradually increases, business negotiating capacity and bargaining power continues to mature, and participation in international cooperation and merger cases is also increasing. Chinese mining enterprises have accumulated experience and capital operation skills of "going out" and make some achievements, but many enterprises suffer from "Growing Pains": great difficulty in making profits in international market. In 2009, Chinese enterprises' status quo and intentions of foreign investment and report pointed out that, so far, the 1/3 Chinese enterprises was successful overseas, nearly 1/3 failed, 1/3 broke even, and large enterprises often encountered with big trouble, which is very different from the domestic investment of Chinese enterprises. In recent years, the media have been reporting the messages of huge loss of Chinese mining enterprises' overseas investmentand most of these mining enterprisesare central enterprises which are like "national team" of the enterprises. If the country cannot quickly deploy and coordinate at the national strategic level, resource-based enterprises in the "outside world" going bad will significantly slow the process of China's development mode transformation.

So many mining enterprises failed in the international market, which urges us to find reasons on the institutional mechanisms. The failure is not only related to the economic situation at home and abroad, but also to China's imperfect relevant institutional mechanism and the companies' own factors.

(1) Economic situation at home and abroad

Since the financial crisis in 2008, the world economy is still in the stage of recovery. Resource-rich countries in general are facing with an economic downturn, and welcoming foreign investment to stimulate their economies out of the shadow of the financial crisis. The resource-rich countries' attitude to the investment of China's enterprises have somewhat eased; the developing countries are inspired by the achievements of China's economy and international status, so they welcome our investment to promote local economic growth, hope to strengthen the economic and technological exchange and share experience of economic and social development, and work together on the international stage with China. This is a rare opportunity for resource-based enterprises to "go out".

From the current situation of economic operation, however, the risk of the global economic further slowdown is very high and there has been a significant increase in the risk of double-dip recession. The debt crisis in Europe is still the most important threat of the global economic field, while the economic growth rate of the advanced economies will continue to decline and emerging market and developing economies' growth will continue to slow down. With mitigation of the financial crisis and recovery of the world economy, the collaborative spirit which the international community showed in the beginning of the crisis has been shaken, the protectionism in international trade resurges. Many developed countries set a lot of trade, investment and technical barriers for China. Developing countries pay emphasis on controlling the resources, place stringent policies, taxation, employment, environmental protection and other requirements for Chinese enterprises. Some developed countries also provoke with "China threat theory", to increase the difficulty of Chinese enterprises to enter, so Chinese companies often face unfair treatment in the process of "going out". These all make the resource-based enterprises "going out" faces greater risks and challenges.

In the long term, China's economy will maintain rapid growth, but the growth rate of the economy will gradually slow down, which is a regularity phenomenon in economic development. In the short term, China's economy is moving forward in the complex situation of maintaining growth, anti-inflation, adjusting structure and promoting the reform and is also in a concussion development period. The major goal of China's economic development is the mode transformation of economic development, realizing the scientific development characterized by the balance of consumption, investment and exports, and the coordination of economy, society and ecological environment, and innovation as a driving force, intensive production as a crucial feature. From a realistic point of view, China is also facing with the risk of "middle-income trap": economic growth is over-rely on investment and exports; the cost is rising faster than labor productivity and the benefits of growth are low; institutional and technological innovation is poor, and industrial expansion relies more on the number of growth rather than the quality. On the other hand, China is still in the transition of industrializationin which the mode of economic growth is transforming, the peak of consumption intensity of mineral resources begins to emerge and slow gradually. With the improvement of people's living standard and infrastructure, the consumption of mineral resources will continue to show an upward trend, the future demand for mineral resources in China has still much room. It is expected that the demand for mineral resources in China will peak in the "13th Five-Year", "14th Five-Year" period, and the contradiction between economic development and resources and environment capacity will become more prominent. In this case, for transforming the economic development mode we must take full advantage of the "two markets and two resources". Resource-based enterprises' "go out" is an important way to use external market and resources, and is critical for speeding up the transformation of the mode of economic development.

However, we should see in the multinational business operations, the institution is a crucial factor to affect corporate performance, and it is not just a background condition, but able to influence directly the formulation and implementation of the corporate strategy. At present, China's resource-based enterprises' "going out" is hindered by both external factors and domestic management factors and enterprises internal factors. Institutional barriers for transnational business enterprises are mainly reflected in two aspects. On the one hand, institutional barriers are from foreign countries; on the other hand, from China itself.

(2) external obstacles faced by China's resource-based enterprises

It must be noted that the objective reason why resource-based enterprises went

9

bad in going out and making profits is "not at right time and place and harmonious neighbours' relation". Not at right place and harmonious neighbours' relation are the major institutional barriers.

"Not at right time" means "birds woke up late, no insect to eat". There was a long time in the 1990s when global primary products industries including mining, agricultural products had been in a lower level of return, and the mining exploration and investment remained low. It was precisely because of the lack of previous exploration and development and at the same time the demand was rising especially in China and other developing countries, so a bull market of global resource prices outbroke. This sudden market changes can be revealed from two datasets: industry investment evaluation parameters according to the relevant departments of the state show ferrous metal mining benchmark yield was only 2% in 1993, and in 2006, a substantial increase to 15%, while the benchmark rate of nonferrous Metal Mining increased from 3% - 5% in 1993 to 15%. The large steel and non-ferrous smelting benchmark yields only rose by 1%; since the new century, metal mineral prices ushered in a super-boom cycle. Such as import colored copper concentrate in 2002 was probably less than 400 U. S. dollars/ton, but had been more than 2000 U. S. dollars/ton in 2011. Another example was iron ore in 2002, the import price was just over 20 U. S. dollars/ton, but it had significantly risen to more than 200 U. S. dollars/ton in 2008, and currently 120 – 140 U. S. dollars/ton, which increase was still impressive without considering the RMB appreciation and inflation factors.

Geographical factors are detrimental to China which is lack of both the basis of cultural identity that many developed countries built in the colonial era and the traditional sphere of influence that the United States constructed by carrot and stick. In this way, when going abroad to seek the resources, China's enterprises are lack of national soft power so it is difficult to obtain a fair competitive environment.

It is the most important factor if there is harmonious relation with neigbhors. In the context of each government, enterprises and the public increasing emphasis on the protection of resources and energy, investment recipient country's political factor is biggest obstacle for China's resource-based enterprises to "go out". In 2005, China National Offshore Oil Corporation made acquisition of Unocal Corporation in the United States, in 2009 Aluminum Corporation of China shared with Australia Rio Tinto but both those cases were withdrawn under political pressure. As mining companies' overseas projects involve sensitive areas such as energy, mineral resources and so on, the government's cautious or opposed attitude to the mergers and acquisitions of domestic mining enterprises by Chinese enterprises is a normal reaction considering their energy and mineral resources protection and national security. But with Chinese enterprises "going global" scale expanding, especially since the international financial crisis, it appears intensively controversies over foreign investment behavior of Chinese enterprises in the international community, and some countries even incurred more suspicion in political due to extrasensitivity to Chinese resource-based enterprises. Because the commercial activities are politicalized by factors such as the trade and investment protectionism, the so-called national security issues, and domestic public opinions and others, investment recipient countries tend to set a higher threshold for Chinese investment particularly in the important resources and the acquisition of key technology and investment, which result in more and more blocked or failed example of Chinese enterprises overseas. On the other hand, China's "going out" resource-based enterprises are mainly state-owned enterprises. Despite the increasing degree of marketization of China's state-owned enterprisesand the boundary between state-owned enterprises and private companies has become quite blurred, the behaviors of state-owned enterprises are still often considered to be representative of the Government's intentions. Chinese government supporting for state-owned enterprises overseas investment is likely to cause political concerns from foreign governments, attract prosecution of unfair competition, and make the examination and approval department refuse acquisition application to uphold national security or to protect local businesses. In addition, the West has always questioned the performance and transparency of China's state-owned enterprises, thought that the goal of state-owned enterprises is to realize the government's wishes rather than efficient use of resources. Therefore, many political obstacles are encountered by the state-owned enterprises in the process of "going international".

To sum up, political resistance encountered by China's mining enterprises has three characteristics: first, occur in developed countries in Europe and the United States; second, come from legal obstacles, including law such as antitrust review, the review of national security, taxes system as well as environmental protection; third, have much uncertainty, the governments of these countries may directly use administrative measures or legal means to block foreign investment out of their economic situation or public opinion or even influential big business lobby.

(3) internal institutional barriers faced by China's resource-based enterprises in "going international"

Internal factors are the dominating force in things' development, while external factors play a role only by internal factors. Despite the external negative factors, but as long as the home country to form a favorable institutional environment, quantity and quality of enterprises "going abroad" will be significantly improved. Since "going abroad" strategy had been proposed, all levels of government in China and the Ministry of Commerce, the National Development and Reform Commission, Ministry of Finance, State Administration of Taxation, the SAFE and other relevant departments are changing attitudes toward foreign investment, constantly introducing and modifying some policies on overseas investment management system, fiscal and financial policies, foreign exchange management system to encourage enterprises to go out. Institutional mechanisms of China's foreign investment are still not perfect, which to some extent restricted the scale and efficiency of resource-based enterprises "going out". Mainly manifested in the following aspects:

First, the administrative examination and approval procedures for foreign investment are complex. Foreign investment in China needs the approval of the SAFE, the Ministry of Commerce, Development and Reform Commission, the Ministry of Finance and the State-owned assets management department, and the China Insurance Regulatory Commission, the China Banking Regulatory Commission, the SFC industry management department. Generally, a foreign investment corporate has to obtain approvals at least from three departments. State-owned enterprises, insurance companies need the approval of more departments. In addition, except that the Ministry of Commerce defines the duration of the administrative examination and approval, the approval time for other sectors is uncertain. About the state policy, each department has a different understanding, lack of uniformand strong operational policy specification, which adds a great deal of unnecessary costs and wastes a lot of opportunities.

Second, the financial support system is imperfect. The domestic financial services generally cannot meet the need of "going out" enterprises, especially private enterprises. This is mainly reflected in: ① China's parent company providing guarantees of offshore financing to the overseas subsidiariesis facing with higher approval threshold. ② Commercial banks' global credit system is not perfect yet. ③The financial support services of overseas investmentis are not perfect. ④ Commercial banks providing cross-border financial services cannot meet the needs of transnational business strategy. ⑤ The capital market's immaturity constraints transnational business enterprises. ⑥ The development of export credit insurance lags.

Third, supporting services are not enough. First, legislation with stability and authority lacks. So far China has not introduced a comprehensive, systematic basic law to regulate foreign investment yet, and the existing main regulations are still several departmental rules, which lack of stability and authority; Second, public information service system is very imperfect. Even though relevant government departments through their own websites established platforms of government services, such platforms are basically designed according to the functions of the departments and did not aim at overseas investment so it is very inconvenient to use; Third, lack of supportive policies; Fourth, lack of professional service organizations to provide accounting, legal and other related services to help Chinese enterprises " going abroad "; Fifth, the development of industry organizationsis not enough, so it is difficult to give substantial support to overseas investment activities of enterprises.

Fourth, lack coordination during the existing supportive policies. From the institutional setting point of view, there are not authoritative coordination and management agencies to conduct overseas investment macroeconomic coordination and harmonization of planning. Non-uniform overseas investment management organizations, functions dispersed in several departments, policies set by different departments, multi-head management, all led to the overlapping approval and excessive overlapping functions and reduction of the efficiency of foreign investment in China.

(4) shortcomings of Resource-based enterprises themselves

Although the Chinese resource-based enterprises are subject to a variety of institutional barriers at home and abroad in the process of "going abroad", from the perspective of the enterprises external factors function through internal factors. So, Chinese enterprises' own shortcomings and deficiencies are the more important reason causing businesses to fail in going abroad.

First, the international management capacity is seriously inadequate. China's resource-based enterprises neither lack the overall enterprise mode operating experience, but also lack management teams with international operating experience. They fail to establish a scientific, systematic external business strategy in the process of "going abroad", generally lack strategic planning, and lack understanding and research about international conventions and running mode of the mining industry. And in practice, the Chinese enterprises often do not play by the international rules, and often confuse the boundary between "politics" and "business". In addition, the Chinese enterprises are facing with a wide gap in the integration of cultural resources and human capital compared with the international industry leader.

Second, in terms of investment mode, in some overseas mergers & acquisitions in which a number of enterprises participated volume was too large and they were without local partners, so these acquisitions were often associated with national security, the economic issue turn into a political issue, and eventually destroyed by non-economic factors. Overseas resources acquisitions were often conducted by China's large state-owned enterprises, and single investment body, a huge amount of trading and holding target demands directly result in the vigilance and resentment of the local governments and people. Coupled with high-profile publicity of some of China's enterprises, many countries worried about the "China rob resources", "China threat theory". Therefore, acquisitions behavior encountered with many obstacles, and even failure.

Third, state-owned enterprises have their own drawbacks. State-owned enterprises are the main force of "going abroad" resource-based enterprises, they have their own institutional drawbacks, mainly: lack of strict cost-benefit accounting concepts, regardless of the cost of foreign mergers and acquisitions, investment decisions lack scientific, comprehensive assessment and investigation; under the premise of the outcome of "going abroad" as one of the main criteria to examine the achievements of the state-owned

14

enterprises' leaders, the state-owned enterprises' overseas mineral investment have widespread problem of grandiose and blind mergers and acquisitions; when foreign banks provide M & A loans, they will firstly assess the targetassets, while domestic banks more provide policy loans to state-owned enterprisesand rarely make target asset valuation, which can lead to artificially high acquisition costs.

Fourth, in terms of timing, resource-based enterprises in China did not take precautions, but often take measures when the market is already hot. It not only increases the cost, but also attracts too much attention, and at the same time politicizing economic issues are close to the timing. On the contrary, the acquisition of the multinational mining enterprises, such as Rio Tinto buying Alcan is economic activity itself; cooperation to develop Mongolian copper mine, is an example of taking up market in immature areas. In the process of CNOOC merging Unocal, timing is an important factor resulting in failure.

Fifth, some Chinese companies are eager for quick success and instant benefit, do not think self-interest of corporate is interrelated with national interests and community interests, and also lack a comprehensive and standardized institution. This "instant success" is manifested in two aspects. On one hand, the lack of localization of business; On the other hand, some Chinese enterprises overseas did not fulfill the corporate social responsibility, causing local dissatisfaction and outbreak of controversy.

Sixth, crisis public relations capacity is below international standard. Compared with international enterprises, most Chinese enterprises crisis management still stay in products, services and brand communications stage, the comprehensive crisis management system has not been established yet. CNOOC's acquisition of Unocal, the aluminum's merger of Rio Tinto and other overseas mergers and acquisitions failed, which highlight the lack of crisis public relations capacity of Chinese enterprises, the weak ability to communicate with all parties in the face of questions from outside, and the lack of crisis management capability.

In summary, some of our mining enterprises failed frequently in "going abroad". From the internal point of view, it is because some companies did not act like multinational companies, did not consider the factors of timing, place and relationship with others, did not prepare well for the crisis so that the economic problem is easy to become a social problem, even incur political problems in special cases.

3. In which areas resource-based enterprises have better prospects?

As mentioned, it is difficult for the resource-based enterprises to "go out" because of the economic and political situation at home and aboard as well as the institutional barriers in the face of the resource-based enterprises. Therefore, we must first guarantee to expand better overseas sources for the mineral resources which are closely related to the economic and social development but lacking domestic, so that it can serve to the sustainable development of China's economy. In addition, based on the context that the mode of China's economic development is shifting from extensive one to an intensive one, it will continue to be difficult tasks to upgrade the industrial structure, improve the quality of the national economy in the period ahead. For this reason, we should start from changing the mode of the economic development, choose the right industry and crucial areas, encourage resource-based enterprises "going out", adjust policies to reduce institutional barriers so that we can make those enterprises succeed in the important and operational area in the "outside world".

Iron ore, oil, coal and non-ferrous metal are those minerals which lack domestic and are closely related to the national economy development. The sustainable development of the four sectors has great significance for China in improving industrial structure and the quality of the national economy. In these four crucial areas, the oil enterprises and coal enterprises have good foundation in "going out". Especially China's state-owned oil company, which although belonging to the Chinese government, make their investment decisions increasingly based on market signals rather than national orders. Chinese oil enterprises' "going out" has played a role in promoting global energy supply's diversified base, improving the competition of the energy market and benefiting all the energy consumers. But in iron ore industry Chinese companies are underperforming in "going out" because of some reasons[1] and the security system of the iron ore resources need to be improved. The "going out" of non-ferrous metals enterprises needs to be speeded up. China should adjust relevant policies in these four areas to make these enterprises perform better in the "outside world".

---

[1] As analyzed in paragraph 4, based on current pattern, China Minmetals and other companies believe that it is hard for resource-based enterprises in China such as iron ore company to gain competitive advantages when "going out".

**Table 1 Crucial areas in which resource-based enterprises "go out"
and policies need to be adjusted**

Areas	"Going out" strategy	Existing foundation	Policies of adjustment
Oil industry	Accelerate the strategy of "going out". Support domestic petrochemical enterprises to carry out overseas merges and investment cooperation. Support domestic enterprises to develop offshore oil and gas, natural rubber and other resources cooperation.	Accumulated considerable experience in the process of " going out ", the oil companies have made remarkable achievements in boosting the export, expanding the market, gaining technology and resources, speeding up the adjustment and upgrade of industrial structure, achieving a high-speed development in the international standard so they have the conditions of "going out".	Government should improve their ability of co-ordination, improve cross-sector coordination mechanism, strengthen the guidance and service of " going out " strategy. Government should expand the role of the Yuan in cross-border trade and investment and Safeguard China's overseas interests and guard against all kinds of risks. The oil companies must keep the advantages of manufacturing, move to the high value-added sectors of the industry chain, and improve the status of China's oil companies in the global economy. On the other hand, oil companies must make foreign investment actively to gain capital, technology, market, and strategic resources from the globe.
Iron ore industry	Strengthen the security system of iron ore resources (iron ore security is included in the " 12th Five-Year Plan " for the first time). Be active to optimize iron ore resources in the world configuration, and encourage iron and steel enterprises to go out to construct the international iron ore industry chain, and enhance the strategic ability of regulating relationship between supply and demand in the international iron ore market.	Iron ore supply security has improved due to the accelerating investment of the mine development project and the active market in China. However, the domestic steel industry is too fragmented and the concentration is too low, and there are intense homogeneous competitions between enterprises, while iron ore is facing high external dependence. Iron and steel enterprises need to enhance professional standards, to improve the rational allocation of resources and to participate actively in international competition through consolidation and reorganization.	Government should integrate policy resources to encourage and guide the domestic iron and steel enterprises to participate in the cooperation of the international iron ore resources exploration and development; Increase the proportion of overseas interest in resource supply through a variety of ways such as mergers and acquisitions to participate construction of iron ore, coking coal, manganese ore, chrome ore resource base; Support conditional steel enterprises to build a steel plant aboard and to explore iron and steel production base. At the same time, government should encourage enterprises to participate actively in the maritime market, docks, and overseas mining base, to support facilities, to take measures to prevent further monopoly of the mining company on the main iron ore ports and shipping routes. Government should explore the mechanisms of the iron ore futures market, index and other financial derivatives market.

续表

Areas	"Going out" strategy	Existing foundation	Policies of adjustment
Coal industry	Implement the strategy of "going out" and carry out international cooperation	In recent years, Chinese coal enterprises accelerate the pace of "going out". Acquisition of energy and mineral resources in 2011, the amount of overseas coal merges is located in second place only after the oil. Due to the high international and domestic coal prices, the coal enterprises' acquisition of the coal mines is likely to get a higher income. In addition, national energy policy is not the same in different countries. The policy of acquisition of the coal resources in developing countries is relatively loose so the price is relatively cheap.	Government should establish special funds for overseas investment to support key overseas coal investment projects. Encourage the financial institutions to improve financial services for coal enterprises' overseas investment projects by a variety of ways such as export credit and project financing. Make commercial banks play an active role in providing financing support for coal enterprises' overseas investment and increasing credit support for the key overseas coal investment. Establish a sound risk control mechanism, the risk warning mechanism and emergency handling mechanism.
Non-ferrous metals industry	Use two kinds of resources, two markets to improve resources supply, to transfer the domestic electrolytic aluminum excess capacity to the outside, to enhance the level of international operations. Make the International cooperation an important way to enhance the competitiveness of non-ferrous metals industry.	The level of resource utilization has been improved significantly, and international cooperation has made significant progress, and main non-ferrous metal resources supply has been enhanced. However, the support of the resources is too low, which become a bottleneck restricting the development of Chinese non-ferrous metals industry.	Government should strengthen the convergence of the planning, industrial policy and the annual plan and should communicate and coordinate with the relevant departments in time. Optimize product import and export structure, and regulate the import and export order to cope with the international trade friction. Encourage the import of non-ferrous metal resources and products. Limit strictly the export of the high energy consumption, high emission, resource products and primary processing products in line with WTO rules. Promote and develop policy to support overseas mineral resources exploration and development and encourage qualified enterprises to carry out actively international cooperation, and enhance the ability of "going out", and improve the quality of overseas investment.

4. Which policies and system should we adjust?

Through analyzing the common reason why many of our resource-based enterprises "went bad" overseas, it can be seen that government adjusting policies and enterprises changing the way to do business and acting in accordance with the rules of international companies are the important way to reduce the resistance of "going out" and to promote overseas development. But how to change institution and mechanisms of management? How to optimize enterprises' international operations? Advice from others may help us overcome our shortcomings. Enterprises management system and mechanism and successful "going out" enterprises of developed countries or regions may well be a model for China when our market economy has not been perfect. Therefore, we summarized the successful experience of "going out" of the non-resource-based enterprises such as Haier, Huawei and we studied the measures which the world-class mining enterprises took to fuzz state's property and enterprise's property and to promote the sustainable development of the communities surrounding mining area. We studied the successful experience of foreign investment of countries such as South Korea, India, the United States and Japan from legislation, policy support for foreign investment in general, special resources, energy outward investment policy to global mineral strategy.

Learning from the experience at home and abroad, we believe that the Chinese government must design and co-ordinate "going out" policy including foreign investment management system, the public service system of the overseas investment as well as fiscal and financial reform at a strategic level. Chinese government must take a variety of ways to encourage key enterprises such as iron ore enterprises to go out and create the conditions to let them bigger and stronger abroad. Specifically, the Chinese government need to focus on four aspects in the future: First, to strengthen the legislation about overseas investment, and to establish the strategic planning about the country's direct overseas investment; Second, to deepen the reform of the system of overseas investment management, to speed up the construction of the legal system about overseas investment, to improve service while simplifying the examination and approval and standardizing procedures and to strengthen coordination and cooperation between departments. Third, to establish and improve the service system and risk control system of "going out", to strengthen the public information service. In foreign investment management, we need to manage the state-owned enterprises, liberalize private enterprises, to protect foreign investment and to reduce the political risk of overseas investment of Chinese enterprises through bilateral government consultations, information consulting and other measures. The fourth is to strengthen the fiscal, tax and financial support policies and encourage commercial banks to increase their efforts to support private enterprises "going out", to strengthen the policy of financial support and explore ways and means how we can take advantage of our high foreign currency reserves to help enterprises expand overseas business.

Chinese resource-based enterprises need more hard work to improve their international competitive power and their ability of "going out". First, enterprises should strengthen the investment philosophy of "win-win cooperation" and build a community of interests with companies overseas during internationalization process. Second, enterprises should promote the knowledge and understanding about the laws and regulations on overseas markets, the political and social stability, partners, and the public's needs so that they can improve their skills of controlling risks and managing business; Third, it is necessary to build the organizational structure in line with the international requirements, and to establish international operation and management system combined with the characteristics of themselves so that they can improve capability of the international management and operation. Fourth, enterprises need to strengthen governance, social responsibility, legal awareness and attention to social responsibility to enhance the overseas image of Chinese enterprises and make the overseas expansion more steady and solid. In addition, enterprises should establish more gradual and low-key strategic steps to avoid anxious.

This process needs not only government departments such as the National Development and Reform Commission, the Ministry of Commerce, the State Administration of Foreign Exchange, the National Energy Board integrate policy resources and enterprises strengthen internal management, but also the government, enterprises and other organizations such as banks, insurance agencies joint efforts to form policies together so that China can implement the "going out" strategy, simplify the examination and approval system, improve the tax and financing policy, build risk assessment and prevention system, construct the public service system of overseas investment and enhance the international competitive power of resource-based enterprises. As shown in Figure 2.

With the analysis for these four problems, we believe that the readers have had preliminary knowledge of the economic and political situation on china's resources enterprises going out at home and abroad, had a deep understanding of the reasons why our resources enterprises can go out but go bad, had the framework for how to adjust comprehensively the policies and systems related to " going out " for governments and how to enhance their own power for enterprises, and also had great confidence in the competition of our resources enterprises in the global market. More details will be discussed in the body of the book .

It should be noted that it is just a preliminary view about the situation and evaluation of the resources enterprises " going out " in this study. But for this topic, we should not write in a hidden expressing way, but write the experience and lessons truthfully with a clear-cut position, thereby readers can really understand how to crack the resource constraints and how to develop transnational mining enterprises.

It also should be noted that we adhere the neutrality and openness of research though this research is funded and supported by Rio Tinto: all the data used in the study come from the open publication and the research stand totally on the position of neutral research organization in China. It is neither preferring the interests of a certain government department, nor unduly commending Rio Tinto. Instead, the research combines its experience with China's specific national conditions to find something we can learn from. It should be noted finally that the achievements of this collective research is made by the following researchers: Lin jiabin, Su Yang and She Yu from Research Department of Social Development of Development Research Center of the State Council (DRC), Liu Jie from Business College of Beijing Union University, Ye Weiqi and Qi Haoliang from University of Shanghai for Science and Technology and so on. Zhuo Jie from Development Research Center of the State Council (DRC), has participated in writing of special focus and translation of preface.

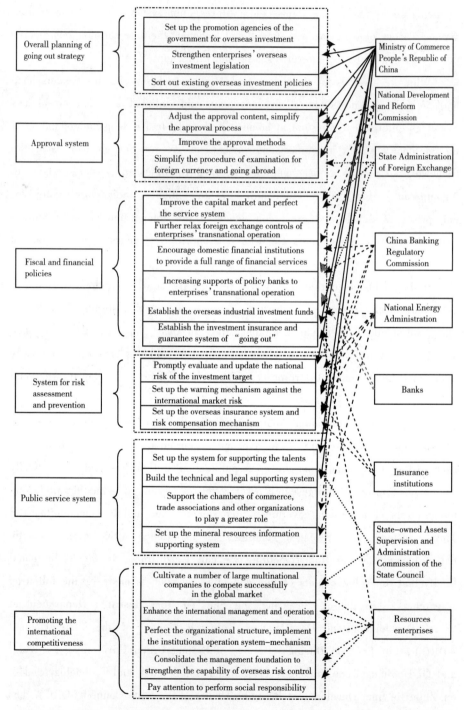

Figure 2　Policy measures for promoting China's resources enterprises to "go out"

Appreciation should be given to Liu Shijin of vice President (Vice Minister) of DRC, Ge Yanfeng, Director-General of Research Department of Social Development of DRC, Ian Bauert, Managing Director China at Rio Tinto, Li Jian, business analysis manager at Rio Tinto and Song Xiuli, General Manager-External Relations, China at Rio Tinto for their guidance and support to this research.

第一章

近中期中国矿产资源供需形势与资源型企业"走出去"的意义

本 章 要 点

1. 资源型企业"走出去"是兼顾"保需求"和"谋发展"的必由之路。

2. 发展方式转型是我国迈向高收入国家的必由之路。但中国在发展方式转型中面临着两个基本约束:第一,中国从来没有将来也不可能有发达国家重化工业高速发展时期享有的廉价资源供应量和环境容量。第二,正处于工业化中期的中国,经济增长至今仍然主要是发达国家已基本超越的"高资本投入、高资源消耗、高污染排放"的模式。这种情况下,为了缓解资源、环境约束,必须利用"两种资源、两个市场"。

3. 中国的资源型企业是实施国家资源安全战略的主体,资源型企业自身实力的强弱,在很大程度上影响了国家资源安全的保障程度。因此,资源型企业"走出去"是自身发展的要求。

当前,我国经济发展的主要目标是转变经济发展方式。发展方式转型是我国迈向高收入国家的必经之路,也是促进中国经济可持续发展的重要战略决策。"十二五"时期是中国全面建设小康社会的关键时期,是深化改革开放、加快转变经济发展方式的攻坚时期。党的十七大报告提出,实现未来经济发展目标,关键要在加快转变经济发展方式、完善社会主义市场经济体制方面取得重大进展。党的十八大报告再次提出,要加快完善社会主义市场经济体制和加快转变经济发展方式,推动开放朝着优化结构、拓展深度、提高效益方向转变。在全球化时代,推进经济发展方式转变必须充分利用"两个市场、两种资源"。资源型企业"走出去"是主动利用外部市场和资源的重大举措，是加快经济发展方式转变的重要途径。

一 "走出去"的必要性：保需求和谋发展

由于矿产资源的分布、种类、储量和产量的极不平衡，以及矿产资源的不可再生性，几乎没有哪个国家能够单独依靠本国资源满足需求。经济体规模越大、发展程度越高，通常需要利用境外矿产资源的规模就越大，我国也不例外，甚至作为后发工业化大国更为突出：随着经济社会的快速发展，我国的矿产资源供求矛盾日益突出。尤其"十五"以来，在我国进入城市化加速发展期和日益成为"世界工厂"后，我国的石油、铁、锰、铬、铜、钾盐等大宗矿产资源短缺的情况越发严重。面对这种局面，立足国内、进口和"走出去"都是对策。但立足国内的潜力有限、无论如何都不能完全满足发展需要，进口则已经形成了"中国买什么什么就涨"的不利态势。可以从以下的详细分析中发现我国通过加大资源型企业"走出去"力度以更好应对这种局面的必要性。除了这种保需求的必要性，还有求发展的必要性：目前我们已经发展到这样的阶段，大型企业需要发展成跨国公司，实现两头在外，在全球一体化市场中获得更好的发展机会，这是更高层次的必要性。而且，只有相当数量的大企业真正实现了"跨国"，中国才可能真正实现现代化。

（一）我国短缺矿产资源供需分析与预测：只能立足，难以发展

1. 工业化与矿产资源消耗的一般规律

工业化过程是人类将自然资源转化成社会财富的过程，是人类大量耗费自然资源，迅速积累社会财富，快速发展经济，大幅度提高人民生活水平的过程，是人类经济社会发展不可逾越的发展阶段。统计规律表明，矿产资源消耗不仅与经济发展方式有关，还与经济发展阶段有关，它们之间呈现一种倒"U"形的曲线关系：（1）在工业化早期，随着经济发展，煤、油、铁等大宗矿产资源消费呈快速增长态势。（2）工业化发展中期，伴随着社会财富积累达到一定水平，矿产资源消费达到峰值。工业化发展中期是一个国家或地区矿产资源消费量的飙升时期，无论是能源矿产还是金属矿产资源的消费量都快速增长。而且，能源和重要金属矿产资源消费的增长速率相当于甚至大于 GDP 的增长速率，人均资源消费量陡然上升。（3）后工业化阶段，

随着效率的提高，矿产资源消费增速趋缓，并开始呈逐渐下降趋势。当社会财富积累到一定水平，基本完成工业化的时候，产业结构就会发生较大改变，大宗矿产资源的消费量就会下降。未来至少到可期的全面实现小康的2020年，我国仍然处于城市化和工业化的高峰期，经济社会发展对矿产资源的需求持续快速增长。经济增长是影响能源消费的一个非常重要的因素。① "十一五"期间我国经济快速增长，相应能源消费也有较大增长，2005～2010年，GDP年均增长率超过11%，能源消费总量也达32.5亿吨标煤，比2005年增加37%，年均增长率6.6%，能源消费弹性为0.59。到2020年，我国经济仍将高速发展，对能源也会有较高的需求。

经济发展对能源消费的影响主要是通过产业结构来体现的。② 根据先行工业化国家的历史经验，工业化进入中后期阶段，就会进入重工业比重不断上升的阶段。目前中国的工业（制造业）还是经济增长的主要内容，在我国能源消耗中，工业消耗的能源大约占70%。因此，在工业化已经进入中期阶段的情况下，中国重工业在未来一段时间内还将会保持较快的发展速度，产业结构重型化也必然会成为未来一段时间内产业结构变迁的主要特征。产业结构重型化会促使能源消费增长，重型化产业结构不仅会影响短期能源消费，还会对长期的能源消费产生影响。据研究，重工业产值每增加1%，会使同期的能源消费总量增加1.80%，下期能源消费增加1.26%。③ 而按照先进工业化国家产业结构与能源消费变化的历史趋势和关联规律，各国工业化阶段能源消费历史曲线基本呈现"先升后降"的抛物线走势，并与产业结构的阶段性演进呈现很强的对应关系：当产业结构呈现"重工业化"的工业化加速发展期（主要表现为工业比重迅速上升，主导产业由轻工业逐步转为以设备、耐用消费品制造为中心的重工业和基础工业，与此同时还伴随着发生大规模的城镇化和进出口贸易）时，能源消费总量和能源

---

① 已有大量研究表明，国民经济发展水平与能源需求量之间存在关联关系，经济增长是影响能源消费的一个非常重要的因素。比如 Chien 应用"面板单位根""异质面板协整"和"面板误差修正模型"对18个发展中国家1975～2001年的能源消费与 GDP 增长的关系进行了研究，结果验证了能源消费与 GDP 增长之间存在着长期和短期的因果关系。如林伯强利用 Johansen 多变量方法考察了中国能源消费与 GDP 等经济变量之间的长期关系，实证结果表明："能源总消费、GDP、能源价格及结构变化之间存在长期的关系。"

② 很多学者对产业结构与能源消费之间的关系进行了研究，认为产业结构对能源消费有重要影响。

③ 张意翔、孙涵：《我国能源消费误差修正模型研究——基于产业结构重型化视角的实证分析》，《中国人口·资源与环境》2008年第1期，第74～78页。

消费强度都会爬向抛物线的"高峰"。随着产业结构重型化的不断发展，我国能源消费总量会不断增加。目前，中国正处于快速工业化阶段，如果按照2010～2015 年国内生产总值（GDP）年均增长 7.5%（2015 年为 6%）计算，未来我国对矿产资源的需求趋势为：粗钢大约在 2015 年之前达到 5.5亿吨至 6 亿吨的需求顶点，之后将稳定并趋于下降；铜铝需求顶点大约在2020 年前后；能源需求在 2020 年前仍将保持较快速度增长。

不仅如此，由于我国重工业发展比重大，高耗能产业的大量存在，企业组织结构不合理，高能耗中小企业的数量还很难减少，节能技术的利用也还需要有一个过程。再加上城市化的发展和人民生活水平的提高，在今后 10年左右的时间里，我国工业发展对矿产资源的需求将依旧十分强劲。而中国的城市化进程将不可阻挡地向前推进，与快速城市化过程相伴随的是我国的矿产资源消费总量的相应增长，年均增长率达到了 5.6%。城市化进程将推动大规模城市基础设施和住房建设，需要大量水泥和钢铁，从而提高整体矿产资源消费水平。2006 年中国 GDP 占世界总量的 5.5% 左右，而钢材消费量大约占世界钢材消耗的 30%，水泥消耗大约占世界水泥消耗量的 54%。有一个很好的比喻可以形象地形容城市化和各类矿产资源的关系：钢材等矿产资源衍生产品是城市化中高楼大厦的"骨架"，油气等矿产资源产品则是工业化和城市化得以进行的"血液"。换句话说，中国的工业化和城市化发展有赖于铁矿石、油气等矿产资源的保障。[①]

以铁矿石为例，虽然从 2002 年开始，受钢材需求与生产拉动，尤其是受国际市场铁矿石价格上扬及海运费上涨等多因素的影响，国内铁矿石投资意愿不断增强，生产出现积极性恢复，使得我国铁矿石产量呈稳定增长态势，到 2010 年全国铁矿原矿产量达 10.7 亿吨，比 2009 年增长 21.6%。但与此同时，不仅国家加大了基础设施建设的投资力度，而且房地产开发与汽车工业等耗钢产业的发展速度也有所提高。加之发达国家和新兴工业国家向我国转移石化、钢铁、汽车、船舶等制造业步伐加快，使得新一轮以重工业为主导的制造业转移加速了对钢铁产品的消费需求，进而导致铁矿石需求更加强劲。近 10 年，我国铁矿石产品的消费量稳步攀升，2010 年铁矿石成品矿表观消费量高达 10.8 亿吨（其中国产原矿成品矿 4.61 亿吨），比 2009 年增长 4.1%，但国内自给率不足 45%。供需对比，近 10 年来，我国铁矿石

---

① 周宏春：《我国资源效率提高空间辨析》，《论坛》2006 年第 4 期，第 1 页。

的贡献矛盾越来越突出，其供需缺口在持续扩张。目前，我国铁矿石消费占全球消费总量的将近 1/3。

2. 我国矿产资源供需形势

从需求角度看，我国经济社会发展对矿产资源的需求量持续增长，并将持续一段时期，图 1-1 显示了 1965~2009 年中国部分能源消费量的变化趋势。按照发达国家的经验，目前我国处于资源消耗增长的爬坡阶段，人均矿产品消费将进入高增长时期。[①] 同时，受全球经济一体化，国际产业结构调整中一些高能耗、资源性产业转移到中国，在一定时期我国还不得不直接、间接出口大量资源产品和资源粗加工产品等因素的影响，我国资源需求总量和消耗量在较长时期内保持高水平是必然的。目前，中国是世界上煤炭消费量最大的国家，2010 年消费的煤炭相当于 1713.5 百万吨油当量，占世界总消费量比例达 48.2%；2011 年，我国石油消费量达到 4.6 亿吨，成为世界第二大石油消费国，占世界石油消费总量的 10.6%；2010 年中国上升至世界第四大天然气消费国，占世界天然气消费总量的 3.4%。[②] 2011 年中国全年能源消费总量 34.8 亿吨标准煤，比上年增长 7.0%。煤炭消费量同比增长 9.7%；原油消费量增长 2.7%；天然气消费量增长 12.0%。主要原材料消费中，钢材消费量 8.4 亿吨，同比增长 9.0%；精炼铜消费量 786 万吨，增长 5.2%；电解铝消费量 1724 万吨，增长 12.1%。[③]

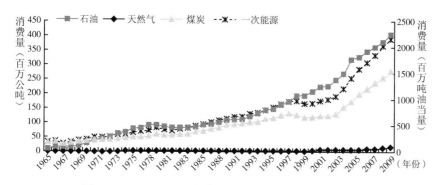

图 1-1　1965~2009 年中国部分能源消费量变化趋势

注：石油消费量在左坐标轴。

资料来源：*BP Statistical Review of World Energy*，June 2010。

---

① 2010 年我国单位国内生产总值能耗是世界平均水平的 2.2 倍。
② 数据来源于《BP2011 世界能源统计报告》。
③ 主要原材料消费量是指表观消费量，即产品产量加上产品净进口量（进口—出口），没有包括库存变动。数据来源于《中华人民共和国 2011 年国民经济和社会发展统计公报》。

从供给角度看，国内矿产品产量虽增长较快，但仍不能满足需求增长；国外进口急增，对外依存度增大。近十几年来，国内矿产资源一直处于新增储量小于消耗储量、"家底"不断亏空的状态，矿产勘查滞后，探明的资源"贫、小、杂"矿多，供求矛盾十分尖锐。与此同时，矿产品价格普遍大幅度上涨，高位运行。煤、原油、铁、铜、铅、锌、铝、钼等各类矿产品的价格都有明显上涨，且这种增长趋势很有可能还会持续较长一段时期。尽管如此，部分矿产品的产量仍不能满足下游产业的要求，部分矿产品不得不从国外进口。比如，我国铁矿资源丰富，遍及全国 29 个省（区、市）的 700 多个县（旗）。但是我国铁矿储量消耗大，目前储产比①仅为世界平均水平的 1/3 左右，储消比②更低。显然，我国在这方面的有效资源基础是非常脆弱的。③

近几年来，矿业市场活跃，社会各方面对矿产资源地质勘查投入不断增加，新发现的矿点数量也不断增加，不过，新增加的主要是查明资源储量。2010 年，我国石油探明地质储量新增 11.5 亿吨，天然气新增 5945.5 亿立方米，煤炭资源新增 430.6 亿吨，铁矿新增 79.8 亿吨，铜矿新增 371 万吨，铅矿新增 493 万吨，锌矿新增 783 万吨，铝土矿新增 1.3 亿吨，金矿新增 610 吨，银矿新增 1.24 万吨，硫铁矿新增 2.5 亿吨，磷矿新增 8.1 亿吨。2011 年是新中国成立以来新增石油探明地质储量第二高的年份，唯一比此高的是 20 世纪 60 年代我国发现大庆油田的年份。据国土资源部统计，2011 年全国石油勘查新增探明地质储量 13.70 亿吨，同比增长 20.6%。石油新增探明技术可采储量 2.66 亿吨，同比增长 21.4%。天然气方面，新增地质储量 7659.54 亿立方米，同比增长 29.6%，新增探明技术可采储量 3956.65 亿立方米，同比增长 37.6%。新增探明地质储量超过千亿立方米的大气田有两个，分别为长庆苏里格和南方元坝。新增探明地质储量大于 300 亿立方米的盆地有 4 个，其中四川盆地新增 2783.70 亿立方米，鄂尔多斯盆地新增 2297.17 亿立方米，塔里木盆地新增 1083.88 亿立方米，松辽盆地新增 398.05 亿立方米，资源潜力较大。

然而在实践上，只有储量才具实实在在的意义。当前，即使是加强地质勘探工作，能够及时促使新增查明资源储量升级而转增为储量，但是也需要

---

① 储产比是资源保障程度的衡量指标，反映了储量可供开采的年限。
② 储消比是指储量和年消费量的比值，反映了现有储量对消费的保障程度。
③ 截至 2009 年，我国已查明铁矿资源储量 624 亿吨，且平均品位比世界平均水平低 10% 以上。而我国是世界第一钢铁生产大国，这种资源和产业的反差使我国付出了过高的代价。

一定的工作周期；更何况储量转增为矿山产量还有一定的周期。所以综合计算，至少在未来10年内，我国矿产资源保障能力是不容乐观的。图1-2至图1-4显示了我国2001~2009年石油、天然气和煤炭的产量与消费量，可以看出石油的生产与消费缺口是最大的。

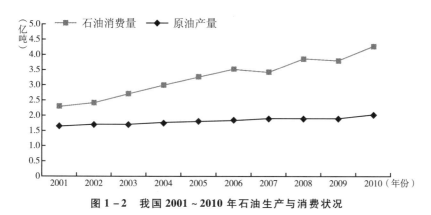

图1-2　我国2001~2010年石油生产与消费状况

资料来源：《2010中国国土资源公报》，《BP世界能源统计年鉴2011》。

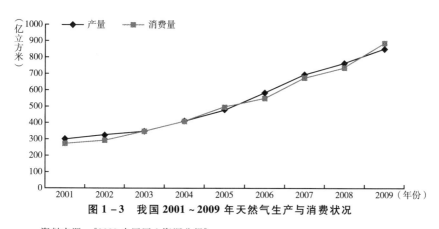

图1-3　我国2001~2009年天然气生产与消费状况

资料来源：《2009中国国土资源公报》。

从矿产资源利用率看，粗放型的经济增长方式尚未从根本上得到转变，资源浪费却很大。从石油、铁矿石等部分主要矿产品消费量占世界消费量的比重来看，1994年我国的石油、铁矿石、铜、镍、钢铁和水泥的消费分别占全球消费的4.7%、29.8%、6.9%、3.9%、14.5%和30.6%。到2005年我国的石油、铁矿石、铜、镍、钢铁和水泥的消费分别占全球消费的7.6%、34.6%、19.9%、10.1%、26.7%和48.3%（如表1-1所示）。目

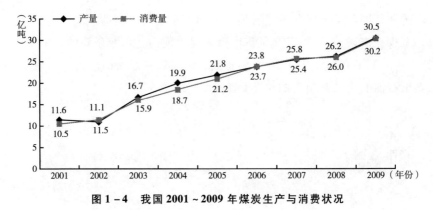

图1-4　我国2001~2009年煤炭生产与消费状况

资料来源：《2009中国国土资源公报》。

前，国内消费原油超过3亿吨、钢4亿吨、煤炭21亿吨。各种矿石的开采量超过70亿吨，对钢铁的需求超过了美国和日本需求的总和，而对铜、镍、锌、铁矿砂和水泥的需求也都超过美国。从资源消耗量占国内生产总值（GDP）的比例来看，2005年我国国内生产总值18.9万亿元，不到世界总量的5%，却消耗了世界8%的石油、31%的原煤、27%的钢铁、25%的氧化铝和40%的水泥。同时，我国共、伴生矿产资源综合利用率不到20%，矿产资源总回收率只有30%左右，分别比国外先进水平低30个和20个百分点，说明我国资源消耗占世界的比重高，资源产出效率低，粗放型经济增长的方式没有根本转变。随着我国经济社会的发展，矿产资源供求矛盾将进一步加剧，特别是关系国家经济命脉的大宗矿产资源面临严重的瓶颈。

表1-1　我国主要矿产品消费占全球比例

单位：%

占全球总消费量	1994年	2003年	2005年
煤	30.0	34.4	31.0
石　油	4.7	7.6	7.6
铁矿石	29.8	34.6	34.6
钢　铁	14.5	26.7	26.7
铜	6.9	19.9	19.9
氧化铝	10.0	21.4	25.0
镍	3.9	10.1	10.1
锌	10.8	20.1	30.0
水　泥	30.6	48.3	48.3

资源来源：江峰：《矿产资源税费制度改革研究》，中国地质大学（北京）硕士学位论文，2007。

3. 2020 年我国对矿产资源的需求变化情况

未来 10 年，我国经济的快速发展将进一步拉动对煤炭、石油、天然气、有色金属、钾盐、水泥等资源和原材料的需求。"十二五"期间，我国矿产资源需求快速增长的基本态势不会发生改变。然而，与对能源和矿产资源持续快速增长的需求相比，矿产资源保障程度总体不足。据预测，到 2020 年，我国煤炭消费量将超过 35 亿吨，2008 ~ 2020 年累计需求超过 430 亿吨；石油 5 亿吨，累计需求超过 60 亿吨；铁矿石 13 亿吨，累计需求超过 160 亿吨；精炼铜 730 万 ~ 760 万吨，累计需求将近 1 亿吨；铝 1300 万 ~ 1400 万吨，累计需求超过 1.6 亿吨。预计 2020 年我国天然气的需求量将超过 2000 亿立方米，而同期的天然气产量只能达到 1400 亿 ~ 1600 亿立方米，供需缺口将达到 400 亿 ~ 600 亿立方米。而据中石油预计，2020 年天然气需求量可能达到 3000 亿立方米，若如此，供需缺口更是将达到惊人的 1500 亿立方米左右。如不加强勘查和转变经济发展方式，届时在我国 45 种主要矿产中，有 19 种矿产将出现不同程度的短缺，其中 11 种为国民经济支柱性矿产，石油的对外依存度将上升到 60%，铁矿石的对外依存度在 40% 左右，铜和钾的对外依存度仍将保持在 70% 左右。[1]

应该指出，在世界人口中占比不到 15% 的发达国家，虽然已经进入后工业化发展阶段，目前仍然消费着全球 50% 以上的矿产资源和 60% 以上的能源。可以预见 2020 年基本完成工业化之后，我国矿产资源消费仍将维持在一个较高的水平上。因此，从主要的大宗矿产资源的供需形势来看，我国依靠国内只能立足，难以发展。

（二）我国短缺矿产资源进口情况及利弊分析

而与中国对大宗矿产资源的强大需求形成鲜明对比的是，中国在国际大宗资源型商品市场上没有话语权，没有能力去主导或显著影响国际大宗资源型商品市场价格。在 2000 年后的多数时间段，国际资源市场呈现出明显的卖方市场特征，资源类行业形成寡占型的市场结构，产品的供给被垄断组织或者少数大公司所控制。中国对海外矿产资源高度依赖，使得经济发展不可避免地受到了国际大宗矿产资源价格波动的深刻影响，成为世界上矿产资源价格不断上涨的最大牺牲者。

---

[1] 《全国矿产资源规划（2008 ~ 2015 年）》。

当前，我国已成为世界上煤炭、钢铁、氧化铝、铜、水泥、铅、锌等大宗矿产消耗量最大的国家。[①] 在能源方面，除煤炭、天然气大致供需平衡外，石油资源已远不能满足国内建设的需要。尽管我国已是世界第五石油生产大国，但储量仅为世界的2.1%，可采量仅占1.8%。从1993年我国由石油净出口国转化为净进口国以来，石油进口量在逐年增长，屡创历史新高。2010年全年我国矿产品贸易同比增长42.9%，其中进口额同比增长43.7%，出口额为同比增长41.2%。2010年我国石油净进口量25525.5万吨，同比大幅增长16.6%，增速比上年加快7.6个百分点；石油对外依存度达54.8%，比上年上升2.1个百分点。全年原油净进口量23626.9万吨，同比增长19.0%，增速比上年加快8.8个百分点；原油对外依存度达53.8%，比上年增加2.8个百分点。表1-2和图1-5显示我国近年来矿产品进口量和贸易情况。

表1-2　2010年我国重要矿产品进口量

矿产品	进口量（万吨）	矿产品	进口量（万吨）
煤炭	18471	铜矿砂及精矿	646.8
原油	23931	铝矿砂及精矿	3007
铁矿砂及精矿	61848	镍矿砂及精矿	2501
锰矿砂及精矿	1158	硫磺	1050
铬矿砂及精矿	866	氯化钾	526

未来10~20年是我国工业化、城镇化、农业现代化的重要时期，矿产资源需求呈现刚性上升态势，资源短缺对我国经济发展的约束将进一步增强。据对45种主要矿产可采储量保证程度分析预测，到2020年，有25种矿产将出现不同程度的短缺，其中11种为国民经济支柱性矿产。按照现有查明资源储量与预测需求量分析，我国石油、铁、铜、铝、钾盐等大宗矿产品对外依存度仍将处于高位。而国际市场资源、原材料价格总体持续上涨，我国已为进口上述矿产付出了高昂的代价。通过海外投资直接获取上游资源的必要性和紧迫性，在全球合同铁矿石价格谈判上表现得最为清楚。

---

① 于猛：《国土资源部地质勘查司司长彭齐鸣：我国油气资源潜力大》，http://finance. people. com. cn/GB/17193688. html。

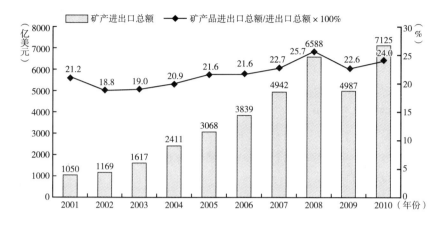

图 1 – 5　2001 ~ 2010 年我国矿产品贸易情况

资料来源:《2010 中国国土资源公报》。

　　近年来，我国铁矿石进口量不断增加。2011 年，我国进口铁矿石 6.86 亿吨，同比增长 10.9%，铁矿石对外依存度已超过 60%，进口额高达 1124 亿美元，在进口的所有大宗产品中仅次于原油。虽然我国是铁矿石进口大国，但一直无法改变"多对三"的铁矿石供需市场谈判格局，没有定价话语权，仅仅是国际铁矿石价格的接受者。为了应对铁矿石涨价，中国钢铁工业协会、五矿商会等做了种种努力，比如规范铁矿石进口秩序、构建中国铁矿石现货交易平台、实行进口资质、推行代理制等，这些做法起到了一定的改善作用，但难以从本质上解决中国钢铁企业依赖三大矿企的格局，无法让进口铁矿石价格回归到合理的区间。2002 年以后，国际铁矿石价格连续上涨。2002 年中国进口铁矿石平均到岸价只有每吨 25 美元，到 2008 年，这一数字上升到每吨 136 美元，6 年增长了 4.4 倍。[①] 我国是世界上最大的铁矿石进口国，2008 年我国进口铁矿石 4.4 亿吨，占世界铁矿石贸易量的 50% 左右，从 2002 年到 2008 年，我国钢企仅因价格上涨就多支出了 1000 多亿美元，相当于同期我国钢铁企业利润总和的一倍多。2010 年，持续沿用 30 多年的长期协议定价机制开始瓦解，2010

───────────────

　① 2011 年中国平均进口铁矿石到岸价已上涨至 163.8 美元/吨，同比上涨 28.1%，成为推高企业生产成本的重要因素。2011 年 1 ~ 11 月，大中型钢铁企业累计实现利润 853 亿元，同比增长 8.07%，但 10 月和 11 月平均销售收入利润率分别为 0.48% 和 0.43%，企业亏损面超过 1/3，11 月若扣除投资收益则为净亏损 9.2 亿元。

年3月30日和4月1日，淡水河谷和必和必拓分别与客户达成短期合约，现货市场价格成为主要参照标准，年度定价改为季度定价。2011年初，世界第一大铁矿石生产商必和必拓公司又宣布，对大部分铁矿石出口实行月度定价机制，未来铁矿石交易的定价趋势是现价化。[①] 2011年1月至8月，我国累计进口铁矿石4.48亿吨，同比增加4271万吨，增长3.5%；进口铁矿石平均到岸价格163.75美元/吨，同比上升44.2美元/吨，涨幅38%。我国钢铁行业因进口铁矿石价格上涨多支出外汇200亿美元，约增加钢铁行业成本近1300亿元人民币。

与此同时，全国大中型钢铁企业销售利润率只有3%左右，远低于全国规模以上工业企业6%的水平，钢铁企业成本压力越来越大。近年来，国内企业积极"走出去"，投入大量的财力、物力、人力，在境外勘探开采铁矿石资源，但由于各种原因，真正发挥效力的项目屈指可数。2011年下半年，受矿价高企、钢铁需求回落、产能过剩等因素的影响，我国钢铁行业进入调整期，包括一些央企在内的钢铁企业出现了大面积经营亏损，钢铁企业降本增效的压力进一步加大，经营风险大幅增加。但与此同时，国际三大铁矿石巨头必和必拓、淡水河谷、力拓的利润都创下历史新高。淡水河谷公司的年度报告显示，2011年公司营业额达603.89亿美元，净利润228.85亿美元，比2010年增长32.6%，一个企业的利润超过中国钢铁业的利润总额。上下游产业的利润如此不平衡，不合理的扭曲价格将最终损害供需双方的根本利益。可以说，我国钢铁企业由于铁矿石价格的迅速上涨付出了巨大代价。相反，日本和韩国的钢铁企业由于通过投资形式在海外直接控股或参股铁矿石生产项目并签订了长期协议，现货价额的波动对其影响较为有限。由此可见，当前中国钢铁行业面临的最紧迫的问题之一是进口铁矿石价格过高的问题，解决问题的重要途径是继续坚持"走出去"战略，鼓励和引导国内企业到国外开矿，实现上游供应链的全球配置，不断加强对海外资源的掌控，建立更为广阔的资源供应渠道，降低对三大矿企的依赖程度，提高我国在国际铁矿石定价中的话语权。

---

① 国务院发展研究中心资源与环境政策研究所"新形势下钢铁产业转型升级与可持续发展研究"课题组：《中国钢铁企业"走出去"的途径与政策建议》，《中国发展观察》2012年第7期，第16～18页。

再以铜矿为例，中国目前已经成为世界上最大的铜精矿进口国，对海外铜资源的依赖程度越来越大。目前国内解决铜原料不足的办法，主要是以现货贸易的方式从国外采购铜精矿、铜废料、粗铜。以 2008 年的数据为例，三者合计的进口量折合精铜已占到中国铜消费总量的 60% 以上。但是这种现货贸易的方式很容易受资源所在国的政治、经济、政策变化和国际市场价格波动的影响。而且绝大多数铜原料贸易都控制在国外几家大的跨国贸易商的手里，他们和国外投行等金融资本相互勾结操纵国际铜价，使中国不得不在历史天价的情况下，从国外进口大批铜原料。不但造成大量外汇流失，而且绝大部分的利润也被资源所有者、跨国贸易商、投行等瓜分。由于国际炒家、贸易商、矿山联手制造铜矿供应紧张的局面，使得进口铜精矿的加工费长期处于低位，造成国内铜冶炼企业进口铜精矿的冶炼加工长期处在微利或亏损边缘。国内铜下游行业也不得不在价格高位买铜使用，提高了整个社会的经济成本，干扰了正常的经济秩序。

随着我国国民经济对石油的对外依存度的不断上升，国民经济对国际油价的波动也将会更加敏感。根据国家发展和改革委员会研究报告分析，未来 10 年内，随着我国进口原油数量的增加，国际原油价格波动对我国 GDP 增长速度的影响逐步增大，我国的石油安全问题面临日益严峻的挑战。解决石油供给安全的重要途径之一，就包括通过境外投资，建立境外生产与供应基地，拥有境外石油资源权益（或股份），增强境外石油供应的控制能力，实现石油供应的可持续性。而对于单纯从国际石油市场上购买石油的国家而言，国际石油价格的上升意味着企业成本上升，多消耗外汇导致直接的经济损失；但对于拥有石油资产权益的国际石油公司，石油价格的上升则是提高经济收入的机会。因此，我国作为资源消费大国，将资源供应寄托国外市场，既不现实也不可能，更何况如果我国能源与重要大宗矿产资源受制于人，将严重地影响我国经济社会发展安全。

（三）中国发展方式转型中面临的基本约束

由以上论述可以看出中国作为一个正处于工业化和城市化中期的矿产资源消耗大国，矿产资源需求远非国内的资源供给能力所能满足，这使中国对外源型的矿产资源的依赖将长期存在。然而如果中国只是作为末端消费者进口矿产品，"买什么什么就涨"还将显著增加中国的发展成本。因此资源型企业"走出去"已成为确保国家可持续发展和企业提高行业地位、参与国际竞争的重要手段。不仅如此，中国所处的环境与经济发展阶段也要求资源型企业加快"走出去"的步伐。

当前，世界经济处于不稳定复苏阶段。我国经济在可预见的一个较长时期内将保持平稳较快发展，但国内资源环境约束加剧，劳动力成本上升，国内经济中长期积累的深层次矛盾凸显，目前发展方式粗放的特征比较明显，发展效率总体不高，发展代价过高过大，发展的不平衡不协调不可持续矛盾仍十分突出，迫切需要加快转变经济发展方式、促进产业结构优化升级。而发达经济体经济增长乏力，新兴市场通胀压力加大，全球贸易保护主义升温，加大了我国转变经济发展方式的紧迫性，客观上也要求资源型企业加快"走出去"步伐，主动寻找能够发挥比较优势的生产区域和市场空间。

然而中国在发展方式转型中面临着两个基本约束：**第一，中国从来没有将来也不可能有发达国家重化工业高速发展时期享有的廉价资源供应量和环境容量。**过去15年来，国内矿产资源消费保持两位数增长，石油、铁、铜、铝、钾盐等大宗矿产的进口量大幅攀升，对外依存度居高不下，2010年已高达石油54.8%、铁矿石53.6%[①]、精炼铝52.9%、精炼铜69%、钾盐52.4%，[②] 已经造成了国际市场相关产品的价格暴涨。随着中国和一些发展中国家相继步入工业化阶段，全球资源性产品形成新一轮需求高峰，这在全球自然资源分布不均、少数源自发达国家的跨国公司垄断大宗矿产资源的情况下，难免使资源性产品的价格上涨呈现长期化趋势，这已经且还将极大地提高我国的发展成本。同时，我国的污染已经呈现出"复合型、压缩型"的特点，发达国家在工业化中后期出现的污染公害已经在我国普遍出现，我国已没有继续支持这种增长方式的环境容量。而且中国已经加入多个国际环境公约，无论国内的环境形势还是国际的环境压力，都使中国必须承担起与发展水平相适应的国际环境义务。

第二，正处于工业化中期的中国，经济增长至今仍然主要是发达国家已基本超越的"高资本投入、高资源消耗、高污染排放"的模式。世界主要发达国家的发展史都表明，工业化是建立在对土地、能源和矿产

---

① 目前，世界上最大的铁矿石进口国是中国，淡水河谷铁矿石产量的约30%供给中国，力拓铁矿石产量的约50%供给中国，必和必拓铁矿石产量的约50%供给中国，日本和韩国进口的铁矿石数量相加还不足中国的一半。

② 据国土资源部发布的《2010年中国国土资源公报》。

资源大量消费的基础之上的——即所谓"高资本投入、高资源消耗、高污染排放"模式。尤其是采取追赶战略的国家，在其快速工业化阶段，这种人均资源消费量随人均 GDP 呈"S"形相关增长的关系表现得更为明显。工业化与矿产资源消耗的一般规律已在我国基本体现出来。而且，由于我国正在经历的是世界上有史以来规模最大的城镇化和在某种程度上担当了"全球工厂"的工业化，这种规律在工业化发展中期的表现更加明显。未来 10～20 年是我国工业化、城镇化、农业现代化的重要时期，也正是矿产资源消费接近峰值的阶段，矿产资源需求将呈现刚性上升态势，资源短缺对我国经济发展的约束将进一步增强。在这两个约束下，**对正处于工业化、城市化中期的我国这样一个大国来说，大量需要重化工业产品是必然的，以本国资本控股的资源型企业为主来保障需求也是必然的。这种情况下，我国别无他路，必须利用"两种资源、两个市场"。**

（四）"走出去"是资源型企业自身发展的必然要求

根据英国里丁大学教授约翰·邓宁（John Dunning）的国际生产折衷（OLI）理论，影响或决定企业跨国投资主要有三个关键因素：资源技能的所有权优势（O，跨国公司拥有的技术等经营资源优势，对外投资的基础）、区位优势（L，能绕过贸易壁垒，有接近市场、低成本基地的利益）、内部化优势（I，通过跨国投资使跨国贸易变为公司内交易的交易费用节约）。邓宁指出企业通过不同的目标和影响因素组合也能形成优势，跨国公司的跨国投资战略和模式可以不同，并举例指出不同的模式（参见表 1-3）。

表 1-3　邓宁的跨国投资类型及影响因素（OLI）

跨国投资模式	影响因素
①获得天然资源型	以自己的资金、技术、市场营销及相应补充资源为基础(O)，在天然资源和相应设施的国家(L)，比用市场交易方式获得资源成本会更低(I)的情况
②获得市场型	以自己的资金、技术、经营组织及规模经济性和品牌形成能力为基础(O)，对有一定市场规模和存在贸易壁垒和吸引投资鼓励政策的国家(L)，直接在该国生产、供应该国市场能减少交易费用(I)的情况
③追求效率型	以自己的资金、技术、经营组织、市场营销及获得具有范围经济、地理优势的资源能力为基础(O)，在产品专业化经济性低工资等国(L)，通过内部化能获得的规模经济、治理共同效率性(I)的情况

跨国投资模式	影　响　因　素
④获得战略资源型	以上述诸能力为基础（O），在有本公司所缺的技术、市场、其他资产的国家（L），通过内部化的效率能降低风险和提高效益（I）的情况
⑤贸易通商型	以自己的优势产品和市场营销能力为基础（O），在存在潜在客户而且有吸引的市场（L），通过内部化能使优势产品稳定生产、减少代理店矛盾的场合
⑥支持服务型	以在本国形成的丰富的顾客服务经验为基础（O），在存在有价值的客户市场（L），通过内部化能更稳定、有效地向客户提供服务（I）的场合

资料来源：Dunning, "Multinational Enterprise and Global Economy"。

在表1-3中，除了模式⑤是传统模式，模式②和⑥实质是利用企业在技术、服务方面的比较优势（O）进行海外投资；模式③和这两种模式类似，即投资者必须有比较优势（O），但同时重视通过投资和并购带来的规模经济放大已有的比较优势（O）；模式④实质是通过投资或并购获得自己没有他国所有的技术等战略资源（L），再通过内部整合获得效率和发展；模式①的实质是通过投资并购直接获得自己需要他国才有的天然资源（L），使自己的优势升级发展（O）。[①]

日本一桥大学的学者小岛清认为，一国的对外直接投资总是从该国已经处于或即将处于比较劣势的产业即边际产业依次开始。小岛清在其边际产业扩张理论中，根据不同企业跨国投资动机的差异，理论上将对外直接投资（FDI）划分为自然资源导向型、市场导向型、生产要素导向型和交叉投资导向型。显然，我国的资源型企业海外投资是在我国矿产保障不足的情况下开展的，并且属于自然资源导向型。所谓自然资源导向型，是指一国的跨国公司通过对外直接投资，在东道国建立资源开发型企业，开发油田、矿业、林业、水产等自然资源，其产品既可以向跨国公司母国出口，也可以在东道国当地市场销售或向其他国家出口，其结果是促进制成品与初级产品的生产国之间的垂直专业化分工。裴长洪研究员根据投资目的，将我国的对外投资划分为基础资源寻找型、边际产业转移性、技术水平提升型、国际市场网络构建型四类。[②] 随着我国经济的快速发展和资源型企业快速壮大，资源型企

---

① 国务院发展研究中心企业研究所：《中国企业海外投资并购的商业模式：几种类型和初步讨论》，2010。

② 裴长洪、樊瑛：《利用外资仍要坚持数量与质量并重》，《中国工业经济》2008年第3期。

业"走出去"已不再是单纯的资源导向型对外投资，而更多的是企业参与市场竞争的客观要求和获得自身可持续发展的必然要求，企业对外投资逐渐向技术水平提升型、国际市场网络构建型转变。2009年11月，中海油与挪威国家石油公司签署协议，收购该公司在墨西哥湾四块勘探区的部分权益。这项协议的达成不仅使中海油获得了开发墨西哥湾丰富油气资源的前沿阵地，更是该公司在获取最尖端离岸油气开采技术方面的重大进展。中国贸促会信息部2011年对我国进行对外直接投资的企业进行的调查也说明了这一点。[①] 在受调查的企业中，有超过50%的"走出去"企业认为在国内的发展受到较高程度的限制（具体指标见图1-6），并且高达81.7%的企业认为东道国比国内市场增长潜力高（具体指标见图1-7）。"走出去"企业海外分支机构各类职能的重要程度的实际调查数据也表明：在我国"走出去"的企业中寻求市场机会动机的重要性高于获取海外资源动机（如图1-8所示）。

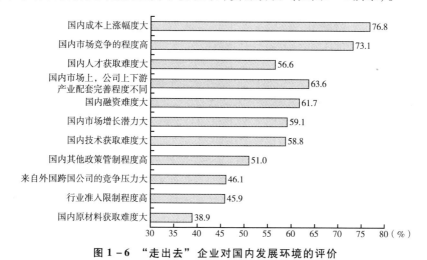

图1-6　"走出去"企业对国内发展环境的评价

①　中国国际贸易促进委员会（简称贸促会）自2007年起持续进行了"中国企业对外投资情况和意向问卷调查"。2011年度的中国企业海外投资问卷调研从往年侧重外向型企业对外投资意向转向针对已"走出去"企业的对外投资实际经营状况。这次调查采用随机抽样方法和发放调查问卷方式，主要对沿海地区的山东、广东、江苏、浙江、福建、天津、上海等省市，中东部地区的河南、湖北、湖南、河北等省市，以及西部地区的云南、陕西、重庆等省市的企业进行了调查。样本量最多的省份为山东、广东、江苏、河南、湖北、陕西等省。此次调查问卷总回收365个有效样本。与前几年中国贸促会开展的中国企业对外投资意向调查相比，本次调查的特点是：调查企业对象针对已经有实际对外直接投资的企业，反映了对外直接投资的决策过程和经营情况。下文中提到的"中国贸促会的调查"均为此调查。

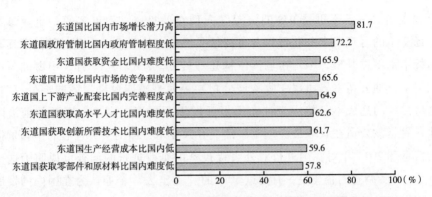

图1-7 "走出去"企业海外分支机构所在地市场环境

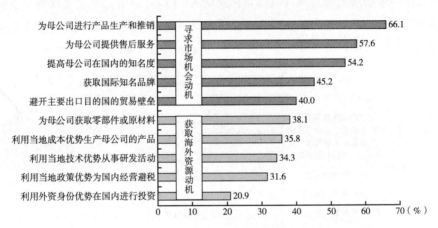

图1-8 "走出去"企业海外分支机构各种职能重要性评价

中国资源型企业是实施国家资源安全战略的主体，资源型企业自身实力的强弱，在很大程度上影响了国家资源安全的保障程度。如今资源行业已经从"国家战略行业"转变为"全球化资源行业"。在世界经济全球化不断加强和中国入世后全方位、多层次、宽领域的对外开放形势的背景下，中国资源型企业面临的内外部环境越来越复杂，市场竞争已经超越国界，不确定因素明显增多。而由于矿产资源的有限性和各国资源禀赋的差异性，局限在国内竞争不利于矿业企业的可持续发展。因此，跨国经营成为资源型大公司提高国际竞争力的战略选择。其实，国际经验也早已说明这一点：当今世界实力雄厚的跨国资源公司，无一不是通过兼并、收购、重组等资本运营手段实现几何级数的规模扩展，实现规模化运营，带来成本降低、技术共享的优势，扩大市场份额，增强控制资源和左右市场的能力。为了获得持续竞争优势，实现企业自身战略发展，各大能源和矿业公司基本都将战略目标确定为：建设具有核心竞争力的跨国资源型公司。

近几年来，为了更大程度地掌控矿产资源和提高竞争力，世界矿业跨国公司的全球化步伐不断加快，矿产资源领域内的战略性兼并重组不断深入。许多资源型跨国公司如埃克森、英荷壳牌、淡水河谷、必拓、必和必拓等着眼于全球战略，将其产业链上的各增值环节定位到最能实现其全球化战略的目标上，采用联盟、联合、兼并、收购等方式，增收节支，提高公司经济效益。其中必和必拓、淡水河谷和力拓的影响力足以控制铁矿石的国际市场价格，形成国际性垄断，许多矿产品需求国在该领域缺乏话语权，只能被动接受国际矿业巨头的定价。同时，越来越多的发展中国家的资源型企业也正在制定国际化、全球化战略。通过战略性兼并重组，世界石油、天然气、铜、铝、锌、镍等矿产资源在产业领域中形成了新的规模更大、实力更强的巨头，进一步控制了全球矿产资源的市场份额，改变了矿产资源产业的竞争格局，给产业未来发展带来了深刻的影响。如今，中国资源型企业已具备一定实力，"走出去"是企业发展规律的必然。如果仅仅局限在自己国家，不去参与世界市场的竞争，会使国内矿业企业失去与国外同类企业竞争的地位。因此，企业需要以一种全球观的角度看待发展，只有成为国际领先才能保持竞争优势。[1]

总结起来，资源型企业"走出去"是兼顾"保需求"和"谋发展"的不二之选：第一，能够使我国充分利用国内外"两个市场"和"两种资源"，弥补国内资源和市场的不足，保障国内短缺资源的安全和稳定供应，保证我国社会经济的可持续发展。第二，能够促进我国在全球范围内进行经济结构优化和战略性调整。第三，世界矿业市场总体处于市场集中度逐步提高的格局，大型跨国上市公司扮演日益重要的角色。我国矿企"走出去"能够促使我国矿企在更大范围、更广领域和更高层次上参与国际经济合作与竞争，在激烈的国际市场竞争中发展壮大，成为全球配置资源和占领市场的跨国公司。从而不仅能够延长上游产业链，规避价格风险，直接获得一些价格公道、长期稳定的资源能源供应，同时可以增强与世界大型矿业公司谈判议价的筹码，通过分享资源能源的定价权，降低企业成本。第四，有利于增强我国的综合国力和参与全球市场竞争的能力。[2]

---

① 刘晓岚：《中国企业海外矿产资源并购研究》，中国地质大学（北京）博士学位论文，2011。

② 张华：《我国企业投资海外矿产资源的策略》，《中国矿业》2010 年第 10 期，第 28～31 页。

二 "走出去"的可行性分析

（一）已有若干企业成功"走出去"的经验

近年来，随着中国经济的快速发展，中国企业"走出去"的深度和广度均有大幅度增加，海外直接投资和并购发展快速。从2002年到2010年，非金融海外直接投资从27亿元增加到590亿美元，海外并购从2亿元增加到238亿元。随着国内需求的快速增长，国际投资环境的改善和矿业全球化进程的加快，我国矿企到海外勘探开发矿产资源的活动越来越频繁，近几年取得了前所未有的成绩，国际化程度逐步提高，商业谈判能力与议价能力不断成熟，参与国际合作及并购案例也日渐增多。现在有不少中国矿业企业既拥有比较强的资金实力，也积累了"走出去"的丰富经验和资本运作的大量技巧。

中海油是在海外投资与并购方面最为成功的中国矿企之一。从储量及产量角度而言，中海油为全球最大独立油气勘探及生产公司之一。2010年，中海油在海外积极拓展，累计投资近80亿美元。受惠于海外并购，截至2010年年底，中海油共拥有净探明储量约26.6亿桶油当量，集团平均日产量由从2005年的42万桶油当量，升至2009年的62万桶油当量，而2010年上半年更达82万桶油当量。

尼日利亚是中海油最为成功的海外业务拓展地之一。2006年1月，中海油以22.68亿美元现金收购尼日利亚OML-130区块石油开采许可证所持有的45%的工作权益，从而踏入尼日尔三角洲这一世界级的勘探盆地。Akpo油田发现于2000年，是在OML-130区块钻获的世界级重大深水发现之一。该油田距尼日利亚海岸线200公里，所处海域水深在1200米至1400米之间。是中海油目前在国内外第一个投产的超深水油田，大大加快了公司海外产量增长的步伐。Akpo是西非最优质、最具潜力的项目之一，也是迄今为止世界最大深水项目之一。Akpo的成功投产将进一步加大海外资产在公司整体版图中的比重。

中国有色矿业建设集团有限公司（以下简称中国有色）在2003年提出了"一二三"的发展思路，即一个目标（"突出主业，做强做大"，保持和发挥排头兵的特色与作用）、两条战线（以海外铜、氧化铝资源为两条开发主线)、三个工作地区(中南部非洲,周边国家,澳大利亚、加拿大等矿业资本市场发达国家)。自1995年始,中国有色逐步融入矿业资源的全球化配置,涉足境外有色金属矿产资源投资开发,从站稳脚到快发展,成功完成了向跨国矿企的战略转型。多年来,该公司高度重视与项目所在国的政府和人民建立友好关系。中国有色进入非洲国家赞比亚进行资源开发和建设后,雇用赞比亚籍工人,不仅为当地培养了高素质的技术人才,还精心选派赞籍高级雇员赴中国参观学习。他们还积极投身当地公益事业。十多年来,中国有色在当地赢得了相当好的口碑。

在海外铜矿资源开发方面,1998年中国有色与赞比亚联合铜矿公司(ZCCM)投资1.5亿美元,和赞比亚方组建中色非洲矿业有限公司,中方占85%股份,复产赞比亚谦比希铜矿。该矿含铜金属储量500万吨,铜平均品位2.2%,钴金属量15万吨,于2003年7月投产,形成年产铜精矿12.5万吨、含铜4.7万吨的产能。投产当年就生产出了6.26万吨铜精矿(含铜2.52万吨),实现销售收入4461万美元。

收购或租赁已有的国外铜矿企业是到目前为止海外铜矿资源开发最成功的模式,具有"短、平、快"的特点。2001年中冶集团通过竞标获得巴基斯坦山达克铜金联合企业10年的租赁经营权。目前该项目由集团下属的中冶集团资源开发有限公司租赁经营,并且租期已延至2022年。该铜矿设计矿石处理量为450万吨/年,每年可生产铜精矿1.58万吨金属量。铜矿拥有300多名中方员工和1100多名巴方员工。2003年8月铜矿正式恢复生产,当年收入达4500万美元。山达克铜金项目是目前中冶集团所有海外有色金属矿山类开发项目中最早进入投资回报期的项目,取得了非常好的经营业绩,已被中冶集团列为四大主业板块之一。该矿还曾被巴基斯坦政府誉为"中巴合作典范"。目前巴基斯坦山达克产的粗铜连续几年都排在中国海关进口粗铜统计的第一名。[①]

澳大利亚是中国矿企较感兴趣的投资国。澳大利亚政府十分关注改善双边经贸关系,尤其是西澳大利亚州(以下简称西澳州)非常欢迎中国企业的投资。2009年,中国对澳大利亚的矿业投资超过百亿美元,中国企业对澳大利亚的矿业投资占矿业总投资的60%以上。2009年以来,中国企业在

---

① 刘冰川、祁世兵:《中国企业投资开发海外铜矿资源现状及建议》,《中国金属通报》2011年第42期,第19~21页。

澳大利亚的主要投资案例有：2009 年 6 月，中国五矿集团斥资 14 亿美元收购了墨尔本铜矿及矿商 OZ 矿业公司的大部分资产；2009 年 8 月，兖州煤业股份有限公司以约 32 亿美元收购澳大利亚煤炭生产商菲力克斯资源有限公司，这也是中国企业在澳大利亚完成的最大一宗收购案；2010 年 2 月，四川汉龙集团旗下在澳大利亚的汉龙矿业投资有限公司出资 2 亿美元收购澳大利亚钼矿有限公司 51% 的股份，成为其控股股东，这是中国民营企业在澳大利亚的最大收购项目。

我国的民营企业在资源能源类的对外投资领域也非常积极。著名的民营企业江苏沙钢集团近年来开展了一系列的资源能源类境外投资，在悄无声息中在澳大利亚坐拥 10 余亿吨铁矿石储量，成为国内拥有铁矿石数量最多的民营钢铁企业，堪称我国民营企业境外投资成功的典型。沙钢集团在澳大利亚的投资可以清晰地分为三个阶段：2004 年战略结盟、2007 年 ABM 项目收购和 2008 年"零成本"拿矿 8 亿吨。

2004 年，沙钢联合武钢、马钢和唐钢在澳大利亚分别设立子公司，分别通过这些境外设立的子公司与澳大利亚的必和必拓公司、伊藤忠澳大利亚矿产与能源公司及三井铁矿公司，在澳大利亚投资组建澳大利亚威拉拉（Wheellala）铁矿合营企业，必和必拓公司占股 51%，中方 4 家公司则各占10%，开采西澳大利亚州皮尔巴拉地区津巴布铁矿。按照约定，武钢和唐钢每年承购铁矿石 350 万吨，马钢和沙钢则为 250 万吨，期限 25 年。该项目投资额为 1574 万美元，于 2005 年 10 月份正式启动，经营良好。2006 年沙钢实际采购铁矿石 262 万吨，2007 年采购铁矿石 280 万吨，2008 年采购铁矿石 251 万吨。该铁矿的成功运作，显示了沙钢对进军上游资源的先知先觉。作为国内最大的民营企业，沙钢感受到铁矿石等自然资源供应紧张给企业带来的压力，因此加快海外经营步伐。

2007 年 9 月，沙钢斥资约 1.08 亿美元，收购英国斯坦科（Stemcor）控股公司旗下的位于澳大利亚塔斯马尼亚州 Savage River 和 Latta Port 铁矿区的 Australian Bulk Minerals 项目（ABM 项目）90% 股份。该矿山生产全球闻名的高品质球团矿，铁矿资源可采至 2021 年，可开采的铁矿石总储量约为2.83 亿吨，每年至少可为沙钢供应铁矿石 200 万吨。此次收购由沙钢与瑞钢联集团有限公司、香港泛亚矿产有限公司三家共同出资，收购澳大利亚的 ABM 项目。当时 ABM 项目的澳大利亚运营方是 Beviron 公司及其子公司 Goldamere 公司。收购完成后，三家公司共同持有 Beviron 公司 90% 的股份，其中 61.2% 由沙钢持有，沙钢将成为实际控股方。Beviron 公司的原股东之一英国 Stemcor 持有其余 10% 的股份。

2008 年 9 月，沙钢通过独资的沙钢国际（香港）公司收购澳大利亚 ABM 项目。此时 ABM 项目公司拥有完整的矿山生产、选矿、管道输送、球团生产、码头装运系统，年产球团 250 万吨，矿石储量 2.83 亿吨。与此同时，沙钢国际（香港）公司将拥有的 ABM 全部股权注入澳大利亚上市公司 Grange Resources 公司（Grange 公司，ASX：GRR），Grange 公司向沙钢国际定向增发 3.8 亿新股，从而沙钢国际取得合并后 Grange 公司 45.3% 的股份。这样 ABM 项目与 Grange 公司也实现了合并。Grange 公司有约 8 亿吨铁矿石储量，其旗舰项目为规划中年产 680 万吨铁矿石的 Southdown 项目。通过合并，沙钢在澳的铁矿石储量超过 10 亿吨。沙钢的此项资本运作，一如当年米塔尔一统全球钢铁业，几乎以零成本拿下 8 亿吨澳大利亚铁矿。

（二）国家的扶持引导政策更全面、力度更大

近年来，鉴于国内部分矿产资源供应保障不足的现状，我国在财政、产业导向、信贷等领域已经陆续出台了多项政策措施，积极鼓励企业开展资源能源类境外投资。例如，2003 年，商务部、国土资源部协商设立了"境外矿产资源勘查开发专项资金"（财政部随之于 2005 年制定了《国外矿产资源风险勘查专项资金管理暂行办法》），商务部制定出台了在"中非合作论坛"框架下促进对非洲资源开发合作的政策措施。2004 年 10 月，财政部、商务部联合发出了《关于做好 2004 年资源类境外投资和对外经济合作项目前期费用扶持有关问题的通知》。2005 年 12 月，财政部、商务部依据《预算法》和财政预算管理的有关规定，制定了《对外经济技术合作专项资金管理办法》，该项政策根据年度预算安排和国家产业政策导向，使资源能源类境外投资列为年度专项资金重点支持领域和范围成为定例。另外，在我国已经出台的有关鼓励境外投资的产业指导政策、信贷政策诸多具体政策中，均将资源能源类境外投资列为"重点支持"的产业项目，给予优先优惠待遇。

2008 年爆发金融危机以来，我国在政策导向上进一步加强了对资源能源类境外投资的鼓励和支持。2009 年 2 月，国家能源局领导在该局成立以来的第一次全国能源工作会议上指出，今后要"加强国际能源合作。加强国际能源对话交流，充分发挥双边和多边能源合作机制的作用，继续深化与国际能源组织的合作，加强同能源资源国以及其他能源生产国的务实合

作"。国家能源局提出，利用外汇储备设立海外能源勘探开发基金，以支持石油企业开拓海外资源。在国家能源局的2009～2011年油气行业发展规划中，为鼓励企业开展海外资源开发和并购，对重大境外能源投资项目予以贷款贴息、优惠贷款和提高财政注资比例等支持政策，修改完善境外油气资源开发协调机制。抓紧与有关国家签订投资保护、避免双重征税、司法协助等政府间双边协定。规划还提出，未来三年，将扩大能源企业通过债券、上市等方法，推动建立能源产业发展基金，促进能源投资多元化；设立石油储备、能源风险勘探、煤层气开发利用等政府性专项基金。

另外，2009年年初，在我国国务院公布的十大产业调整和振兴规划中就包括了钢铁、有色金属、石化等资源能源类产业。

2009年3月20日，国务院正式发布《钢铁产业调整和振兴规划》，提出坚持充分利用"两个市场、两种资源"，抓住机遇，积极实施"走出去"战略。鼓励有条件的大型企业到国外独资或合资办矿，组织实施好已经开展前期工作的境外矿产资源项目。进一步简化项目审批程序，完善信贷、外汇、财税、人员出入境等政策措施。支持符合准入条件的重点骨干企业到境外开展资源勘探、开发、技术合作和对外并购。充分利用境外矿产资源权益投资专项资金、对外经济技术合作专项资金和国外矿产资源风险勘探专项资金，支持企业实施"走出去"战略，增强资源保障能力。

2009年5月11日，国务院出台《有色金属产业调整和振兴规划》，明确规定，支持企业"走出去"到海外开发资源。加大境外资源开发力度，支持具备条件的企业到境外独资或合资办矿。引导企业遵守所在国的法律法规，尊重所在国的文化传统和生活习惯，履行必要的社会责任，促进当地就业和经济社会发展，实现互利共赢。组织实施好有关境外投资项目。支持骨干企业通过多种方式，按照互利共赢原则，加强国际合作，提高资源保障能力；简化境外项目审批程序，完善信贷、外汇、保险、财税、人员出入境等政策措施；加强境外资产的经营管理，切实防范和化解风险；严格境外资源开发企业准入条件，对符合准入条件的骨干企业，在境外资源开发项目的资本金注入、外汇使用等方面给予支持。

2009年5月18日，国务院出台《石化产业调整和振兴规划》，指出，要积极实施"走出去"战略，支持国内有实力的企业开展境外资源开发。加强引导，简化审批手续，完善信贷、外汇、税收等措施，支持符合条件的企业开展境外资源勘探和开发。

近几年国家出台的一系列有关矿业开发的政策表明，国家已不再允许高污染、高能耗和资源低回收率的矿业企业运转，而是本着提高产业集中度的原则，鼓励企业间的并购，以形成一批资金实力雄厚、技术水平先进的大型企业集团。在国家出台相关政策的引导下，资源型企业通过各种手段进行资源整合的力度不断加大，不仅大大提高了企业的核心竞争力，同时也有利于行业的可持续发展。因此，国内一些大型矿企的发展战略变得更为清晰，并开始制定国际化发展战略。企业在发展壮大的同时，也吸引了更多的矿业投资机构通过资本市场的介入、更为专业的资本运作，使得矿业企业间的整合不断增多，从而促使中国矿业企业资本市场融资规模不断扩大。随着中国矿业市场的不断发育与成熟，中国政府引进外商不再一味追求额度，而是更加注重外资利用质量，例如鼓励引进外商先进的安全、环保技术和管理理念。与此同时，中国政府也更加注重引导和鼓励企业"走出去"，并在政策上给予一定的扶持。目前，中国已成功实现从过去的"不加限制地鼓励引进外资"，到现在的"鼓励企业'走出去'"的政策调整。

（三）众多资源国逐步开放国内矿产资源行业

20 世纪 80 年代以来，资源丰富的许多国家为促进本国经济的发展，逐步放宽或解除了对本国资源能源类工业的垄断控制，推出一系列对外开放政策。如，一些重要的石油生产国为振兴本国石油工业，促进经济的恢复和发展，积极鼓励引进外资与开展对外合作，为外国石油公司的资金和技术介入开辟了新的合作空间。2006 年，据联合国贸易与发展会议（UNCTAD）调查，在世界各国关于引进外资的 184 项政策变化中，80% 的新政策鼓励外资进入。

近年来，中国矿业企业"走出去"的步伐明显加快，成功并购案例越来越多，交易额也越来越大，并且已成为一种发展趋势。如今不少企业不仅拥有雄厚的资金实力，还拥有强大的技术优势，受到不少国家的青睐。这些国家热情欢迎中国企业参与该国的矿产资源勘查与开发，并加强合作。发达国家希望在与中国矿业企业合作的过程中为本国提供更多的就业岗位，而发展中国家则更希望寻求资金技术支持，并推动本国经济的发展。中石油、中石化、中海油积极参与阿尔及利亚、安哥拉、利比亚、尼日利亚、苏丹等非洲国家的油气勘探开发及下游建设，通过石油合作发展当地经济，受到了非洲产油国的欢迎，也为我国更大范围进入非洲创造了条件。苏丹被西方国家评估为最失败的国家和世界上最动荡的国家，但是中石油在苏丹的投资使得这个国家出现繁荣。据苏丹财政和国民经济部部长 Ahmed Magzoub 说，中国在苏丹石油产业的投资累计已经超过 60 亿美元。中石油在苏丹的石油投资包括上游的勘探开发和下游的炼油加工，外加一条从南部油田到东北部苏丹港的全长 1370 千米的输油管，使得苏丹从石油进口国一举变成了石油出口国，向中国每年出口石油超过 1000 万吨。并且实现了石油工业上、下游的一体化，而不仅仅只停留在原油出口。石油工业的大发展，也使人口只有3000 多万的苏丹走上了经济快速发展的道路，这几年的 GDP 增长都超过了6%。中石油苏丹石油项目，不仅帮助苏丹建立了石油工业体系，还为当地创造了 4000 多个就业岗位。中石油还捐资修建了医院、学校、公路等公共设施，在非洲产生了良好的影响。

2008 年全球金融危机以来，世界经济尚处于企稳、复苏阶段，资源富裕国普遍遭遇经济不景气，因此，欢迎外国投资带动本国经济走出金融危机的阴影。发达国家中的资源富裕国对我国企业投资的态度有所缓和变化；发展中国家中的资源富裕国受我国经济发展成就和国际地位提高的鼓舞，既欢迎我国投资带动当地经济增长，更希望借此加强和我国的经济技术交流，分享经济社会发展经验，在国际舞台上携手合作。

（本章主要执笔人：刘洁、卓杰）

第二章

中国资源型企业"走出去"的发展脉络和成效评价

本 章 要 点

1. 根据我国政府在推动企业"走出去"方面的主观管理理念和客观约束的变化以及我国企业对外直接投资的发展变化，我国资源型企业"走出去"之路大体可以划分为三个阶段："走出去"探索期（1979～2002 年），"走出去"快速发展期（2003～2007 年）以及全面"走出去"时期（2008 年至今）。

2. "走出去"战略自提出以来，我国各级政府有关部门对于境外投资的支持逐渐具体化，涉及境外投资管理制度、财税金融政策、外汇管理制度等方面，但政策和制度的配套不好。

3. 中国国有企业在"走出去"中并没有获得特别政策待遇，但鼓励民营企业"走出去"的优惠政策的实施效果也不尽如人意。

在世纪之交，中国根据国内外发展新形势提出了"走出去"战略。[①] 该战略的提出标志着以"引进来"为主的中国改革开放进入了崭新阶段。"走出去"战略又称国际化经营战略，是中国企业充分利用国内外"两个市场、

---

① 我们认为，中国"走出去"战略的最终明确，是在 2000 年 10 月召开的党的十五届五中全会上。这次会议审议通过的《中共中央关于制定国民经济和社会发展第十个五年计划的建议》指出，"十五"时期我国对外开放将进入新的阶段。实行对外开放的基本国策，在"十五"期间乃至更长的一段时期，一个很重要的内容，就是要实施"走出去"的开放战略，并把其作为四大新战略（西部大开发战略、城镇化战略、人才战略和"走出去"战略）之一。

两种资源"，通过对外直接投资、对外工程承包、对外劳务合作等形式积极参与国际竞争，实现我国经济可持续发展的现代化强国战略。近几年，随着我国经济发展对能源和矿产资源越来越渴求，我国矿业企业能力不断壮大，我国企业在国际矿业资源竞争中，表现出越来越积极主动的态度。我国各级政府及商务部、国家发改委、财政部、国家税务总局、国家外汇管理局等有关部门对于境外投资的态度也不断变化，相继出台了一系列推动企业"走出去"的政策。这个过程根据其间主观管理理念和客观约束的变化[①]以及我国对外直接投资的发展变化（参见图2-1）大体可以划分为三个阶段："走出去"探索期（1979～2002年），"走出去"快速发展期（2003～2007年），全面"走出去"时期（2008年至今）。

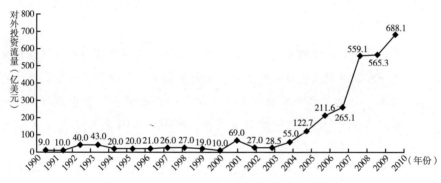

图2-1　1990～2010年中国对外直接投资流量

一　我国企业"走出去"的政策沿革

（一）第一个阶段："走出去"探索期（1979～2002年）

改革开放初期，在国家经济发展水平比较落后的情况下，我国的境外投资规模一直较小（境外投资主要限于针对亚非拉等发展中国家的对外援助项目）。在1979年8月国务院颁布的15项经济改革措施中，第一次明确规定允许出国办企业（第13项措施），由此对外直接投资开始作为一项政策

---

①　关于这方面的理论分析，请参看我们课题组的相关成果《中国矿产资源管理报告》（社会科学文献出版社，2011）第二章。

确定下来。

1979～1982 年，中国的对外直接投资处于尝试性的、极为有限的阶段。此间的中国境外投资项目，无论以何种方式出资，无论投资金额大小，一律需要报请国务院审批。从 1983 年开始，国务院授权外经贸部为中国境外投资企业审批和管理部门。此阶段的审批还只是个案审批，尚未形成规范。随着我国经济的发展，中国对外投资的趋势开始加大，加上前期的对外投资审批缺乏规范性，1985 年 7 月，当时的外经贸部颁布了《关于在境外开办非贸易性企业的审批程序和管理办法的试行规定》。对外直接投资开始从个案审批到规范性审批转变。1991 年 3 月，当时的国家计划委员会向国务院报送了《关于加强海外投资项目管理的意见》，指出，"目前，我国尚不具备大规模到海外投资的条件"，并且规定：凡需向国家申请资金或境外借款需国内担保或产品返销国内需国家综合平衡以及中方投资额在 100 万美元以上（含 100 万美元）的项目，其项目建议书和可行性研究报告由国家计委会同有关部门审批；合同、章程由经贸部审批并颁发批准证书。中方投资额在 3000 万美元以上（含 3000 万美元）的项目，其项目建议书和可行性研究报告由国家计委会同有关部门初审后报国务院审批。中方投资额在 100 万美元以下符合当前到海外投资的方针，资金、市场等不需要国家综合平衡解决的，其项目建议书、可行性研究报告以及合同和章程，可比照限额以上项目的审批办法，分别由国务院各部门和省、自治区、直辖市及计划单列市人民政府指定的综合部门审批。项目建议书和可行性研究报告要报国家计委备案，合同、章程要报经贸部备案，并由经贸部审核颁发批准证书。上述规定成为 20 世纪 90 年代指导我国境外投资的基本政策，奠定了我国限制境外投资的基调（从实践情况来看，我国当时的海外投资主要是能够加强"南南"合作、推动我国与第三世界国家友好合作关系发展的带有援助性质的海外投资项目）。

随后在 1991 年 8 月，国家计委在《关于编制、审批境外投资项目的项目建议书和可行性研究报告的规定》中，也仅仅是允许我国的企业、公司或其他经济组织到港澳地区和苏联、东欧各国以投资、购股等方式举办或参与举办非贸易性项目（非贸易性投资项目当时主要包括境外工程承包、劳务合作等形式），并不允许我国企业到除此之外的其他国家开展境外投资。

在上述政策环境下，我国 1991 年的对外直接投资仅为 10 亿美元。1992 年 10 月，江泽民同志在党的十四大《加快改革开放和现代化建设步伐，夺取有中国特色社会主义事业的更大胜利》报告中提出，"进一步扩大对外开放，更多更好地利用国内外资金、资源、技术和管理经验"，以及"积极开拓国际市场，促进对外贸易多元化，发展外向型经济"，"积极地扩大我国企业的对外投资和跨国经营"。"走出去"战略的雏形形成。总的来看，这一阶段，中国的对外开放主要是"引进来"，引进外国资金、技术、设备和管理经验，"走出去"的企业不多，规模不大。1992～1996年，我国批准海外投资的企业数量呈下降趋势，平均年增长率为－20.58%。1992年批准企业数为355家，1996年批准企业数为103家。1996年与1992年相比，企业数减少了252家，减少了70.99%。1992～1995年，批准海外投资总额也同样呈下降趋势。1993年比上一年的增长率为－50.84%；1994年比上一年的增长率为－26.45%。尽管1995年的投资额有所上升，但总的来看，1992～1995年的年批准海外投资额的年平均增长率为－8.86%。1995年以后，批准海外投资总额开始上升。

随着我国改革开放的深入和国家政治经济等综合实力的增强，在1997年，我国限制境外投资的政策开始松动，逐渐向鼓励境外投资转变。1997年5月，对外贸易经济合作部为贯彻大经贸战略，推动外经贸企业和自营进出口生产企业实施市场多元化，增加我国商品在国际市场的占有率，发布了《关于设立境外贸易公司和贸易代表处的暂行规定》，明确我国企业可以在境外（台湾、香港、澳门地区除外）设立贸易公司和贸易代表处，从事贸易活动。但凡申请在未建交国家和敏感、热点国家或地区设立贸易公司和代表处的，一律由企业所在省、自治区、直辖市及计划单列市外经贸主管部门或其主管部委（以下简称主管部门）转报外经贸部。外经贸部负责审批并颁发批准证书。申请在非敏感、非热点国家或地区设立贸易公司和贸易代表处，凡符合一定规模条件的，由企业自行决定，并在形成决定之日起30天内，由企业经向外经贸部备案登记，领取批准证书。尚未达到一定规模条件的企业申请在非敏感、非热点国家或地区设立贸易公司和贸易代表处的，由企业向主管部门申报。由主管部门征求我驻外使（领）馆经商处（室）意见后审批。有关主管部门将审批意见、设立境外贸易公司或代表处的可行性研究报告、驻外使（领）馆经商处（室）意见及境外公司章程副本等报外经贸部备案，并申领批准证书。

1997年9月，在党的十五大上，江泽民在《高举邓小平理论伟大旗帜，把建设有中国特色社会主义事业全面推向二十一世纪》报告中提出要"努力提高对外开放水平","以提高效益为中心,努力扩大商品和服务的对外贸易,优化进出口结构","积极开拓国际市场",第一次明确提出"鼓励能够发挥我国比较优势的对外投资。更好地利用国内国外'两个市场、两种资源'"。

1999年2月,国务院办公厅转发了外经贸部、国家经贸委、财政部《关于鼓励企业开展境外带料加工装配业务的意见》。这份文件从指导思想和基本原则、工作重点、有关鼓励政策、项目审批程序、组织实施等五个方面提出了支持我国企业以境外加工贸易方式"走出去"的具体政策措施,鼓励我国轻工、纺织、家用电器等机械电子以及服装加工等行业具有比较优势的企业到境外开展带料加工装配业务。这是应对当时亚洲金融危机影响,千方百计扩大出口的一项重要措施,也是贯彻党的十五大关于"努力提高对外开放水平"总体要求的一项重要工作。在整个"九五"期间,1995~1999年,中国批准海外投资企业的年平均增长率为20.66%,批准海外投资额的年平均增长率为70.71%。这两个数据与"八五"期间相比较,已经取得了非常大的进步。

在2000年3月的全国人大九届三次会议上,我国比较正式地提出了"走出去"战略。江泽民指出,随着我国经济的不断发展,我们要积极参与国际经济竞争,并努力掌握主动权,必须不失时机地实施"走出去"战略,把"引进来"和"走出去"紧密结合起来,更好地利用国内外"两种资源、两个市场"。

"走出去"战略的最终明确,是在2000年10月召开的党的十五届五中全会上。这个具有标志性的文件中还列举了未来五年我国对外投资的主要类型,即境外加工贸易、资源开发和对外承包工程等。同时还指出,应进一步扩大经济技术合作的领域、途径和方式,强调应在信贷、保险方面给予对外投资相应的政策支持,并加强对外投资的监管机制,以及境外企业管理和投资业务的协调工作。这次全会通过的《建议》为今后五年我国对外投资活动的发展指明了方向,创造了良好的政策环境。

2002年11月,党的十六大召开,江泽民在《全面建设小康社会,开创中国特色社会主义事业新局面》报告中再次明确提出,要"坚持'引进来'和'走出去'相结合,全面提高对外开放水平。适应经济全球化趋势和加入世贸组织的新形势,在更大范围和更高层次上参与国际经济技术合作和竞争,充分利用国际国内两个市场,优化资源配置,拓宽发展空间,以开放促改革促发展"，"进一步扩大商品和服务贸易"，"实施'走出去'战略是对外开放新阶段的重大举措。鼓励和支持有比较优势的各种所有制企业对外投资，带动商品和劳务出口，形成一批有实力的跨国企业和著名品牌"。由此，"走出去"战略正式形成。这一阶段的政策变化主要体现在"境外投资"审批制度和外汇制度。

改革开放初期，鉴于我国外汇短缺，在"走出去"探索期内我国一直执行严格管控的外汇制度。依据 1989 年 3 月 6 日公布的《境外投资外汇管理办法》（1990 年还制定了《境外投资外汇管理办法细则》），由我国外汇管理部门负责境外投资外汇风险审查和外汇资金来源审查，并要求企业提交外汇资金来源证明。采取汇回利润保证金措施，境内投资者在办理登记时，应当按汇出外汇资金数额的 5% 缴存汇回利润保证金。保证金应当存入外汇管理部门指定银行的专用账户。为确保上述政策实施，国家外汇管理局还于 1989 年 4 月 4 日发布了《关于开立"境外投资汇回利润保证金专用账户"的通知》，明确规定：经批准在境外投资的公司、企业或其他经济组织（以下简称境内投资者）在办理登记时，应按汇出外汇资金数额的 5% 缴存汇回利润保证金。保证金以境内投资者名义存入外汇管理部门指定银行的"保证金专用账户"。外汇管理部门凭银行入账通知书批准投资外汇资金汇出。未经外汇管理部门批准，不得动用"保证金专用账户"。

此外，为推动我国中小企业"走出去"，早在 2000 年财政部和外经贸部就发布了《中小企业国际市场开拓资金管理（试行）办法》，专门针对中小企业（此类企业实际上绝大多数均为民营企业）"走出去"给予专项资金支持。2001 年接着发布了《〈中小企业国际市场开拓资金管理办法〉实施细则（暂行）》。

表 2 - 1　1979 ~ 2002 年我国企业"走出去"的政策要点

境外投资管理			
发布时间	颁发单位	文件名称	政策要点
1985 年 7 月	对外贸易经济合作部	关于在境外开办非贸易性企业的审批程序和管理办法的试行规定	对外直接投资开始从个案审批到规范性审批转变

境外投资管理			
发布时间	颁发单位	文件名称	政策要点
1991 年 3 月	国家计划委员会	关于加强海外投资项目管理的意见	凡需向国家申请资金或境外借款需国内担保或产品返销国内需国家综合平衡以及中方投资额在 100 万美元以上(含 100 万美元)的项目,其项目建议书和可行性研究报告由国家计委会同有关部门审批;合同、章程由经贸部审批并颁发批准证书。中方投资额在 3000 万美元以上(含 3000 万美元)的项目,其项目建议书和可行性研究报告由国家计委会同有关部门初审后报国务院审批。中方投资额在 100 万美元以下符合当前到海外投资的方针,资金、市场等不需要国家综合平衡解决的,其项目建议书、可行性研究报告以及合同和章程,可比照限额以上项目的审批办法,分别由国务院各部门和省、自治区、直辖市及计划单列市人民政府指定的综合部门审批。项目建议书和可行性研究报告要报国家计委备案,合同、章程要报经贸部备案,并由经贸部审核颁发批准证书
1991 年 8 月	国家计委	关于编制、审批境外投资项目的项目建议书和可行性研究报告的规定	仅允许我国的企业、公司或其他经济组织到港澳地区和苏联、东欧各国以投资、购股等方式举办或参与举办非贸易性项目,不允许我国企业到除此之外的其他国家开展境外投资
1997 年 5 月	对外贸易经济合作部	关于设立境外贸易公司和贸易代表处的暂行规定	我国企业可以在境外(台湾、香港、澳门地区除外)设立贸易公司和贸易代表处,从事贸易活动。但凡申请在未建交国家和敏感、热点国家或地区设立贸易公司和代表处的,一律由企业所在省、自治区、直辖市及计划单列市外经贸主管部门或其主管部委转报外经贸部。外经贸部负责审批并颁发批准证书
1999 年 2 月	外经贸部、国家经贸委、财政部	关于鼓励企业开展境外带料加工装配业务的意见	从指导思想和基本原则、工作重点、有关鼓励政策、项目审批程序、组织实施等五个方面提出了支持我国企业以境外加工贸易方式"走出去"的具体政策措施
外汇管理			
1989 年 3 月		境外投资外汇管理办法	由我国外汇管理部门负责境外投资外汇风险审查和外汇资金来源审查,并要求企业提交外汇资金来源证明。采取汇回利润保证金措施,境内投资者在办理登记时,应当按汇出外汇资金数额的 5% 缴存汇回利润保证金。保证金应当存入外汇管理部门指定银行的专用账户

外汇管理			
发布时间	颁发单位	文件名称	政策要点
1989年4月		关于开立"境外投资汇回利润保证金专用账户"的通知	经批准在境外投资的公司、企业或其他经济组织（以下简称境内投资者）在办理登记时，应按汇出外汇资金数额的5%缴存汇回利润保证金。保证金以境内投资者名义存入外汇管理部门指定银行的"保证金专用账户"。外汇管理部门凭银行入账通知书批准投资者外汇资金汇出。未经外汇管理部门批准，不得动用"保证金专用账户"

（二）第二个阶段："走出去"快速发展期（2003～2007年）

"走出去"战略正式形成后，为实施"走出去"战略，推动对外经济合作业务的发展，国家各相关部门在境外开设企业，境外企业的财税、信贷、保险、外汇，以及投资国别的导向等方面制定了一系列的政策措施，成为"走出去"战略的管理保障、服务保障和监督保障。从2002年开始，我国矿业企业跨国并购加快发展，对外投资加速，并掀起大规模的并购浪潮。这一阶段涉及多方面政策，以下将分别进行总结。

1. 境外投资管理方面

自我国实施"走出去"战略以来，商务部、国家发改委等相关部门相继出台了一系列的境外投资管理政策，逐步完善境外投资管理体制，简化境外投资审核程序，突出管理重点，强化服务引导，日益突出了支持我国企业"走出去"的政策意向，为我国企业更好地参与到国际经济合作与竞争中去提供了日趋简化便利的境外投资管理服务。

首先，政府境外投资的审批权改为核准权。

2004年我国对外投资项目的审批制度发生根本性转变。2004年7月25日公布的《国务院关于投资体制改革的决定》（国发〔2004〕20号），就落实企业的投资决策权、充分发挥市场配置资源的基础性作用做出了重大改革。文件明确规定：对于企业不使用政府投资建设的项目，一律不再实行审批制，区别不同情况实行核准制和备案制。其中，政府仅对重大项目和限制类项目从维护社会公共利益角度进行核准，其他项目无论规模大小，均改为备案制，项目的市场前景、经济效益、资金来源和产品技术方案等均由企业自主决策、自担风险。文件严格限定实行政府核准制的范围，并根据变化的情况适时调整。与此同时，《政府核准的投资项目目录（2004 年本）》（以下简称《目录》）也于同日公布。《目录》规定未经国务院批准，各地区、各部门不得擅自增减《目录》规定的范围。企业投资建设实行核准制的项目，仅需向政府提交项目申请报告，不再经过批准项目建议书、可行性研究报告和开工报告的程序。对于《目录》以外的企业投资项目，实行备案制，除国家另有规定外，由企业按照属地原则向地方政府投资主管部门备案。备案制的具体实施办法由省级人民政府自行制定。国务院投资主管部门要对备案工作加强指导和监督，防止以备案的名义变相审批。

《国务院关于投资体制改革的决定》还明确指出，中方投资 3000 万美元及以上资源开发类境外投资项目由国家发展和改革委员会核准。中方投资用汇额 1000 万美元及以上的非资源能源类境外投资项目由国家发展和改革委员会核准。上述项目之外的境外投资项目，中央管理企业投资的项目报国家发展和改革委员会、商务部备案；其他企业投资的项目由地方政府按照有关法规办理核准。国内企业对外投资开办企业（金融企业除外）由商务部核准。

至此，在我国实施多年的审批程序，如可行性研究报告的审核被取消，政府主要侧重于确定投资主体、投资方向及合法性合规性的审查，企业对境外投资的经济效益也无需征求政府意见，授予企业更大的自主权。

其次，下放境外投资核准权限，简化核准程序，各级核准权限均大幅度放宽。

2003 年，商务部发布了《关于做好境外投资审批试点工作有关问题的通知》，在北京等 12 省市开展了下放境外投资审批权限、简化审批手续的改革试点，地方的审批权限由 100 万美元提高到 300 万美元。

2004 年 10 月 1 日商务部公布了《关于境外投资开办企业核准事项的规定》对"境外投资"实施透明管理，下放和简化相关审查程序。首先，该部门规章明确规定，对我国企业的境外投资实施统一、公开透明的核准制，核准的标准主要包括国别（地区）投资环境、国别（地区）安全状况、投资所在国（地区）与我国的政治经济关系、境外投资导向政策、国别（地区）合理布局等。其次，为方便企业"境外投资"和简化审核程序，规章将境外投资者分为中央企业和其他企业，分别由商务部和省级商务主管部门核准。中央企业之外的其他企业在 135 个国家（亚洲 38 国、欧洲 37 国、非洲 42 国、美洲 14 国、大洋洲 4 国）投资开办企业的，由省级商务主管部门核准。2004 年 11 月，商务部加强信息化建设，启用了境外投资批准证书网上发放系统。通过该系统，企业利用互联网就可办理投资核准手续，凭商务部颁发的境外投资批准证书即可办理外汇、海关、外事等相关手续，极大地方便了企业，提高了政府工作效率，对外投资便利化水平得到进一步提升。

2004 年 10 月 9 日，国家发展和改革委员会发布了《境外投资项目核准暂行管理办法》。中方境外投资额在 3000 万美元以上的资源开发类项目，从以及投资用汇额在 1000 万美元以下的其他项目，由国家发改委核准；中方投资额在 2 亿美元以上的资源开发类项目，以及 5000 万美元以上的其他大额用汇项目，则由国家发改委审核后再报国务院核准。对于中方投资额 3000 万美元以下的资源开发类和中方投资用汇额 1000 万美元以下的其他项目，由各省、自治区、直辖市及计划单列市和新疆生产建设兵团等省级发展改革部门核准，项目核准权不得下放。为及时掌握核准项目信息，省级发展改革部门在核准之日起 20 个工作日内，将项目核准文件抄报国家发改委。中央管理企业投资的中方投资额 3000 万美元以下的资源开发类境外投资项目和中方投资用汇额 1000 万美元以下的其他境外投资项目，由其自主决策并在决策后将相关文件报国家发改委备案。国家发改委在收到上述备案材料之日起 7 个工作日内出具备案证明。

最后，核准程序透明化期限化，便于申请方合理安排时间。

2004 年 10 月国家发展和改革委员会发布的《境外投资项目核准暂行管理办法》中明确规定，国家发改委在受理项目申请报告之日起 20 个工作日内，完成对项目申请报告的核准，或向国务院提出审核意见。如果 20 个工作日不能作出核准决定或提出审核意见，由国家发改委负责人批准延长 10 个工作日，并将延长期限的理由告知项目申请人（此期限不包括委托咨询机构进行评估的时间）。中央管理企业投资的中方投资额 3000 万美元以下的资源开发类境外投资项目和中方投资额 1000 万美元以下的其他境外投资项目，由其自主决策并在决策后将相关文件报国家发改委，国家发改委在收到上述备案材料之日起 7 个工作日内出具备案证明。

2. 财税金融支持方面

第一，政府专项资金支持。

为了鼓励和引导企业到国外投资，我国先后推出了三项涉及促进境外投资的专项资金扶持政策：

一是 2000 年 10 月，外经贸部和财政部联合制定的《中小企业国际市场开拓资金管理（试行）办法》对中小企业"走出去"到海外投资办企业予以前期费用等资金补助。2001 年 6 月制定了相应实施细则，设立"市场开拓资金"用于支持具有独立企业法人资格和进出口经营权的中小企业（上一年度海关统计出口额低于 1500 万美元），明确了市场开拓资金的具体使用条件、申报及审批程序、资金支持内容和比例等具体办法，给予中小企业"走出去"前期资金支持。这一资金资助中小企业参加境外展览会（或者以组团方式）、参与管理体系或产品认证、进行国际市场宣传推介、创建企业网站、注册广告商标、进行境外市场考察、进行国际市场分析、参加境外投（议）标，以及进行企业培训等活动。"市场开拓资金"优先支持中小企业开拓国际市场。据统计，2001～2005 年间，这一资金从中央财政总计列支40 亿元，累计惠及企业 76368 个。

二是商务部、国土资源部于 2003 年针对资源型企业设立了"境外矿产资源勘查开发专项资金"。为了加强国外矿产资源风险勘查专项资金的管理，提高资金使用权益，财政部制定了《国外矿产资源风险勘查专项资金管理暂行办法》。2010 年 5 月财政部、国土资源部制定了《国外矿产资源风险勘查专项资金管理办法》同时发布申报指南。《办法》规定，专项资金由中央财政设立，主要用于鼓励和引导地勘单位和矿业企业到国外勘查开发矿产资源。专项资金的支持方式主要有以下四种：

（1）对前期地质矿产调查与评价，以及综合研究、信息服务和管理项目，专项资金给予一定额度的经费支持。

（2）对矿产资源勘查项目，专项资金以无偿补助的方式予以支持，补助额度不超过项目中方总投资的 50%。

（3）对矿产资源开发项目，专项资金以贷款贴息的方式予以支持。贴息资金根据国内银行中长期贷款实际到位数、合同约定利息率以及实际支付利息数确定，贴息年限 1～3 年，年贴息率最高不超过 3%。

（4）对项目单位与国内其他机构共同投资的矿产资源勘查项目给予优先支持，不支持企业之间并购等重组性质的项目及单纯购买矿业权的项目。

三是为贯彻党的十六大关于加快实施"走出去"战略精神，鼓励和扶持有比较优势的企业开展境外资源类投资和利用境外资源领域开展对外经济技术合作，财政部、商务部决定对 2004 年度资源类境外投资和对外经济合作项目前期费用予以扶持，并于 10 月联合下发了《关于做好 2004 年资源类境外投资和对外经济合作项目前期费用扶持有关问题的通知》。扶持重点是在发展中国家实施的大中型资源类项目，具体包括油气资源、金属和非金属矿藏开发项目。①

四是商务部、财政部 2005 年 12 月出台的《对外经济技术合作专项资金管理办法》，对境外投资等业务采取直接补助或贴息等方式给予支持。由中央财政以年度为周期，对中国企业从事境外投资，境外农、林、渔、矿业合作等对外经济技术合作业务予以支持。该项资金每年确定重点支持的领域和方向，且在第二年度对前一年的企业经营活动进行支持。重点支持我国企业以跨国并购方式开展的对外投资、农业合作、设立境外研发中心、开展境外加工贸易和进入境外经济贸易合作区实施项目。支持的方式分为直接补助和贷款贴息两类。其中，直接补助包括法律、技术及商务咨询费，勘测、调查费，项目可行性研究报告编制费，购买规范性文件和标书等资料费，规范性文件和标书等资料翻译费等前期费用；资源回运；"走出去"人员人身意外伤害保险；境外突发事件处置费用以及境外研发中心专利注册费用等。贷款贴息则是对我国企业从事境外投资、用于项目经营的一年以上（含）的贷款给予贴息。

第二，政策性信贷的支持性政策。

2003 年、2004 年连续两年，国家发改委、中国进出口银行两次联合发布关于对国家鼓励的境外投资重点项目给予信贷支持的政策。政策规定，国家发改委和中国进出口银行共同建立境外投资信贷支持机制。根据国家境外投资发展规划，中国进出口银行在每年的出口信贷计划中，专门安排一定规模的信贷资金（以下称"境外投资专项贷款"）用于支持国家鼓励的境外投资重点项目：能弥补国内资源相对不足的境外资源开发类项目；能带动国内技术、产品、设备等出口和劳务输出的境外生产型项目和基础设施项目；能利用国际先进技术、管理经验和专业人才的境外研发中心项目；能提高企业国际竞争力、加快开拓国际市场的境外企业收购和兼并项目。

---

① 申请前期费用扶持资金的境外资源类项目应具备以下条件：①投资项目需取得国家商务主管部门颁发的境外企业批准证书，并在东道国合法注册；经济合作项目已按统计制度规定报送统计资料；②投资项目的中方投资额在 500 万美元（或等值货币）以上，或经济合作项目中方获得的合同金额在 2000 万美元（或等值货币）以上。注册地在西部地区和东北老工业基地的企业，其项目金额可在本条规定的基础上下浮 20%；③投资项目完成注册并开始运营，经济合作项目已开工建设；④项目前期费用超过 200 万元人民币；⑤境外企业注册或合同签约时间在 2004 年 1 月 1 日至 2004 年 12 月 31 日期间。

境外投资专项贷款享受中国进出口银行出口信贷优惠利率①。中国进出口银行对境外投资专项贷款依照有关规定加快贷款审查速度，并视具体情况提供以下便利：根据贷款企业信用等级和境外投资项目的经济效益情况授予一定的信用放款额度；对风险小、投资收益稳定且效益较好的项目，可考虑直接对境外项目公司提供贷款，由项目的境内投资主体提供担保或以项目形成的资产或其他权益作为抵押；对一些投资期较长的战略性项目，可视情况适当延长贷款期限。另外，中国进出口银行对拟使用境外投资专项贷款的项目，提供与项目相关的投标保函、履约保函、预付款保函、质量保函以及国际结算等方面的金融服务，并根据境内投资主体和项目情况在反担保和保证金方面给予一定优惠。专项贷款对所有内资企业一视同仁，没有对民营企业设置更高门槛。

2005年9月国家发展和改革委员会、国家开发银行又发布了《关于进一步加强对境外投资重点项目融资支持有关问题的通知》②，规定国家开发银行对境外投资重点项目还提供如下支持和服务：为境外投资重点项目提供大额、稳定的中长期非股本贷款支持；加强与国际金融组织或跨国公司合作，组织国际银团贷款、境外贷款等，协助落实融资方案；提供基础设施、基础产业、支柱产业领域的行业分析、风险评估等服务；提供与项目相关的信用证及国际结算等方面的配套金融服务；提供汇率、利率风险管理等金融衍生工具服务。2005年8月国家外汇管理局发布的《关于调整境内银行为境外投资企业提供融资性对外担保管理方式的通知》将融资性对外担保由原来逐笔报外管局审批，改为余额控制，促进了对外投资便利化。

第三，政策性保险的支持性政策。

2005年，国家发改委、中国出口信用保险公司联合发出《关于建立境外投资重点项目风险保障机制有关问题的通知》（发改外资〔2005〕113号），为我国的境外投资提供政策性保险支持。主要内容包括：（1）国家发改委和中国出口信用保险公司共同建立境外投资重点项目风险保障机制。根据国家境外投资发展规划，依照国家出口信用保险风险基金安排，中国出口信用保险公司向国家鼓励的境外投资重点项目提供投资咨询、风

---

① 从中国进出口银行的实践来看，符合条件的境外投资重点项目，中国进出口银行给予的人民币贷款利率比商业银行贷款利率至少低2个百分点，美元贷款实行国际官方出口信用机构通行的固定利率，商业银行贷款实行的则是浮动利率。

② 发改外资〔2005〕1838号。

险评估、风险控制及投资保险等境外投资风险保障服务。比如，提供境外投资保险服务，承保境内投资主体因征收、战争、汇兑限制和政府违约等政治风险遭受的损失。（2）境外投资风险保障机制主要用于支持下列境外投资项目：能弥补国内资源相对不足的境外资源开发类项目；能带动国内技术、产品、设备等出口和劳务输出的境外生产型项目和基础设施项目；能利用国际先进技术、管理经验和专业人才的境外研发中心项目；能提高企业国际竞争力、加快开拓国际市场的境外企业收购和兼并项目。（3）对国家鼓励的境外投资重点项目，中国出口信用保险公司将依照政策规定，并视项目具体情况给予一定的费率优惠，并适当简化承保手续，加快承保速度。（4）中国出口信用保险公司对为境外投资重点项目提供融资的境内（外）金融机构也可提供风险保障服务。（5）中国出口信用保险公司还可视具体情况对国家鼓励的境外投资重点项目提供与项目相关的出口信用保险及担保业务。

2006年，国家开发银行、中国出口信用保险公司联合发布了《关于进一步加大对境外重点项目金融保险支持力度有关问题的通知》（开行发〔2006〕11号），共同建立境外油气、工程承包和矿产资源等项目金融保险支持保障机制，为国家鼓励的重点境外投资项目提供多方位的金融保险服务。国家开发银行和中国出口信用保险公司根据企业的不同需求和投资项目的具体特点提供如下服务：为项目提供股本和债务融资支持，以及与项目相关的汇率、利率风险管理等金融衍生工具服务；为项目提供海外投资保险风险保障机制及其他风险规避措施；向企业提供境外经营环境、政策环境、项目合作机会、合作伙伴资质等信息咨询服务；负责项目融资安排和提出风险控制方案，包括组织国际银团贷款、项目融资和结构安排等方式，提供稳定、高效的金融保险支持；为项目提供投资所在国国别风险评估意见。《通知》规定，国家开发银行和中国出口信用保险公司重点支持以下领域的项目和企业：油气、重要矿产资源、原材料、林业等能弥补国内短缺资源的资源开发项目；以资源做还款担保的基础设施项目和境外生产性项目；能加快开拓和有效利用国际市场、增强国际竞争力的境外资源收购、兼并和工程承包项目；关系到政府间双边或多边经济合作的项目；国资委监管的中央直属企业集团、地方大型企业集团和其在境外设立的项目公司等具有资金、技术、管理、品牌优势的实力企业。

第四，产业投资基金支持。

除了明文发布的政策法规之外，为支持中国企业"走出去"，作为中国政策性银行的国家开发银行自从 1998 年以来，与其他国内外机构合资设立了四只产业投资基金，即中瑞合作基金、中国—东盟中小企业投资基金、中国比利时直接股权投资基金和中非发展基金。这些合作基金的宗旨是促进中国与合作国企业间的合作及技术转让，进而加强双方经济发展与合作。

为推动和支持中国企业开展对非投资合作，2007 年 6 月正式成立了中非发展基金有限公司，负责管理"中非发展基金"。第一期资金由国家开发银行筹集，采取自主经营、市场化运作、自担风险的方式运行，主要投资参股到非洲开展投资和经贸活动的中国企业和项目，帮助企业借鉴资本金不足的问题。2007 年 5 月，我国国家开发银行独资注册成立了"中非发展基金有限公司"（注册资本将逐渐由 10 亿美元增至 30 亿美元，最终达到 50 亿美元），以股权或准股权的投资方式支持我国企业到非洲进行投资，为我国设立资源能源类境外投资基金提供了经验。

第五，税收政策。

在税收方面，我国较早就注意依照国际惯例对境外投资企业避免双重征税。早在 1994 年实施的我国《企业所得税暂行条例》中就有避免双重征税的条文，其第 12 条规定："纳税人来源于中国境外的所得，已在境外缴纳的所得税税款，准予在汇总纳税时，从其应纳税额中扣除，但是扣除额不得超过其境外所得依照本条例规定计算的应纳税额。"财政部、国家税务总局在 1997 年 11 月发布的《境外所得计征所得税暂行办法（修订）》中对境外投资的减免税处理做了具体规定，其在第六条、第七条明确：纳税人在与中国缔结避免双重征税协定的国家，按所在国税法及政府规定获得的所得税减免税，可由纳税人提供有关证明，经税务机关审核后，视同已交所得税进行抵免。纳税人在境外遇有风、火、水、震等严重自然灾害，损失较大，继续维持投资、经营活动确有困难的，应在取得中国政府驻当地使、领馆等驻外机构的证明后，按现行规定报经税务机关批准，按照条例和实施细则的有关规定，对其境外所得给予一年减征或免征所得税的照顾。纳税人举办的境外企业或其他投资活动（如工程承包、劳务承包等），由于所在国（地区）发生战争或政治动乱等不可抗拒的客观因素造成损失较大的，可比照前款规定办理。另外，截至 2007 年底，我国已同 86 个国家正式签署了避免双重征税协定，目前还在积极与部分未签署国家进行谈判。

3. 外汇管理方面

随着改革开放的深入进行，我国经济迅速发展，近年来我国的外汇储备大幅增加，这使得我国有条件改革外汇制度，放宽外汇管制，从而为我国境外投资企业用汇提供了便利，提高了企业投资效率，大大促进了我国对外投资的发展。从 2002 年 10 月开始，国家外汇管理局启动了外汇管理改革试点，将北京、上海、浙江、江苏、山东、广东、福建等 24 个省（市）作为试点地区，开始进行大规模的外汇管制改革，放松了 300 万美元以下的外汇审批权，同时允许境外企业保留利润，不必再调回国内。2003 年，国家外汇管理局正式取消了境外投资外汇风险审查和境外投资汇回利润保证金制度等两项行政审批，并将已经收取的保证金退还给相应的投资主体，放宽了企业购汇对外投资的限制并且简化了境外投资外汇管理审批手续。2003 年 3 月，国家外汇管理局发布了《关于进一步深化境外投资外汇管理改革有关问题的通知》，允许经批准的部分试点地区的外汇管理部门直接出具中方外汇投资额不超过 300 万美元的境外投资项目外汇资金来源审查意见，在额度内允许投资主体购汇境外投资（试点主要开始于沿海发达地区）。从 2003 年 11 月起，22 个试点省市的企业向境外汇出项目前期资金由审批制改为核准制。2004 年，国家外汇管理局发布了《关于跨国公司外汇资金内部运营管理有关问题的通知》，允许我国跨国经营企业的境内成员企业利用自有外汇资金以及从其他境内成员公司拆借的外汇资金，对境外成员企业进行境外放款或者境外委托放款，一定程度上缓解了境外投资企业运营资金融资难的问题。2005 年 5 月，国家外汇管理局又发布《关于扩大境外投资外汇管理改革试点有关问题的通知》，将境外投资外汇管理改革试点扩大到全国，地方可审批权限也从 300 万美元提高至 1000 万美元，境外投资外汇购汇额度，亦从年初核定的 33 亿美元增加到 50 亿美元。

2005 年 8 月，国家外汇管理局发布了《关于调整境内银行为境外投资企业提供融资性对外担保管理方式的通知》，将境外投资企业的融资性对外担保由逐笔报外汇管理部门审批改为余额控制，推进了境外投资的便利化。2006 年 6 月，国家外汇管理局发布了《关于调整部分境外投资外汇管理政策的通知》，取消了购汇额度的限制，彻底下放了境外投资外汇资金来源审查权。明确指出，自 2006 年 7 月 1 日起，国家外汇管理局不再对各分局

（外汇管理部）核定境外投资购汇额度。境内投资者向有关主管部门提交境外投资项目核准申请或投资意向后，在获得正式批准前，经所在地国家外汇管理局分支局、外汇管理部核准，可以自有外汇、人民币购汇或国内外汇贷款向境外支付与境外投资项目相关的前期费用。

4. 鼓励和支持民营企业境外投资的政策

我国财政部和外经贸部早在 2000 年就发布了《中小企业国际市场开拓资金管理（试行）办法》专门针对中小企业（此类企业实际上绝大多数均为民营企业）"走出去"给予专项资金支持。2001 年接着发布了《〈中小企业国际市场开拓资金管理办法〉实施细则（暂行）》。

2005 年 2 月，国务院出台《关于鼓励支持和引导个体私营等非公有制经济发展的若干意见》（国发〔2005〕3 号）文件。该文件明确指出，政府支持企业开拓国内外市场。推动信息网络建设，积极为非公有制企业提供国内外市场信息。鼓励和支持非公有制企业扩大出口和"走出去"，到境外投资兴业，在对外投资、进出口信贷、出口信用保险等方面与其他企业享受同等待遇。鼓励非公有制企业在境外申报知识产权。发挥行业协会、商会等中介组织作用，利用好国家中小企业国际市场开拓资金，支持非公有制企业开拓国际市场。

鼓励和支持非公有制企业扩大出口和"走出去"，到境外投资兴业，在对外投资、进出口信贷、出口信用保险等方面与其他企业享受同等待遇。鼓励非公有制企业在境外申报知识产权。发挥行业协会、商会等中介组织作用，利用好国家中小企业国际市场开拓资金，支持非公有制企业开拓国际市场。

2005 年 8 月，为贯彻落实国务院《关于鼓励支持和引导个体私营等非公有制经济发展的若干意见》，推动非公有制企业"走出去"开拓国际市场，我国境外投资主管部门商务部和中国出口信用保险公司联合出台了《关于实行出口信用保险专项优惠措施支持个体私营等非公有制企业开拓国际市场的通知》，采取具体措施支持民营企业"走出去"。

第一，各级商务主管部门和中国信保各营业机构要建立有效的工作协调机制，帮助非公有制企业积极利用出口信用保险开拓国际市场，提高风险管理能力，提高国际化经营的效益。

第二，商务部、中国信保共同为非公有制企业提供出口贸易风险管理培训，帮助非公有制企业建立健全出口贸易风险管理机制，规避贸易风险，实现稳健经营。

第三，中国信保各营业机构要与当地商务主管部门密切配合，向非公有制出口企业宣传出口信用保险的政策性功能，及时了解企业需求，制定专项服务计划，实施有针对性的支持，并向当地商务主管部门及时通报有关情况。

第四，对大型非公有制出口企业提供个性化便利服务，中国信保及各营业机构要根据企业需求为企业量身定做出口信用保险服务方案。

第五，对中小型非公有制出口企业简化投保程序，提供便捷服务。中国信保短期出口信用保险业务的"中小企业综合保险"在试用期向中小型非公有制企业全面开放。

第六，积极协助非公有制企业解决融资问题，为非公有制出口企业提供出口信用保险项下的贸易融资便利和担保服务。

第七，中国信保为投保的非公有制企业开通"信保通"网上业务操作系统，便利企业减少人工成本，提高工作效率。

第八，中国信保为非公有制企业"走出去"提供全方位的出口信用管理优惠服务，包括短期出口信用保险、中长期出口信用保险、海外投资保险、国内贸易信用保险、海外商账追收等产品组合服务。

2006年年底，中国人民银行出台了《个人外汇管理办法》（2007年年初国家外汇管理局随即又发布了《个人外汇管理办法实施细则》），进一步便利了个人外汇业务操作，均起到了推动民营企业"走出去"的实际效果。

2007年5月，根据党中央、国务院关于鼓励支持和引导非公有制企业发展的精神，商务部、财政部、中国人民银行和全国工商联共同发布了《关于鼓励支持和引导非公有制企业对外投资合作的若干意见》（商合发〔2007〕94号）。该文件指出，要"鼓励支持和引导非公有制企业通过对外投资、对外承包工程、对外劳务合作等多种形式，积极参与国际竞争与合作，形成一批有较强国际竞争能力的跨国企业"。文件在行政审批体制，财税、融资、外汇、保险政策支持，对外投资的引导与服务等方面给了民营企业广泛的鼓励。商务部和全国工商联也于2004年5月建立了促进民营企业"走出去"的常设机制并就民营企业境外投资问题召开了高规格的专门会议。

表 2 - 2 2003～2007 年我国企业"走出去"的政策要点

境外投资管理

发布时间	颁发单位	文件名称	政策要点
2004 年 10 月 1 日	商务部	关于境外投资开办企业核准事项的规定	对于企业不使用政府投资建设的项目,一律不再实行审批制,区别不同情况实行核准制和备案制。其中,政府仅对重大项目和限制类项目从维护社会公共利益角度进行核准,其他项目无论规模大小,均改为备案制
2004 年 10 月 9 日	国家发展和改革委员会	境外投资项目核准暂行管理办法	中方境外投资额在 3000 万美元以上的资源开发类项目,以及投资用汇额在 1000 万美元以下的其他项目,由国家发改委核准;中方投资额在 2 亿美元以上的资源开发类项目,以及 5000 万美元以上的其他大额用汇项目,则由国家发展改革委审核后再报国务院核准。对于中方投资额 3000 万美元以下的资源开发类和中方投资用汇额 1000 万美元以下的其他项目,由各省、自治区、直辖市及计划单列市和新疆生产建设兵团等省级发展改革部门核准,项目核准权不得下放
财税金融支持			
2003 年 5 月	国家发改委、中国进出口银行	关于对国家鼓励的境外投资重点项目给予信贷支持有关问题的通知	中国进出口银行在每年的出口信贷计划中,专门安排一定规模的信贷资金(以下称"境外投资专项贷款")用于支持国家鼓励的境外投资重点项目:能弥补国内资源相对不足的境外资源开发类项目;能带动国内技术、产品、设备等出口和劳务输出的境外生产型项目和基础设施项目;能利用国际先进技术、管理经验和专业人才的境外研发中心项目;能提高企业国际竞争力、加快开拓国际市场的境外企业收购和兼并项目
2004 年 10 月	国家发改委、中国进出口银行	关于对国家鼓励的境外投资重点项目给予信贷支持的通知	中国进出口银行在每年的出口信贷计划中,专门安排一定规模的信贷资金(以下称"境外投资专项贷款")用于支持国家鼓励的境外投资重点项目:能弥补国内资源相对不足的境外资源开发类项目;能带动国内技术、产品、设备等出口和劳务输出的境外生产型项目和基础设施项目;能利用国际先进技术、管理经验和专业人才的境外研发中心项目能提高企业国际竞争力、加快开拓国际市场的境外企业收购和兼并项目

财税金融支持			
发布时间	颁发单位	文件名称	政策要点
2004年10月	财政部、商务部	关于做好2004年资源类境外投资和对外经济合作项目前期费用扶持有关问题的通知	根据"突出重点，择优扶持"的原则，2004年度境外资源类项目前期费用扶持的重点是在发展中国家实施的大中型资源类项目，具体包括油气资源、金属和非金属矿藏开发项目
2005年1月	国家发改委、中国出口信用保险公司	关于建立境外投资重点项目风险保障机制有关问题的通知	国家发展改革委和中国出口信用保险公司共同建立境外投资重点项目风险保障机制，主要用于支持下列境外投资项目：能弥补国内资源相对不足的境外资源开发类项目；能带动国内技术、产品、设备等出口和劳务输出的境外生产型项目和基础设施项目；能利用国际先进技术、管理经验和专业人才的境外研发中心项目；能提高企业国际竞争力、加快开拓国际市场的境外企业收购和兼并项目
2005年2月	国务院	关于鼓励支持和引导个体私营等非公有制经济发展的若干意见	鼓励和支持非公有制企业扩大出口和"走出去"，到境外投资兴业，在对外投资、进出口信贷、出口信用保险等方面与其他企业享受同等待遇。鼓励非公有制企业在境外申报知识产权。发挥行业协会、商会等中介组织作用，利用好国家中小企业国际市场开拓资金，支持非公有制企业开拓国际市场
2005年8月	商务部和中国出口信用保险公司	关于实行出口信用保险专项优惠措施支持个体私营等非公有制企业开拓国际市场的通知	对非公有制企业实行专项优惠支持措施
2005年9月	国家发改委和国家开发银行	关于进一步加强对境外投资重点项目融资支持有关问题的通知	国家开发银行对境外投资重点项目还提供如下支持和服务：为境外投资重点项目提供大额、稳定的中长期非股本贷款支持；加强与国际金融组织或跨国公司合作，组织国际银团贷款、境外贷款等，协助落实融资方案；提供基础设施、基础产业、支柱产业领域的行业分析、风险评估等服务；提供与项目相关的信用证及国际结算等方面的配套金融服务；提供汇率、利率风险管理等金融衍生工具服务
2005年10月31日	财政部	国外矿产资源风险勘查专项资金管理暂行办法	为加强对国外矿产资源风险勘查专项资金（商务部、国土资源部2003年针对资源型企业设立了"境外矿产资源勘查开发专项资金"）的管理，提高资金使用效益，制定此本办法。专项资金是指中央财政安排的、专项用于地勘单位和矿业企业到国外进行国内短缺、国民经济发展急需的矿产资源勘查项目的补助资金和开发项目的贴息资金

财税金融支持			
发布时间	颁发单位	文件名称	政策要点
2005 年 12 月	商务部、财政部	对外经济技术合作专项资金管理办法	由中央财政以年度为周期,对中国企业从事境外投资,境外农、林、渔、矿业合作等对外经济技术合作业务予以支持
2006 年 1 月	国家开发银行、中国出口信用保险公司	关于进一步加大对境外重点项目金融保险支持力度有关问题的通知	国家开发银行和中国出口信用保险公司共同建立境外油气、工程承包和矿产资源等项目金融保险支持保障机制,为国家鼓励的重点境外投资项目提供多方位的金融保险服务。重点支持以下领域的项目和企业:油气、重要矿产资源、原材料、林业等能弥补国内短缺资源的资源开发项目;以资源做还款担保的基础设施项目和境外生产性项目;能加快开拓和有效利用国际市场、增强国际竞争力的境外资源收购、兼并和工程承包项目;关系到政府间双边或多边经济合作的项目;国资委监管的中央直属企业集团、地方大型企业集团和其在境外设立的项目公司等具有资金、技术、管理、品牌优势的实力企业
2007 年 5 月	商务部、财政部、中国人民银行和全国工商联	关于鼓励支持和引导非公有制企业对外投资合作的若干意见	鼓励支持和引导非公有制企业通过对外投资、对外承包工程、对外劳务合作等多种形式,积极参与国际竞争与合作,形成一批有较强国际竞争能力的跨国企业
外汇管理			
2003 年 3 月	国家外汇管理局	关于进一步深化境外投资外汇管理改革有关问题的通知	经国家外汇管理局批准进行境外投资外汇管理改革试点地区的分局、外汇管理部,可以直接出具中方外汇投资额不超过 300 万美元的境外投资项目外汇资金来源审查意见。报经国家外汇管理局批准,试点分局可授权辖内境外投资业务量较大的支局直接出具中方外汇投资额不超过 100 万美元的境外投资项目外汇资金来源审查意见
2003 年 3 月	国家外汇管理局	关于简化境外投资外汇资金来源审查有关问题的通知	取消境外投资外汇资金来源的审查。全部以实物投资的项目、援外项目和经国务院批准的战略性投资项目免除该项审查
2003 年 7 月	国家外汇管理局	关于退还境外投资汇回利润保证金有关问题的通知	将已经收取的保证金退还给相应的投资主体
2004 年 10 月	国家外汇管理局	关于跨国公司外汇资金内部运营管理有关问题的通知	允许境内成员企业利用自有外汇资金以及从其他境内成员公司拆借的外汇资金,对境外成员企业进行境外放款或者境外委托放款

外汇管理

发布时间	颁发单位	文件名称	政策要点
2005 年 5 月	国家外汇管理局	关于扩大境外投资外汇管理改革试点有关问题的通知	增加境外投资的用汇额度，总额度从目前的 33 亿美元增加至 50 亿美元。扩大试点地区外汇局的审查权限。凡办理此项业务的外汇分局和外汇管理部，其对境外投资外汇资金来源的审查权限从 300 万美元提高至 1000 万美元
2005 年 5 月	国家外汇管理局	关于调整部分境外投资外汇管理政策的通知	自 2006 年 7 月 1 日起，国家外汇管理局不再对各分局（外汇管理部）核定境外投资购汇额度。不过，取消企业的外汇投资额度限制，主要是针对企业的直接投资，并不表示企业可以随意投资海外资本市场
2005 年 8 月	国家外汇管理局	关于调整境内银行为境外投资企业提供融资性对外担保管理方式的通知	将融资性对外担保由原来逐笔报外管局审批，改为余额控制，促进了对外投资便利化
2006 年 6 月	国家外汇管理局	关于调整部分境外投资外汇管理政策的通知	取消了购汇额度的限制，彻底下放了境外投资外汇资金来源审查权。明确指出，自 2006 年 7 月 1 日起，国家外汇管理局不再对各分局（外汇管理部）核定境外投资购汇额度。境内投资者向有关主管部门提交境外投资项目核准申请或投资意向后，在获得正式批准前，经所在地国家外汇管理局分支局、外汇管理部核准，可以自有外汇、人民币购汇或国内外汇贷款向境外支付与境外投资项目相关的前期费用
2007 年 1 月	国家外汇管理局	个人外汇管理办法实施细则	个人向外汇储蓄账户存入外币现钞，当日累计超过等值 5000 美元的，须凭有关单据在银行办理；个人提取外币现钞当日累计超过等值 1 万美元的，须提供有关证明材料向外汇局事前报备；手持外币现钞汇出境外，当日累计超出 1 万美元的，还应提供经海关签章的有关申报单或本人原存款银行外币现钞提取单据办理

（三）第三个阶段：全面"走出去"时期（2008 年至今）

金融危机发生以来，全球经济陷入低迷，信用市场迅速萎缩，许多国家面临资金严重缺乏的局面，形成了对外来资本的急剧需求。为缓解这些企业的资金压力，以美国为代表的欧美国家不得不降低对外国企业的投资门槛要求，美国能源部高官就公开对媒体表示：美国欢迎中国对其石油和天然气领域进行投资。中国企业对外并购的阻力陡然减轻。这样的国际市场为中国企业"走出去"提供了一个难得的机遇,同时国家部委出台的简化境外投资审批程序,规范境外直接投资的政策,为"走出去"提供了政策上的便利与保障。2008年,中国对外直接投资首次突破500亿美元,达到559.1亿美元,较上年增长111%。其中:新增股本投资283.6亿美元,占50.7%;当期利润再投资98.9亿美元,占17.7%;其他投资176.6亿美元,占31.6%。截至2008年年底,中国8500家境内投资者设立对外直接投资企业12000家,分布在全球174个国家(地区),对外直接投资累计净额1839.7亿美元,境外企业资产总额超过1万亿美元。

　　2009年中国正值改革开放30年,如果说,过去30年,中国对外开放的主要内容是"引进来",那么,在今后相当长时期内,"引进来"与"走出去"相结合将成为中国对外开放的战略选择。从多双边谈判中的重点是国内市场开放和吸引外资,转向继续坚持吸引外国投资的同时,大力推动我国企业"走出去"。"走出去"战略进入快速发展期,我国矿业企业"走出去"也有了更大发展。据统计,仅2009年集中于能源、矿业两大资源行业的交易占海外并购总成交量的40%,交易价值则为总交易值的93%。2009年全年,在能源和矿业两大资源行业共发生并购事件36起,其中30起披露了并购金额,披露的并购金额达到442.16亿美元。其中,油气资源领域发生并购事件14起,矿业领域发生并购事件16起。

1. 境外投资管理方面

　　自2008年以来,我国政府在境外投资管理、产业规划和外汇管理方面进一步推动了中国企业"走出去",中国企业海外投资的政策环境显著宽松。2009年3月,商务部发布了《境外投资管理办法》。与2004年发布的《关于境外投资开办企业核准事项的规定》(以下简称《规定》)相比,仅保留了对少数重大、敏感的境外投资的核准权限。根据该办法,企业开展以下情形境外投资应报商务部核准:在与我国未建交国家的境外投资;特定国家或地区的境外投资;中方投资额1亿美元以上的境外投资;涉及多国(地区)利益的境外投资;设立境外特殊目的公司等。其中特别指出,地方企业开展中方投资额1000万美元及以上、1亿美元以下的境外投资;能源、矿产类境外投资;需在国内招商的境外投资应当报省级商务主管部门核准。如果以2008年的核准件数估算,将有约85%的境外投资核准事项交由省级商务主管部门负责。《规定》也分别明确了对不同类型项目的核准期限,其中，开展第六条规定的境外投资，中央企业向商务部提出申请，地方企业通过所在地省级商务部主管部门向商务部申请。收到申请后，省级商务主管部门应于10个工作日内［不含征求驻外使（领）馆（经商处室）的时间］对企业申报材料的真实性及是否涉及本办法第九条所列情形进行初审，同意后将初审意见和全部申请材料报送商务部。商务部收到省级商务主管部门或中央企业的申请后，于5个工作日内决定是否受理。申请材料不齐全或者不符合法定形式的，应当在5个工作日内一次告之申请人；受理后，应当于15个工作日内［不含征求驻外使（领）馆（经商处室）的时间］做出是否予以核准的决定。

需要省级商务主管部门核准的项目，省级商务主管部门在收到申请后，应于5个工作日内决定是否受理。申请材料不齐全或者不符合法定形式的，应当在5个工作日内一次告之申请人；受理后，应当于15个工作日内［不含征求驻外使（领）馆（经商处室）意见的时间］做出是否予以核准的决定。而对于本办法第八条规定的境外投资，商务部和省级商务部主管部门在收到申请表后，于3个工作日内进行审查，申请表填写完整且符合法定形式的即予颁发证书。

2011年3月，国家发改委对中国企业海外投资的政策尺度大幅放宽。资源类境外投资重大项目需要审批的金额起点从3000万美元提升到3亿美元，非资源类境外投资重大项目需要审批的金额起点从1000万美元提升到1亿美元，央企境外投资直接适用备案制，不需要经过审批。这也就意味着央企在参与海外竞购时将免去此前繁冗耗时的政府审批。

2. 财税金融支持方面

（1）中国进出口银行中外合作基金支持

根据国务院《国家中长期科学和技术发展规划纲要（2006～2020年）》要求，2007年，中国进出口银行设立了特别融资账户部，以投资基金的方式支持高新技术产业的发展。几年来，该行陆续投资了中意曼达林基金、国科瑞华基金、中国—东盟投资合作基金、中加自然资源投资合作基金、中日节能环保投资基金等中外合作基金，支持中国企业海外投资，支持中国高新技术企业，特别是节能环保技术企业的发展。

2010年进出口银行主发起并成立了中国—东盟投资合作基金，该基金是经国务院批准成立的基金，总金额为100亿美元。首期募资10亿美元，主要投资方向是以基础设施和能源资源为主，同时也关照到东盟地区和中国进行互联互通的项目，比如促成中国和东盟加强沟通的交通、通信、船运等相关产业。主要是支持中国企业"走出去"，到东盟国家投资这类项目。该基金目前运转良好，其中投资的一些船运项目，包括对全球500强企业——和记黄埔在泰国项目的投资，对菲律宾第一大船运公司的投资，对四川开元实业公司在老挝的亚洲最大的钾盐开发项目的投资等，都运作得比较成功。像老挝这个钾盐开发项目，由于该基金为这个项目注入了较大投资，使得像西门子、德意志银行这些大牌投资企业和投资银行看后也准备跟进投资。

2012年2月9日，在第五届中国—加拿大经贸合作论坛上，中国进出口银行与加拿大加通金融控股集团（简称加通集团）签署了基金发起备忘录。根据备忘录，中国进出口银行将与加拿大合作伙伴共同发起成立初始规模为10亿美元的中加自然资源投资合作基金。"中加自然资源基金"主要目标包括：为加拿大公共和私有自然资源及能源公司或项目提供投资，为在加拿大证券交易所上市或有上市潜力的相关公司提供投资；促进中国、加拿大及其他自然资源企业之间的合作与可持续发展；通过基金的战略性和市场化分配为实现可观的投资回报创造机会。中加自然基金已获国务院批准。这个基金最终要做到100亿美元左右的规模，是一个全球性的自然资源基金。作为中国和西方大国共同建立的第一支自然基金，它在设计上的最大特点是：以利益捆绑、风险共担的方式保证项目的成功，同时也打破了西方所谓的"中国威胁论"，使那些把中国描述成到其他国家掠夺资源的种种报道不攻自破。无论是从政治上还是从经济上讲，其意义都十分重大。目前，与中国进出口银行合作的加方表现比较积极。除加通集团外，加拿大皇家银行也表示愿意向中加自然基金投资。

（2）税收政策

近年来，为加快落实促进企业"走出去"的发展战略，国家税务总局不断完善国内税收政策，充分发挥税收协力的作用，扩大国际税收合作的交流范围，为我国企业"走出去"提供了有利的税收支持，这主要体现在以下几个方面：

第一，优化国内税收制度，为"走出去"企业提供税收激励与保障。

首先，在企业所得税方面，新的企业所得税法在境外所得税抵免方面有了更为详尽的规定。2008年年初开始施行的《中华人民共和国企业所得税法》在第23条规定，我国企业来源于中国境外的应税所得已在境外缴纳的所得税税额，可以从其当期应纳税额中抵免，抵免限额为该项所得依照本法规定计算的应纳税额；超过抵免限额的部分，可以在以后五个年度内，用每年度抵免限额抵免当年应抵税额后的余额进行抵补。这使"走出去"企业长期反映的问题得到了比较好的解决。为了进一步明确相关政策，国家税务总局会同财政部于 2009 年年底出台了《财政部、国家税务总局关于企业境外所得税收抵免有关问题的通知》，这个通知对企业境外分支机构取得的各项所得，以及企业来源于境外的股息、红利、租金、特许权使用费，财产转让所得的纳税义务发生时间、应纳税额、抵免限额和实际抵免额等的确定都进行了规范，并且首次对间接抵免的规则进行了详细规定。也就是说，我国居民企业取得的境外股息红利所得所负担的国外税额，可以回国进行抵免，把这个抵免的层次暂时确实为三层，这样就完善了过去的规定。因为在 2008 年 1 月 1 日新税法实施之前，我国企业在境外缴纳的税额，回来以后只能直接抵免，现在允许间接抵免，而且间接抵免到三层。这样的规定在更大限度上解决了我国"走出去"企业跨境股息红利所得的国际重复征税问题，降低了"走出去"企业的税收负担。

此外，为了规范境外所得税收的管理，解决"走出去"企业所面临的实际问题，国家税务总局还对部分符合规定条件的境外所得允许采用简易的方法实施税收抵免，从而增强了该项政策的可操作性。为了方便各方面准确理解和掌握这方面的政策，国家税务总局正在研究起草相关的操作指南，力争尽快出台。

第二，在进出口税收方面，对企业境外投资给予积极的支持。

比如对企业以实物投资出境的设备以及零部件实行出口退税和免税政策，实施征税抵扣范围之内的设备和零部件实施免、抵、退的政策。国家税务总局还于 2009 年发布了《关于生产企业开展对外承包工程业务出口货物退（免）税问题的批复》，明确了对外出口的自产货物和非自产货物均可以享受退税政策，同时明确了退税货物的范围、免税货物的范围和征税货物的范围。这些政策和措施都体现了国家在税收方面给予"走出去"企业的支持和激励。

第三，在营业税方面实行暂免优惠政策。

在营业税方面，经国务院批准同意，国家税务总局会同财政部下发了《关于金融商品买卖的营业税若干免税政策的通知》，明确对我国境内单位或者个人在境外提供建筑业、文化体育业的劳务暂免征收营业税。

3. 外汇管理方面

近几年，根据中国国内经济，尤其是对外经济和国际收支的发展变化情况，国家外汇管理局始终将简化手续、放宽限制、促进贸易和投资便利化、全面贯彻落实"走出去"发展战略作为外汇管理的主要工作动力之一，积极进行政策调整，积极出台相关的政策措施，支持企业后续资金，来推动境外投资企业健康持续发展。

2009 年 7 月，国家外汇管理局进一步提出，要进一步解放思想、转变管理理念推进管理体制改革。解放思想、转变管理理念的内容主要是以下几方面：

一是要从重审批转变成重监测分析，逐步从较为依赖审批核准的管理方式，转变为重点在加强对跨境资本流动的统计分析。

二是从重事前监管转变为重事后管理，逐步从事前的主体合作转变为重点加强事后的核查和查处。

三是从重行为监管转变为更加强调主体监管，逐步从按市场交易行为和业务性质的监管转变为以经济主体为单位进行整体监管。

四是从有罪假设转变到无罪假设。

五是从正面清单转变成负面清单。

在解放思想、转变管理理念的前提下，国家外汇管理局在总结了近年来境外直接投资外汇管理改革实践经验的基础上，对近年来出台的一系列境外直接投资外汇管理的规范性文件进行全面的清理和修订，于 2009 年 7 月份出台了境内机构境外直接投资外汇管理规定，构建起一个符合当前境外资金投资发展实际的比较规范和系统的境外资金投资外汇管理法规。这个法规主要有以下几方面的内容：

一是明确国内境外投资主体可以使用外汇资金、人民币购汇资金、国内的外汇贷款，或者使用实物留存在境外的利润等进行境外投资。

二是将境外直接投资外汇资金来源由事前的审查改变为事后的登记备案。

三是对境内机构境外投资资金的管理，由原先的事前核准制调整为事后的登记备案制度。境内的投资主体在取得境外资金投资管理主管部门核发的境外投资文件之后，办理到境外投资的手续。

四是允许境内投资主体在其境外投资企业和境外投资项目设立之前，经过外汇管理局的核准，给予汇出投资总额一定比例的前期费用，这个前期费用包括以下三个方面：一是按照法律法规和要求，收购境外股权和资产权益需要缴纳的保证金；二是境外投资项目招投标过程中需要支付的投标保证金；三是在境外投资之前需要进行的市场尽职调查、租用办公场地以及设备等的相关费用。

五是明确了境外投资企业的地位，以及转资转股清算的资本所得。

六是建立了全口径境外直接投资管理，明确并规范了境内金融机构、境外资金投资所涉及的外汇管理原则。

七是充分利用直接投资外汇管理信息系统，构建起比较完善的境外直接投资项目跨境资金流出的统计监督机制。

国家外汇管理局对境外投资企业在境外投资发展过程中遇到的主要问题进行了研究，出台了相关的政策措施，对境外投资企业的后续融资提供支持，主要体现在以下两个方面：

一方面，允许有条件的境内企业对其境外企业提供融资支持。明确规定境内企业可以使用自有外汇资金或者人民币购汇资金，对其境外成员企业提供境外放款。境外放款既可以通过境内企业资金放款方式，也可以通过委托银行或财务公司进行间接放款方式。同时将为境内企业放款的管理流程进行了简化，降低了成本，促进了境外投资企业融资便利化。

另一方面，调整了银行对境外投资企业提供融资性对外担保的方式，由原先的主体合作调整为预约管理。在外汇管理局核定的预约指标范围内，银行可以根据境外投资企业的资金状况，为境外投资企业提供融资性对外担保，同时对外担保由原先仅限于中资银行扩大到所有具有担保资格的银行，包括外资银行，并且将对外担保额由原先的仅限于中资企业扩大到所有符合条件的企业。①

这一时期的具体政策主要有：

2009年6月国家外汇管理局发布《关于境内企业境外放款外汇管理有关问题的通知》（汇发〔2006〕27号）规定，境内企业可以使用外汇资本金账户和经常项目外汇账户内的自有外汇资金、人民币购汇所得外汇资金以及参加外币资金池的资金，对其境外直接投资企业放款。允许境内机构在其境外项目正式成立前的筹建阶段，经国家外汇管理局核准，可以汇出不高于其投资总额15%的前期费用。并且只要具备放款人和借款人均依法注册成立，注册资本均已足额到位，具备良好的经营记录，并在近3年内未发现外汇违规情节等条件可向国家外汇管理局申请对其境外直接投资企业提供放款，扩大了境外放款主体范围。

---

① 中国国际贸易促进委员会：《2010中国企业"走出去"发展报告》，人民出版社，2011。

2009 年 7 月 13 日，国家外汇管理局发布《境内机构境外直接投资外汇管理规定的通知》（汇发〔2009〕30 号），明确境内机构境外直接投资获得境外直接投资主管部门核准后，到所在地外汇局办理境外直接投资外汇登记，境内机构境外投资资金汇出的管理由以往的事前审查改为事后登记。规定境内企业可以通过自有外汇资金、人民币购汇、实物、无形资产等多种外汇来源进行境外直接投资，同时，境内机构可以向其境外直接投资企业提供商业贷款及融资性担保，对境外投资企业的后续融资提供支持。通知允许境外直接投资所得利润留存境外，用于境外企业增资或其他直接投资。并完善了境外投资外汇管理的全过程监管，除设立、变更及注销等境外投资全过程的登记管理制度外，进一步确立与商务部共同实施的境外投资联合年检制度。此外该通知对境外放款额度、期限做出限定：境外放款不超过放款人所有者权益的 30%；不得超过借款人以办妥相关登记手续的协议投资额。明确境外放款额度有效试用期为获得核准之日起 2 年。境外放款资金将在境外放款专用账户中封闭运行，所有境外放款的资金必须经该账户汇出境外，还本付息资金必须汇回该账户等。该通知将境外放款的额度核准、专用外汇账户、境内外汇资金划转及汇出入等都纳入国家外汇管理局直接投资外汇管理信息系统，构建较为完善的境外放款外汇资金流出入统计监测机制。同时还设定国家外汇管理局对境内企业放款资格、来源、数量及期限等进行适时调整的保障条款。

4. 鼓励和支持民营企业境外投资的政策

为鼓励、支持和引导非公有制经济发展，进一步鼓励和引导民间投资，推动各种所有制经济平等竞争、共同发展；充分发挥市场配置资源的基础性作用，建立公平竞争的市场环境，2010 年 5 月国务院发布《关于鼓励和引导民间投资健康发展的若干意见》，提出将鼓励和引导民间资本进入铁路等六大基础产业和基础设施领域，将"鼓励民间资本参与石油天然气建设。支持民间资本进入油气勘探开发领域，与国有石油企业合作开展油气勘探开发。支持民间资本参股建设原油、天然气、成品油的储运和管道输送设施及网络。鼓励民间资本参与土地整治和矿产资源勘探开发"。"积极引导民间资本通过招标投标形式参与土地整理、复垦等工程建设，鼓励和引导民间资本投资矿山地质环境恢复治理，坚持矿业权市场全面向民间资本开放"。

表 2 - 3 2009 年至今我国企业"走出去"的政策要点

境外投资管理方面			
发布时间	颁发单位	文件名称	政策要点
2009 年 3 月	商务部	境外投资管理办法	企业开展以下情形境外投资应报商务部核准：在与我国未建交国家的境外投资；特定国家或地区的境外投资；中方投资额 1 亿美元以上的境外投资；涉及多国（地区）利益的境外投资；设立境外特殊目的公司等。其中特别指出，地方企业开展中方投资额 1000 万美元及以上、1 亿美元以下的境外投资；能源、矿产类境外投资；需在国内招商的境外投资则应当报省级商务主管部门核准
财税金融支持			
2007 年 3 月通 过，自 2008 年 1 月 1 日起实行	中华人民共和国第十届全国人民代表大会第五次会议	中华人民共和国企业所得税法	我国企业来源于中国境外的应税所得已在境外缴纳的所得税税额，可以从其当期应纳税额中抵免，抵免限额为该项所得依照本法规定计算的应纳税额；超过抵免限额的部分，可以在以后五个年度内，用每年度抵免限额抵免当年应抵税额后的余额进行抵补
2009 年 12 月 25 日	财政部、国家税务总局	财政部、国家税务总局关于企业境外所得税收抵免有关问题的通知	对企业境外分支机构取得的各项所得，以及企业来源于境外的股息、红利、租金、特许权使用费、财产转让所得的纳税义务发生时间、应纳税额、抵免限额和实际抵免额等的确定都进行了规范，并且首次对间接抵免的规则进行了详细规定。也就是说，我国居民企业取得的境外股息红利所得所负担的国外税额，可以回国进行抵免，把这个抵免的层次暂时确实为三层，这样就完善了过去的规定
外汇管理方面			
2009 年 6 月	国家外汇管理局	关于境内企业境外放款外汇管理有关问题的通知	境内企业可以使用外汇资本金账户和经常项目外汇账户内的自有外汇资金、人民币购汇所得外汇资金以及参加外币资金池的资金，对其境外直接投资企业放款。允许境内机构在其境外项目正式成立前的筹建阶段，经外汇局核准，可以汇出不高于其投资总额 15% 的前期费用
2009 年 7 月	国家外汇管理局	境内机构境外直接投资外汇管理规定	境内机构境外直接投资获得境外直接投资主管部门核准后，到所在地外汇局办理境外直接投资外汇登记，境内机构境外投资资金汇出的管理由以往的事前审查改为事后登记。境内机构可以使用自有外汇资金、符合规定的国内外汇贷款、人民币购汇或实物、无形资产及经外汇局核准的其他外汇资产来源等进行境外直接投资。境内机构境外直接投资所得利润也可留存境外用于其境外直接投资

鼓励和支持民营企业境外投资的政策			
发布时间	颁发单位	文件名称	政策要点
2010 年 5 月	国务院	关于鼓励和引导民间投资健康发展的若干意见	鼓励和引导民间资本进入铁路等六大基础产业和基础设施领域,其中"鼓励民间资本参与石油天然气建设。支持民间资本进入油气勘探开发领域,与国有石油企业合作开展油气勘探开发。支持民间资本参股建设原油、天然气、成品油的储运和管道输送设施及网络。鼓励民间资本参与土地整治和矿产资源勘探开发。""积极引导民间资本通过招标投标形式参与土地整理、复垦等工程建设,鼓励和引导民间资本投资矿山地质环境恢复治理,坚持矿业权市场全面向民间资本开放"

二 既有"走出去"企业的投资行为特点

近些年来,中国国有企业是否在"走出去"的过程中享有政策上的优惠是国外政府和企业关心的核心问题。美国副国务卿罗伯特·霍马茨曾表示:"我们对于中国存在国有企业(SOE)没有异议,这是中国自己的经济模式,但是我们所关心的是,是否 SOE 相对于非 SOE 的国内外企业,会得到额外的人为的优惠?我们拥护公平竞争,中国增加了对美投资,这很重要,但公平也很重要。"然而,从上述中国政府关于企业"走出去"的政策演变中并没有看到针对国有企业的优惠政策,相反,为了促进民营企业更好地"走出去",中国政府多次制定了针对性的优惠政策。

中国在计划经济时期确实是由国有企业垄断经济,但改革开放以来这一垄断已被打破,国有企业的经营领域已大大缩小。2003 年《中共中央关于完善社会主义市场经济体制若干问题的决定》要求,抓紧"清理和修订限制非公有制经济发展的法律法规和政策,消除体制性障碍,放宽市场准入,允许非公资本进入法律法规未禁入的基础设施、公用事业及其他行业和领域"。2006 年国务院出台的《关于推进国有资本调整和国有企业重组的指导意见》明确规定,国有经济仅在军工、电网电力、石油化工、电信、煤炭、民航、航运等 7 个行业保持绝对控制力,而对其他行业则基本放开。据统计,在过去国有企业绝对控制的 39 个重点工业行业中,目前已有 18 个行业的国企产值占比降至 10% 左右。同时中国各类国企一直在逐渐失去因与国家的特殊关系而拥有的某些优势。从 20 世纪 80 年代起，中国政府就开始推行"政企分开"政策，将政府职能与企业经营分离。为了令国内企业和经济发展壮大，以做好应对全球自由竞争的准备，政府循序渐进地推行这一政策，先是在消费品行业，然后是在高科技行业和重工业，之后又行之于银行业。如今，中国国企与私企的界限已变得模糊，二者所面临的挑战正日益趋同。中国企业，无论是国企还是私企，都必须经政府批准后才能开展跨国并购和其他全球化活动。即使是中央直属的一级国企，它们在"走出去"的过程中也同样要应对私企所面临的诸多问题。

事实上，中国国有企业的市场化程度已越来越高。中国国企正如中国本身一样，也是多样化的。与一些民营企业相比，许多国企能够成为跨国企业更好的合作伙伴，关键在于其具备了与跨国企业类似的主要按市场经济规律办事的专业性和全球市场统一决策的开放性。以中国石油企业为例，它们在海外生产的产品中有很大一部分销售到中国以外的其他地区。比如，中石油在阿塞拜疆和加拿大生产的油气产品没有一点流回中国。虽然委内瑞拉的官员声称，该国对华石油出口达到每天 40 万到 50 万桶，但海关数据则显示，抵达中国港口的委内瑞拉石油 2010 年全年仅有 15 万桶。这种差距说明中国国有石油企业在有些情况下类似一个真正的跨国企业，会为了追求市场经济条件下的经济效益而非有政治意味的国家利益。

中国国有银行是否偏向支持国有企业？这是近年来西方对中国国内企业关注的主要方面之一，但无论中外，银行对规模较大的企业予以更高授信是行业的风险偏好，完全在于国有企业自身的经营状况和风险控制能力。不仅如此，中国一些银行在监督国有企业运营和促进资源国的保护环境以及社区发展方面也作出了贡献。例如，当获知位于西非加蓬的一个铁矿项目违反了加蓬法律，并且会对环境以及当地民生造成负面影响后，中国进出口银行决定冻结对该项目的融资。我们通过对资源型企业几个较为成功的海外收购案例进行分析，发现一些共同特点或内在规律，也证实了企业的海外投资更主要的是与企业自身的发展情况以及风险控制能力等相关。

一是营运现金流水平是企业海外投资的风向标，充裕的营运现金为企业的资本运作行为奠定了良好基础。从 2008 年年底到 2009 年上半年，中国资源型企业海外矿产投资涉及铜、铅、锌、镍、铁等多个品种，投资规模也根据投资者实力的不同差异明显，如吉恩镍业购买了澳大利亚 Metallica 公司

19.95%的股权,出资约2700万元人民币,而五矿发展对OZ的投资则达13.86亿美元。在寻找共性的过程中,通过对紫金矿业、中金岭南、五矿发展、华菱钢铁和吉恩镍业的海外投资案例的分析,能够发现这些企业大多现金充裕、日常运转正常,除五矿发展外,其他四个企业的相对营运现金流水平(即营运现金流/总资产)均在0.10~0.21的健康发展区间内,这一方面表明投资人在生产环节保持较高的净现金流入水平作为海外扩张的坚实保障,另一方面各企业进行海外资源收购,其占用的大量现金和公司内部资源并没有妨碍公司的正常运转。

二是企业的自由现金流决定了海外投资整体规模和投资能力。通过这种方式将几家海外投资企业的自由现金流与投资总价进行比较可以发现,除五矿发展外各企业的投资覆盖倍数(即自由现金流/海外投资总价)均大于1,其中吉恩镍业更是高达13.4,这表明大多数投资者的自由资金水平都高于其收购海外矿产的投资支出额,整体投资规模在可控范围内,最大限度地压缩了投资外部风险。

三是对外投资企业的资产结构良好,风险控制能力较强。相比我国上市矿业公司50%~60%的平均资产负债率来说,除了五矿发展76%的资产负债率略显较高外,近期进行海外矿产投资的几家企业资产结构良好,对外部资金的依赖程度较低,企业运作风险控制适度,对内外部资源配置能力较强。

四是企业海外投资早有准备,战略规划明确。几家矿业公司的战略规划早已明确了矿产资源的海外投资理念。例如,紫金矿业认为战略上最重要的一点就是资源控制,中金岭南则确立了成为国内铅锌行业"单打冠军"、加快资源整合和海外开拓的战略要点等等。由此可见,几家企业的行为完全符合投资者自身发展的战略需要而不是简单的"抄底",出发点不盲目,这也是这一时期海外投资的一个关键点。

总之,尽管从政策初衷上看,民营企业可以享受的国家优惠政策还多些,但因为企业体量、经营的专业性和在海外拓展的基础等方面存在的差距,我国民营企业在"走出去"过程中实际能够获得的政策优惠的确少于国有企业,尤其在融资方面存在较大的困难,这一方面与我国民营企业起步晚、实力不足等方面存在一定关系;另一方面也与我国政策支持力度不足有关。虽然大型国企仍为大型境外投资的主流机构,但民营企业海外投资项目近期也得到加速发展。由于大型项目多为关系国计民生的自然资源类项目,在大宗商品价格高涨的今天，无论从动机还是实力上，大型国有企业主导此类投资的可能性都大于民营企业，这种趋势在一定时间内还将持续。但随着优秀民营企业队伍实力的壮大、我国融资体系的完善，民营企业的海外投资项目将在金额和数量上都有较大的提高。民营企业投资在资源类项目上可以有效地平息国字头企业造成的政治敏感和抵触情绪，改善我国海外资源类投资项目屡屡受阻的局面。我国正在进行的金融改革，其目的之一就是解决民营企业的融资问题，中国进出口银行等国有金融企业也将进行更多的金融创新为民营企业走出去服务。

（本章主要执笔人：刘洁、齐浩良）

当前资源型企业"走出去"的内外部障碍

1. 中国矿企在"走出去"时有两个普遍问题：①"走出去"却难以"走进去"，海外并购成功率不高，在并购时容易经济问题政治化；②"走出去"却赚不回。迄今为止中国企业海外投资约有1/3成功，1/3失败，1/3不赔不赚，且与中国企业国内投资情况迥异的是，大企业往往遭遇大烦恼。

2. 资源型企业在外面的世界"走不好"，既与东道国的制度障碍有关，也与我国的对外投资体制机制不完善有关。但外因要通过内因起作用，因此中国支持企业"走出去"的制度不全、不力和资源型企业自身没有像跨国公司一样理性规范行事是导致企业走不好的更重要原因。

一 我国资源型企业"走出去"的现状

近年来，随着中国经济的快速发展，中国企业"走出去"的深度和广度均有大幅度增加，海外直接投资和并购发展迅速。从2002年到2010年，非金融海外直接投资从27亿美元增加到590亿美元，海外并购从2亿美元增加到238亿美元。在广度方面，中国对外直接投资目的国从传统的亚太周边国家向欧美、非洲和新兴市场国家延伸，涉及领域由自然资源、制造业向通信、金融、服务业等诸多领域拓展。在过去10年中，中国企业对外投资从高速增长阶段逐步过渡到平稳增长阶段，从量的增长进一步趋向质的提升。2011 年，在国际政治经济局势动荡不安、欧债危机不断深化、国际投资环境错综复杂的情况下，中国企业对外投资仍然保持了平稳增长，境内投资者共对全球 132 个国家和地区的 3391 家境外企业进行了非金融类对外直接投资，累计实现直接投资 600.7 亿美元，同比增长 1.8%。进入 2012 年，中国海外投资的活动愈加活跃，1~2 月，我国境内投资者共对全球 97 个国家和地区的 706 家境外企业进行了直接投资，累计实现非金融类对外直接投资 74.35 亿美元，同比增长 41.1%。①

中国矿业海外投资始于 20 世纪 80 年代。当时，中国经过 20 世纪 70 年代后期开始的改革开放几年后，海外投资的法律法规先后出台，同时，随着国民经济的发展，一些重要矿产出现供给紧张。20 世纪 90 年代，中央首次提出"走出去"的思路。2002 年，党的十六大明确提出实施"走出去"战略，全面提高对外开放水平。根据中央提出的利用"两种资源，两个市场"的战略方针，中国矿业界先后组团到有关国家和地区进行考察，探讨海外勘探开采矿产资源的可能性，并先后在几十个国家进行矿产勘察开发活动。如中石油在中亚、非洲的合作，中国冶金进出口总公司在澳大利亚的铁矿合作，地矿部门在非洲的金矿合作，矿业部门与周边国家的钾盐合作，以及其他一些矿产的合作项目等。2007 年年底至今我国企业境外矿产资源（非油气类）勘查、开采及并购等直、间接投资项目 800 余例，涉及主体（企事业单位）300 多个，项目地点分布在 50 多个国家，涉及金额 500 多亿美元。其中，企业直接收购境外矿业企业全部或部分股权的投资案例 60 余例，涉及金额约 300 亿美元。勘查开采投资项目 700 余例，涉及金额 200 多亿美元。

（一）中国资源型企业对外直接投资总量增长迅速

从行业层面来看，中国资源型企业对外直接投资的总体水平显著增加。据国家统计局对采矿业（主要为石油天然气开采业、有色金属开采业、黑色金属矿采选业）的统计数据显示，中国采矿行业 2009 年的对外直接投资净额是 2003 年水平的近 10 倍，总额达到 133.4 亿美元，占当年流量总额的 23.6%，仅次于商品服务业，位列海外投资行业第二名。同时，中国采矿业 2009 年对外直接投资存量达到了 405.8 亿美元，占存量总额的 16.5%，仅

---

① 中国国际贸易促进委员会：《中国企业海外投资及经营状况调查报告》，2012 年 4 月。

次于商品服务业和金融业，位居第三。2010 年，采矿业对外直接投资流量有所下降，总额为 57.1 亿美元，占我国对外直接投资总额的 8.3%（如图 3 -1所示），主要集中在石油天然气开采业、有色金属开采业、黑色金属矿采选业。2010 年采矿业对外直接投资存量为 446.6 亿美元，占我国对外直接投资存量 14.1%，仍然位居第三（如图 3 -2 所示）。图 3 -3 和图 3 -4显示了 2003 ~ 2010 年我国采矿业对外投资流量与存量的变化及其占中国对外投资总流量与总存量的比重。

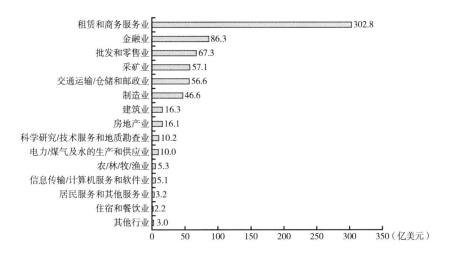

图 3 -1　2010 年中国对外直接投资流量行业分布

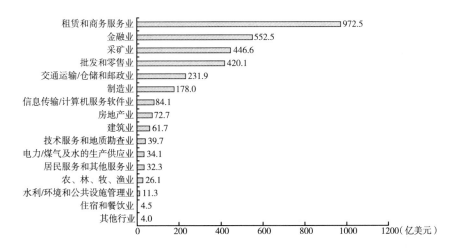

图 3 -2　2010 年末中国对外直接投资存量行业分布

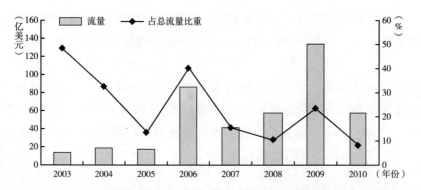

图 3 - 3　2003～2010 年我国采矿业对外投资流量及其占中国对外投资总流量的比重

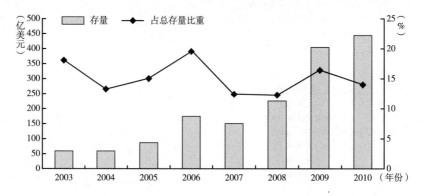

图 3 - 4　2003～2010 年我国采矿业对外投资存量及其占中国对外投资总存量的比重

美国著名智库传统基金会（The Heritage Foundation）的相关研究报告也证明了这一点，认为中国企业在 2006～2010 年间的非金融类对外直接投资的主要领域就集中在资源类行业。其中，能源和电力产业居第一位，投资总额达到 1022 亿美元，占 5 年内全部投资比重的 47.3%；金属产业居第二位，投资总额为 608 亿美元，所占比重为 28.2%。从企业层面来看，一大批大额投资从中国资源型企业投向西半球国家，例如，中国沈阳能源集团与美国可再生能源集团、美国天空风能有限公司签署了 15 亿美元的风能合作投资协议，中国武汉钢铁集团投资 4 亿美元获得巴西 EBX 集团铁矿石资源股权，中国国家电网以 9.89 亿美元收购巴西输电公司及输电资产 30 年经营特许权，中石油、中石化和中海油向委内瑞拉投资 400 亿美元用于石油和天然气开发合作等。截至 2010 年年末，在我国非金融类境外企业资产总额前 50 家公司中，就包括了中国石油天然气集团公司、中国石油化工集团公司、中国海洋石油总公司、中国中化集团公司、中国五矿集团公司、中国化工集团公司、中国中钢集团公司、中国有色矿业集团有限公司、中国铝业公司等多家资源能源类中央企业。从整体项目数量上来看，企业境外投资最热门的目标矿种主要是铜、铁和黄金，投资这些矿种的项目数量均占到了总项目数的20%左右。其次是铅锌矿、铝矿和镍矿，投资项目数量占总项目数的5%左右。铀矿21例，占2%左右。非金属项目中，主要以煤炭（6%）和钾盐（2%）的项目居多，其他非金属主要是宝石、水泥类等，比重不大。

（二）中国资源型企业"走出去"的主体是国有大型企业

虽然中国对外直接投资者的主体是有限责任公司（占投资者数量的57.1%），但从对外直接投资的流量和存量来看，中国对外直接投资的主角仍为国有企业。2010年，中央企业和单位①的非金融类对外直接投资424.4亿美元，占总投资额的70.5%；2010年年末，国有企业对外直接投资存量为2099.9亿美元，占66.2%；在非金融类对外直接投资存量中，中央企业和单位占77%。在资源型企业中，国有大型企业更具有绝对优势，尤其是中央企业，在对外直接投资中的投资金额较大，具有雄厚的实力和国家政策的支持，是我国资源型企业海外投资的主力军。2010年，中央企业在世界矿产资源行业有几笔大的投资，使得中国采矿业对外直接投资的流量增长迅速。例如中石化收购加拿大油砂项目，耗资46.5亿美元，创海外油气并购规模新纪录。中石油以35亿元联合壳牌收购 Arrow 公司100%股权。中海油以21.6亿美元投资美国第二大天然气生产商切萨皮克公司（Chesapeake）。同年12月，中海油投资5000万澳元获得澳大利亚能源公司煤层气项目探矿权。这是中海油首次在海外开展非常规天然气资源勘探，对于提高中国天然气供应的保障能力有重要意义。2010年7月，中国铝业股份有限公司与澳大利亚力拓集团签署协议，联合开发几内亚西芒杜铁矿项目。中国铝业以13.5亿美元分期注资获得合资公司47%的股份，还将牵头建立包括铁路、港口基建公司、钢铁企业和金融机构在内的中方联合体进行投资，以支持项目运作。2010年全年，中国煤炭地质总局新增国外探矿权21个，分布在乌

---

① 即由中央部委直接管理的具有企业性质的行业管理机构。如隶属于国资委的中国煤炭地质总局（China National Administration of Coal Geology），其境外经营业务范围以矿产资源的地质勘查工作为主，同时开展对外工程承包业务，工作矿种包括煤炭、石油、钾盐、铁、铜、镍、钼、钨、锡等，市场拓展到五大洲31个国家和地区；此外，还开展少量的工业产品国际贸易业务。

干达、老挝、厄瓜多尔等国家，面积达 1467.90 平方公里，涉及煤、金属、非金属等多矿产领域。

在中国海外并购热潮中，中央企业是其中的绝对主力。从 2009 年的数据来看，中央企业的并购主要集中在资源类行业，其中石油天然气勘探、电力、煤炭、贵金属与矿石是中央企业出手的主要方向，交易金额占当年中国总并购交易额的 80% 左右。根据商务部发布的消息，2010 年，中国以收购方式实现的直接投资为 238 亿美元，占投资总额的 40.3%，收购领域主要涉及采矿业、制造业、电力生产和供应业、专业技术服务业等。在占据海外并购交易总额 74% 的能源、矿业与公用事业领域，2010 年上半年中国十大矿业海外并购交易中，中央企业占据 6 席。而 2010 年上半年中国的油气业海外并购交易主体全部为中央企业。主要项目除中石化（通过香港公司）以 71.39 亿美元收购雷普索尔公司巴西公司 40% 股权，中石油联合壳牌能源公司共同收购澳大利亚 Arrow 能源有限公司 23.7 亿美元外，还包括中国中化集团以 30.7 亿美元的价格从 Statoil 公司收购巴西海岸附近 Peregrino 油田 40% 的权益和国家电网公司以 9.89 亿美元收购巴西 7 家输电公司及输电资产 30 年经营特许权等。

虽然国有企业在资源型企业对外投资中占主要地位，但我国的民营企业在资源能源类的对外投资领域也非常积极。以民营经济最为发达的温州为例，该地民营企业非常重视对资源能源类的境外投资，并已经取得了良好的成绩。近年来，温州民营企业的境外资源能源类投资分布在非洲、东南亚、拉美等地，主要项目如温州平阳县华原合金材料公司在越南青化省投资设立北海公司开发铬矿资源（中方占股 80%）；德嘉木业有限公司以投标方式获得刚果（布）63.6 万公顷的林地开采权；广寿集团获得朝鲜钼矿的开采权，目前开采顺利并将扩大投资；中日天矿产资源有限公司在柬埔寨投资 300 万美元，进行矿产资源的研究、开发、加工及销售等。

（三）中国资源型企业对外直接投资的主要区域

从投资目的地国别来看，如果将香港视为中国企业对外直接投资的中转站，那么实际接收中国投资最多的国家依次是澳大利亚、美国和巴西。其中，中国资源型企业对外直接投资最多的国家是澳大利亚。澳大利亚具有较好的投资环境，其丰富的矿产资源、健全的法律制度和完全市场化的资源品交易是中国资源型企业优良投资的基础。中国企业对澳大利亚投资存量的 81.6% 集中于采矿业，例如中国五矿收购澳大利亚 OZ 公司案，宝钢收购澳大利亚 Aquila 公司案和中冶参股澳大利亚 Waratah Coal 与 Resourcehouse 公司案等。表 3 - 1 显示了 2010 年中国对澳投资存量的行业分布情况。

表 3 - 1　2010 年中国对澳大利亚直接投资的主要行业

行业	流量(万美元)	比重(%)	存量(万美元)	比重(%)
采矿业	123044	72.3	642325	81.6
制造业	7040	4.1	28308	3.6
金融业	14747	8.7	27668	3.5
租赁和商务服务业	5836	3.4	26531	3.4
房地产业	9301	5.5	25689	3.3
批发和零售业	2845	1.7	12178	1.5
建筑业	2716	1.6	9188	1.2
交通运输、仓储和邮政业	899	0.5	5513	0.7
科学研究、技术服务和地质勘察业	2295	1.3	4363	0.6
农、林、牧、渔业	323	0.2	2251	0.3
其他行业	1124	0.7	2761	0.3
合　　计	170170	100.0	786775	100.0

资源来源:《2010 年度中国对外直接投资统计公报》。

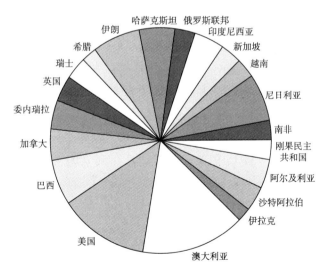

图 3 - 5　2010 年中国 1 亿美元以上对外投资分布情况

资料来源:德里克·希瑟斯:《盘点 2010 年中国海外投资》,参见美国传统基金会 2011 年 2 月发布的相关研究报告。

从投资地区分布来看,西半球国家是中国企业的主要投资地,2005 年以来中国企业在这一地区的投资占全部投资总额约 30% ,西亚、撒哈拉以南非洲、阿拉伯世界和欧洲依次位列其后。2009 年中国企业向拉美国家的对外直接投资流量较 2008 年增长 1 倍，占当年流量总额的 13%，向北美国家的对外直接投资流量也同比增长了 3.2 倍，占当年流量总额的 2.7%。2010 年中国企业对外直接投资的主要特点之一是向美国以外的西半球国家投资显著增多，这些国家主要有巴西、加拿大、委内瑞拉等，见图 3 – 5。

（四）海外并购成为中国资源型企业"走出去"的主要方式

矿产资源紧缺的现象日益加重，国际社会对矿产资源的争夺也日趋激烈。2000～2011 年十年间矿产资源领域的跨国并购事件风起云涌，全球范围内发生的跨国并购事件，有 5.0% 出现在采矿、采石和石油业等矿产资源领域（按被并购方），其年均增长速度达到 15.5%。随着中国经济稳定增长，中国矿产资源的对外依存度也在不断攀升，中国资源型企业正在积极寻找海外投资的机会。当前，从实践来看，我国的资源能源类企业已普遍把跨国并购作为获取战略性资源、参与世界资源能源产业分工协作、快速实现企业经营规模扩张的重要方式。2011 年，中国石油化工股份有限公司以 24.5 亿美元并购西方石油公司阿根廷子公司、中国中化集团公司以 30.7 亿美元收购挪威国家石油公司等并购事件，使世界对中国企业海外矿产资源并购的关注日益升温。

根据清科数据库统计显示，从 2006 年到 2011 年上半年，已经完成的中国海外矿产并购案例数达到了 60 起，其中 56 起披露价格的案例并购总额高达466.22 亿美元，平均并购金额为 8.33 亿美元。从图 3 – 6 可以看出，2008 年中国企业海外矿产资源并购总额为 237 亿美元，2009 年接近 388 亿美元，而2002 年时，这个数字只有 15 亿美元。从 2002 年到 2009 年，这个数字以平均

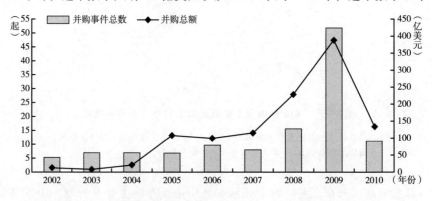

图 3 – 6　2002～2010 年中国企业海外矿产资源并购年度比较

每年258%的速度在急速膨胀。海外矿产资源并购在2009年最为活跃，这一年的并购交易额占前7年整个矿产资源并购交易额的66%。但2007年以来海外矿产资源并购活动持续上升的势头在2010年开始急速降温，2010年海外矿产资源并购交易额只占到2009年的21%。2011年又有所上升，仅上半年半年时间完成海外矿产并购7起，并购金额达到65.51亿美元。

聚焦过去近10年的中国企业海外矿产资源并购案例，海外矿产并购主要有如下几个特点：

1. 海外矿产资源并购金额偏低

中国企业海外矿产资源并购的规模相比跨国能源和矿业公司动辄几百亿美元的规模来说，中国企业出手的金额还比较少。2009年，中石化以72亿美元收购瑞士Addax石油公司，这是中国企业能源矿产领域海外并购项目中最大一笔金额的收购，但相比国外同领域的并购，这一成交金额是康菲公司（Conoco Phillips）356亿美元收购柏灵顿资源公司（Burlington Resources）的39%，是埃克森公司（Exxon Corp）820亿美元收购美孚公司（Mobil Corp）的17%。

2. 并购模式以股权并购为主

在2002～2010年发生的中国企业海外矿产资源并购的123起事件中，有19起公司并购，13起资产并购，26起权益并购，其余全部是股权并购，占整个并购事件的53%。包含10%以上股权的跨国并购包括三种类型（见表3-2）：全面收购（100%）、少数股权收购（10%～49%）、多数股权收购（50%～99%）。

表3-2　2002～2010年中国企业海外矿产资源并购模式情况统计

并购时间	并购目标公司股权			并购公司	并购资产	并购权益
	全面	多数	少数			
2002年	0起	0起	1起	0起	1起	3起
2003年	0起	0起	2起	2起	2起	1起
2004年	0起	0起	1起	2起	2起	2起
2005年	0起	0起	2起	3起	1起	1起
2006年	0起	2起	1起	2起	1起	4起
2007年	1起	2起	2起	0起	0起	3起
2008年	3起	1起	6起	2起	1起	2起
2009年	6起	7起	20起	7起	5起	8起
2010年	1起	3起	4起	1起	0起	2起
总数	11起	15起	39起	19起	13起	26起
	65起					

资料来源：刘晓岚：《中国企业海外矿产资源并购研究》，中国地质大学（北京）博士学位论文，2011。

3. 并购主体以中央国有企业为主，民营企业为辅

中国企业海外矿产资源并购实施主体有四类：央企、地方国企、民营企业、主权财富基金，不同的出身决定了它们不同的特点和行为模式。

（1）中央企业

中央企业实力雄厚，加上国家的全力支持，因此，中央企业在海外矿产资源并购中充当了非常重要的角色。2002～2010年，共有86起央企并购事件①，占所有交易数68%的比例，总交易金额为942.7525亿美元，平均每起交易金额为13.86亿美元（见表3-3、图3-7）。

表3-3　2002～2010年中国企业海外矿产资源并购主体参与并购情况

单位：亿美元

并购时间	国有企业		民营企业	主权财富基金	备注
	中央企业	地方企业			
2002年	5起	0起	0起	0起	
2003年	7起	0起	0起	0起	
2004年	6起	1起	0起	0起	
2005年	7起	0起	0起	0起	
2006年	10起	1起	0起	0起	地方国企和央企联合并购1次
2007年	5起	2起	1起	0起	
2008年	10起	6起	0起	0起	
2009年	27起	17起	4起	4起	
2010年	9起	4起	0起	0起	地方国企和央企联合并购2次
总　计	86起	31起	5起	4起	
未公布交易金额的并购	18起	3起	2起	0起	
交易总额	942.7525	118.619	6.09	46.39	没有公布金额的不计算在内
平均交易额	13.864	4.236	2.03	11.598	

---

① 有18起并购案例所涉及的金额无法获取，因此在进行金额统计时将其排除在外。

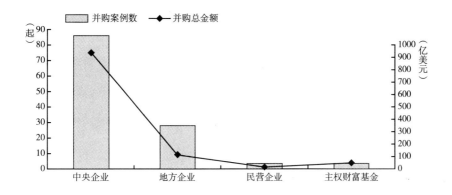

图 3 - 7 2002~2010 年不同并购主体参与海外矿产资源并购比较

（2）地方国企

地方国企虽然在资金优势和政府支持优势上与中央企业不可比拟，但在近几年的海外矿产资源并购规模和数量方面，都远远领先于除央企之外的国内其他类型的企业。地方国企在 2009 年有许多矿产资源并购动作，在数量上位列各类交易主体第二。2002~2010 年，地方国企参与并购 31 起①，占所有交易数 25% 的比例，总交易金额为 118.619 亿美元，平均每起交易金额为 4.24 亿美元。但相比之下，地方国企无论是并购规模还是并购数量都远远落后于中央企业。31 起并购交易中，公布金额的并购交易共有 28 起，仅为央企并购交易量的41%，且 28 起并购交易中有 14 起的并购交易额在 1亿美元以下，最大一笔的并购交易额仅为 27.8 亿美元（见表 3 - 3、图3 -7)。总体而言，以国企为主的"走出去"格局，一直以来都没有出现改变。

（3）民营企业

无论是从交易的活跃程度还是交易的规模来看，民营企业在我国的并购市场中正扮演越来越重要的角色。2006 年，民营企业第一次以合作者的身份与央企一起参与海外资源并购。但与国企相比，民营企业的海外矿产资源并购总体体现出规模较小、数量较少的特点，在并购市场中的影响力仍需继续提高。统计显示，2002~2010 年，共有 5 起民企并购事件②，总交易金额仅为 6.09 亿美元，平均每起交易金额为 2.03 亿美元（见表 3 - 3、图 3 -7)。相比之下，国企特别是央企则明显强势很多，央企平均交易金额为民

---

① 有 3 起并购案例所涉及的金额无法获取，因此在进行金额统计时将其排除在外。

② 有 2 起并购案例所涉及的金额无法获取，因此在进行金额统计时将其排除在外。

企的 6.8 倍，地方国企平均交易金额为民企的 2.1 倍。

（4）投资类基金

相对而言，投资类基金作为一种财富投资者，它不以控制所投资企业的未来发展为目的，因而在国际市场上的政治敏感性弱一些。从 2009 年起，以基金为代表的金融机构，已越来越多地单独或联合参与到境外矿产资源并购中。中国投资有限责任公司（下称中投）是目前中国唯一的主权财富基金（Sovereign Wealth Fund），管理的金额高达 2000 亿美元。仅 2009 年，中投公司已经参与了 4 起海外矿产资源的并购，涉及交易金额 46.39 亿元（见表 3 – 3、图 3 – 7）。

二 我国资源型企业"走出去"面临的主要问题

虽然近年来中国矿业企业积累了"走出去"的丰富经验和资本运作的大量技巧，取得了显著的成绩，但也有些企业遭遇着"成长的烦恼"，**一方面表现在在"走出去"的过程中屡屡受挫；另一方面表现在"走出去"后常常面临赚不回的尴尬**。根据全球著名的汤姆森金融公司（Thomson Financial）的并购数据库提供的数据测算，从宣布收购意向到收购完成的过程中，全球有 30% 跨国收购意向未能实现，而中国企业的海外收购则有 49% 的交易未能达成。而 2009 年《中国企业对外投资现状及意向调查报告》指出，迄今为止中国企业海外投资约 1/3 成功，1/3 失败，1/3 不赔不赚，**且与中国企业国内投资情况迥异的是，大企业往往遭遇大烦恼**。[1]

在"走出去"中受挫主要发生在企业并购的过程中，常常是由于政治原因而使并购夭折，这方面最典型的就是 2005 年中海油以 185 亿美元全现金方式竞购美国优尼科"失败案"和 2008 年中铝以 195 亿美元收购矿业巨头力拓 18% 股权的"毁约案"。中海油并购优尼科案例，是中国企业"走出去"的一个标志性事件，具有里程碑式的象征意义。2005 年 4 月，美国第九大石油企业优尼科公司，由于经营不善，连年亏损，被政府批准破产。随即美国另一家大型石油公司雪佛龙（Chevron）以 165 亿美元的价格向其发出要约予以收购。而这个时候，中国第三大石油企业即中国海上石油和天然

---

[1] 麦肯锡 2011 年发布的一份研究报告指出，"过去 20 年里全球大型的企业兼并案中取得预期效果的比例低于 50%，而具体到中国则有 67% 的海外投资不成功"。

气最大生产商的中海油，也看重了优尼科现有油田的潜能以及庞大的国际市场，并希望以此完成在美国的"借壳上市"，便紧跟其后以高出对手20亿美元的报价予以竞购。由于这笔交易关联到美国的国家利益，在中海油竞购要约进入审查期间，美国政府直接出面干预，迫使优尼科最终接受了重新报价的本国雪佛龙公司，使中海油很尴尬地退出了竞争，宣布竞购案"夭折"。

2009年的中铝与力拓的并购本来很有希望获得成功，但最终却以力拓违约取消收购协议结局，成为国内外业界和舆论关注的热点。2009年2月12日，中铝宣布与力拓集团建立开创性战略联盟，中铝公司将向力拓集团投资195亿美元，其中72亿美元用于购买年息为9%的可转换公司债券，转换后中铝对力拓的持股将提高到18%，123亿美元用于购买若干个力拓在西澳大利亚州的矿产的少数股权。就在双方签署战略合作协议后的4个月，这笔拟议的交易除了还需通过澳大利亚外国投资审查委员会的审核和力拓股东大会的投票外，其余诸如法律和行政上的程序已经基本完成。2009年6月5日，就在澳大利亚外国投资审查委员会会议做出决定前的一个星期，力拓突然宣布了一个新的计划，就是终止与中国铝业的交易，与必和必拓组建一个合资公司并从后者获利58亿美元，同时发行152亿美元的股票，从而宣告了中国最大的海外投资失败。

另一方面，虽然企业能够成功"走出去"，但在"走出去"后却常常"赚不回"。最近几年关于中国矿企海外投资巨亏的报导频频曝出，而且这些矿企大多是堪称企业国家队的央企。截至2010年年底，中石油、中石化、中海油三大石油公司投资海外的油田及工程项目总计144个，投资金额累计高达近700亿美元。而中国石油大学2010年一份报告显示：受管理制度及国际投资环境等因素的影响，三大石油公司在海外的亏损项目达到三分之二。[①] 不仅仅是三大石油公司，很多央企的海外亏损账目都非常触目惊心。[②] 截至2009年年底，中化集团投资开发的6个海外油气田项目中，

---

① 2011年，因2010年年底以来，持续的中东和北非政治动荡一直没有平息，直接导致中石油旗下长城钻探工程公司在利比亚、加拿大、尼日尔等6个较大的海外项目合同终止。据统计，中石油这6个终止的项目损失12亿元人民币，超过2009年国际金融危机时的损失。

② 《石油三巨头海外投资超4000亿，三分之二项目亏损》，《21世纪经济报道》2011年7月19日。

有两个项目虽盈利但未达到可行性研究的预期目标，累计净现金流比预测少 1.33 亿美元，有 3 个项目累计亏损 1526.62 万美元。2011 年 6 月，媒体报道中钢澳大利亚子公司——中钢澳洲中西部公司，因项目配套的 Oakajee 港口和铁路工程进度太过缓慢，每年损失 1 亿澳元，决定暂停在西澳州的 Weld Range 铁矿石项目。① 紧接着 7 月初，中铝宣布"澳大利亚昆士兰奥鲁昆铝土矿资源开发项目最终告吹"，项目损失高达 3.4 亿元；2012 年 8 月，中国冶金科工集团旗下上市公司中国中冶发布半年报称，公司下属中冶澳大利亚控股有限公司全资持有的西澳兰伯特角铁矿项目（Cape Lambert）资产的预计可收回金额远低于资产账面值，在截至 2012 年 6 月 30 日的 6 个月期间对采矿权计提资产减值损失 18.09 亿元。同时由于中信泰富西澳铁矿工程一拖再拖②，中国中冶作为承建商或将面临 29 亿元的巨额索赔。这巨大的亏损额不仅影响企业的利润，更造成国有资产的严重损失，甚至还有可能造成社会问题乃至政治问题。③

而且，中国不仅在发达国家遭遇走不进去或赚不回来的尴尬，在发展中国家也常常如此。中国资源型企业的投资也开始由加拿大、澳大利亚等发达

---

① Weld Range 铁矿石项目是中钢 2009 年收购的澳大利亚铁矿石生产商中西部公司旗下最核心的资产。中钢对中西部公司的收购，曾被一些人认为是中国企业海外资源获取方面最成功的收购。但是不止一家央企高层在以后的实践中表示"这是一次非常失败的收购"。澳大利亚当地一家矿业公司高管表示，中钢对这个项目的收购并没有进行很好的风险评估，当时的收购现在看来"非常冲动"，出的价格太高。

② 中信泰富的西澳磁铁矿项目，启动于 2006 年 3 月，当时中信泰富买下西澳两个分别拥有 10 亿吨磁铁矿资源开采权的公司，原计划总投资 12 亿美元，2009 年上半年投产。但是，这个项目实施以后，至今未能投产。截至 6 月底，项目开支涉及 78 亿美元，与 2009 年预期的 42 亿美元相比，已经超支 86%。

③ 2009 年 9 月，中海外牵头联合中国隧道集团、上海建工以及波兰贝科玛有限公司（DECOMA），以低于波兰政府预算一半的报价获得 A2 高速公路项目标的。2011 年 5 月中旬，项目因拖欠分包商工程费用而被迫停工，中海外于当年 6 月初决定放弃。整个项目因成本管理失控、无法获得合同外工程变更补偿等种种原因，面临 3.94 亿美元（约合 25.45 亿元人民币）的潜在亏损。在停工期间，波兰分包商曾在马路上游行抗议向中海外追讨债款。目前，COVEC——中海外的英文缩写在波兰已声名狼藉。中海外联合体夺标的报价低于政府预算一半以上，就曾一度引来低价倾销的诉讼。中海外在竞标阶段恶性竞争，在履约阶段"不行就跑"，对中国企业的形象产生了负面影响，对中国企业走向海外有潜在的影响。而且由于波兰的 A2 高速公路，是为 2012 年波兰和乌克兰联合主办欧洲杯而兴建的重点基建项目，必须在 2012 年春投入使用。因中海外的违约，至今没修建成几公里的公路，严重拖延了工期，令波兰政府和民众十分忧虑。此事也给波兰图斯克所领导的中右翼政府带来不少尴尬，在秋季波兰议会选举前，图斯克的反对党不断利用此事对其进行攻击。

国家转向非洲、巴西、厄瓜多尔等发展中国家和地区。[①] 然而，由于发展中国家的矿业开发环境不稳、中国资源型企业的海外投资经验不足以及自身存在的问题使得中国矿企在发展中国家的投资并不多，"走出去"之路并不顺利。以智利为例，智利一直是中国最大的铜矿供应国。根据智利铜委会发布的《1990 至 2009 年铜及其他矿业统计年鉴》，中国对铜矿的需求占全球总需求的 40%，同时也是智利铜矿的主要出口市场，消化了其铜矿总出口的33%。除大型国有矿业公司大量向亚洲出口矿产品外，智利私有矿业企业60% 的出口也面向亚洲，其中 30% 面向中国市场。然而，中国虽为智利铜矿的最大买家，但在智利铜矿投资极少，远不及日本、巴西、墨西哥等国。2011 年，智利直接吸引外国投资达 176 亿美元，而来自中国的投资仅有 980万美元。同为铜矿进口大国的日本，在三井物产等六大综合商社的带领下，在智利铜矿有着大笔的投资，掌握了大量的矿源。而与跨国矿业公司必和必拓在智利铜业的投资相比，中国矿企更是相差甚远。以中国五矿为代表的中国企业，尽管也曾希望参与到智利铜矿的开发，并为之做出了大量的努力，但取得的效果并不理想。[②]

三 我国资源型企业"走不好"的制度成因分析

一个公司在一笔投资上出现的失误或许有偶然性，但如此多的公司在

---

① 2012 年 12 月，印度尼西亚工业部部长希达亚特（MS Hidayat）透露，中国计划在印尼东部地区投入巨资兴建 3 ~ 4 个大型工业园，每个工业园的占地面积超过 5000 公顷。这些工业园将被用于矿产资源开发，印尼有望成为中国进口石油和天然气及矿产资源的主要供应国。

② 早在 2004 年，中国最大的铜矿进口商中国五矿集团公司就与全球最大的铜矿公司智利国家铜业公司（Codelco）开始探讨项目合作的可能。2006 年 2 月 22 日，中国五矿集团公司、中国国家开发银行与智利国家铜业公司联合开发智利铜资源项目融资及合资协议签字仪式在北京人民大会堂隆重举行。智利国家铜业公司将在之后的 15 年内通过合资公司向中国五矿集团公司控股的五矿有色金属股份有限公司提供 83.625 万吨金属铜，并且中国五矿还拥有优先认购智利国家铜业公司新开发的加维（GABY）铜矿 25% 的股权，并参加加维铜矿24% 股权的竞标。然而到了 2007 年 4 月，智利国家铜业内部出现争议，董事会的两名劳工代表对合同表示强烈反对。2008 年 4 月 11 日，智利铜业联合会以罢工为威胁，反对中国五矿集团入股该矿。迫于形势，2008 年 9 月，五矿不得不表示，将无限期搁置优先收购智利铜业公司铜矿股权，并暂停该协议下的权利与义务。一个月后，10 月 23 日，智利国家铜业公司首席执行官阿雷利亚诺声称，该公司决定不出售旗下的加维铜矿，已经与中国五矿集团公司一致同意取消并无限期搁置中国五矿集团收购加维铜矿少数股份的购置权。这也意味着，五矿收购智利加维铜矿股权计划以失败告吹。

如此多的国家从事的多项海外投资被拒或出现亏损，就不能不从投资体制机制上寻找其原因。只有全面剖析"走不出去"和"走出去"却"赚不回"的制度成因，才能通过制度变革统筹解决这一共性问题。目前，我国资源型企业"走出去"既面临外部制度因素的阻碍，也受到企业内部因素的制约。

（一）我国资源型企业"走出去"面临的外部制度障碍

在企业的跨国经营中，制度是影响企业绩效的一个十分关键的因素，它不仅仅是一个背景条件，而且能够直接影响企业战略的制定和实施。[①] 新制度经济学的重要代表人物诺斯认为，"制度是一个社会的博弈规则，或者更规范一点说，它们是一些人为设计的、型塑人们互动关系的约束"。这些约束包括正式规则（如政治和司法规则、经济规则和契约）和非正式约束（包括人们的行事准则、行为规范以及惯例）。他认为"制度加上技术决定了交易及交易成本，进而决定了经济活动的收益和可靠性"。诺斯曾在《制度、制度变迁与经济绩效》一书中写道："如果我们在不同的国家做同一桩交易就会发现制度的差异。"也就是说，交易的方式和结果与制度环境是紧密相关的。一个组织（企业）的成功不仅决定于企业本身的管理水平，而且还取决于其所在的制度环境。

对于跨国经营的企业来说，制度障碍体现在两个方面，一方面是东道国的制度障碍，东道国的正式与非正式的规则能够决定跨国企业的行为和规范是否能得到企业内部和外部的认可，同时也会影响母公司企业战略在子公司的实施（Kostova and Zaheer，1999；Kostova and Roth，2002）。另一方面是跨国企业总部所在母国的制度障碍。正如 Buckley 在研究中国的对外直接投资时，明确提出企业对外投资的动机和能力决定于母国的各种制度因素。[②]

1. 政治因素障碍

在当前世界各国政府、企业和社会民众日益重视资源能源保护的背景下，东道国的政治因素是中国资源型企业"走出去"面临的最大阻碍。中

---

① Peng, M. W. 2009, *Global Strategy*, Cincinnati, OH: Thomson South-Western.
② 张建红、周朝鸿：《中国企业走出去的制度障碍研究——以海外收购为例》，《经济研究》2010 年第 6 期，第 80～91 页。

国资源型企业海外投资常常受制于各种非市场因素。其中政府和政治力量的阻碍是中国海外步伐受阻的最突出因素。例如，2004 年中国石油天然气集团竞购俄罗斯尤科斯石油公司（Yukos），中国五矿集团公司收购加拿大的矿业公司诺兰达（Noranda），2005 年中国海洋石油总公司收购美国优尼科公司，2009 年中国铝业收购澳大利亚力拓公司股份等等，都是迫于政治压力而退出竞购或被迫终止收购。

根据已有的资料，从近 10 年中国企业海外矿产资源并购交易的公开数据来看，2002～2010 年，成功完成 12 起交易，失败 24 起（见表 3 - 4）。在24 起失败或中途放弃的并购案例中，有 13 起主要是因为政治因素导致并购失败，占所有失败案例的 54%；有 8 起是因为竞争对手的竞价或排挤阻挠而导致并购失败，占所有失败案例的 34%；有 2 起是因为违反商业规则而导致并购失败；另有 1 起则是由于市场条件发生了变化而中途夭折（见图3 - 8）。

表 3 - 4　2002～2010 年中国企业海外矿产资源并购失败案例情况

年份	并购方	目标企业或资产	涉及国家	失败原因	失败类型
2002	中石油	俄罗斯斯拉夫石油公司	俄罗斯	俄国家杜马的政治介入	政治原因
2003	中海油、中石化	英国天然气（BG）公司在哈萨克斯坦里海北部项目 8.33% 的权益	英国	壳牌、埃尼集团等西方五大石油公司联手行使优先收购权	竞争对手介入
2003	中海油	哈萨克斯坦北里海油田	哈萨克斯坦	西方石油公司联手排挤	竞争对手介入
2004	中海油服	印度尼西亚最大的钻井公司 Apexindo	印度尼西亚	政府受到很大压力	政治原因
2004	五矿集团	加拿大诺兰达公司	加拿大	加拿大民族主义者的抗议	政治原因
2004	中石油	俄罗斯尤科斯公司旗下的尤甘斯克公司	俄罗斯	俄罗斯政府不愿外国公司分享该国的能源资源	政治原因
2005	中化集团	韩国仁川炼油厂	韩国	花旗银行阻挠	竞争对手介入
2005	中海油	美国优尼科石油公司	美国	政治力量的反对	政治原因
2005	中海油	美国加州联合石油公司（UNOCAL）	美国	美国国会以不利于美国国家安全为由否决了这桩交易	政治原因
2008	首钢控股	澳大利亚 Prosperity Resource 19.9% 股份	澳大利亚	该交易构成关联交易	违反商业规则

续表

年份	并购方	目标企业或资产	涉及国家	失败原因	失败类型
2008	中金岭南	澳大利亚先驱公司	澳大利亚	印度尼西亚的布米公司的竞价压力	竞争对手介入
2008	中海油服	英国—俄罗斯合资企业TNK-BP油田服务子公司STU	英国	对中国的防范心理	政治原因
2008	首钢集团	澳大利亚吉布森山铁矿9.74%的股份	澳大利亚	收购计划违反了澳大利亚《收购法》和《公司法》的相关规定	违反商业规则
2009	首钢集团	澳大利亚资源有限公司	澳大利亚	首钢集团考虑到投入产出比的原因	市场条件发生了变化
2009	中色集团	澳大利亚稀土矿业公司Lynas 51.66%股份	澳大利亚	担心中国会垄断全球稀土生产，未获澳大利亚外国投资审查委员会批准	政治原因
2009	武钢	澳大利亚矿商WPG	澳大利亚	WPG旗下Hawk Nest项目位处南澳军事禁区内，遭国防部否决	政治原因
2009	中石油	加拿大Verenex能源公司	加拿大	利比亚国家石油公司行使优先收购权	竞争对手介入
2009	中海油和中石化	安哥拉一个石油区块20%的权益	安哥拉	安哥拉国有石油公司行使了优先收购权	竞争对手介入
2009	中石化	伊拉克第四大油田Zubaird服务合同	伊拉克	之前收购的瑞士Addax公司在伊拉克的油田位于政治敏感的库尔德地区，引发伊拉克政府的强烈不满	政治原因
2009	中海油和中石化	美国马拉松石油公司持有的安哥拉一石油区块20%权益的海外油气项目	美国	安哥拉国有石油公司行使优先购买权	竞争对手介入
2009	中色国际投资公司	美国优金公司51%的股份	美国	附近有军事基地存在，招致美国政府的反对	政治原因
2009	中石油与中海油	西班牙雷普索尔公司下阿根廷子公司的YPF股份	西班牙	阿根廷政府极力推动能源企业国有化	政治原因
2009	中铝	力拓集团	澳大利亚	反对党议员和民众对这项投资表示反对	政治原因
2010	中海油	美国能源公司Kosmos Energy加纳油田	美国	埃克森美孚参与竞争	竞争对手介入

资料来源：刘晓岚：《中国企业海外矿产资源并购研究》，中国地质大学（北京）博士学位论文，2011。

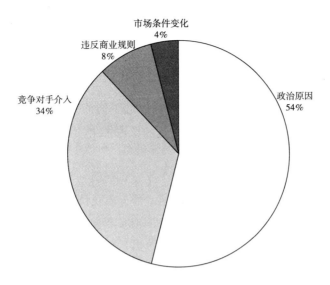

图 3 – 8　2002～2010 年中国企业海外矿产资源并购失败类型比较

通过对这些失败案例进行分析，可以发现，政治因素之所以会对中国资源型企业"走出去"有如此大的影响，主要在于以下三方面原因：

（1）所属行业敏感

矿业企业海外并购项目大多涉及体量巨大的能源、矿产资源，不可避免地会对东道国相关产业利益带来一定程度的影响。出于对本国能源矿产资源保障和国家安全的考虑，东道国政府对本国能矿企业被中国企业并购持谨慎态度或反对态度，这是很正常的反应，但随着中国企业"走出去"规模不断扩大，一些国家对中国资源型企业表现得过于敏感，甚至在政治上招致了更多的猜忌。因贸易投资保护主义、所谓的国家安全问题和东道国国内舆论等因素将商业行为政治化，东道国对于中国的投资，特别是重要资源和关键技术的收购与投资，往往设置较高的门槛，由此导致中国企业海外受阻或失败的例子可能会越来越多。①

中海油收购优尼科一开始就引起了美国国内政治力量的高度关注。参

---

① 张建红和周朝鸿的研究表明，如果其他条件相同，在制度质量比较高的国家，资源产业保护对企业海外收购的完成有负面影响，制度质量对这种负面影响有加强作用。也就是说，制度质量越高的国家对资源的保护程度越高，资源型收购相对于其他类型的收购的成功率也越低。在制度质量比较低的少数几个国家，对资源产业的收购相对于其他产业反而更容易成功，但随着制度质量的提高，对资源产业的收购难度也会增加。（张建红、周朝鸿：《中国企业走出去的制度障碍研究——以海外收购为例》，《经济研究》2010 年第 6 期，第 80～91 页。）

众两院议员反复以"能源安全""国家安全"等理由劝说政府严格审查、否决该并购项目，政府高层的表态对中海油也不利，一道政治障碍横亘在中海油面前。在并购后期，国会不惜出台相关法案和修正案，直接将中海油的并购计划化为泡影。事实上，中海油已保证优尼科在美境内生产的石油和天然气将继续供应美国市场，而优尼科美国油气资产的产量不到全美石油和天然气消耗量的1%。因此，这项交易根本不会影响美国能源和国家安全。

自国际金融危机发生以来，全球产业正在经历一轮新的、更为深刻的调整，这其中就包括实体经济竞争的加剧，部分发达国家开始实施再工业化战略，重新振兴制造业发展。这也使得各国对矿产资源的重视程度与日俱增，很多国家特别是澳大利亚、加拿大等资源出口驱动型国家的政府加大了对本国矿产资源的控制力度，排斥国际资本进入其上游矿产资源开发领域，并试图以矿产资源为筹码谋取政治利益。他们通过加强并购审核和监管、提高政府分成、扩大对资源型企业的控股权、提高矿产资源税费等措施加大了对矿产资源的掌控力度。此时中国资源型企业大规模"走出去"很容易与抢资源关联起来，从而引起发达国家的过度敏感。在表3－4的24起失败的并购案例中，有8起发生在欧美发达国家，其中有5起发生在美国，这说明意识形态的差异会增加并购的难度；澳大利亚和加拿大是对外资比较宽容的国家，但是

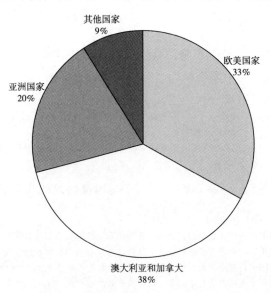

图3－9 2002～2010年中国企业海外矿产资源并购失败案例涉及国家比较

也有相当比例的并购失败案例发生在这两个国家，共有9起，占比约为38%（见图3-9），显然，中国在这些国家集中的大规模的矿产资源并购已经引起这些国家的关注甚至抵触，它们开始对中国是否会控制自己的矿产资源感到担忧，今后，澳洲、加拿大等传统资源大国的并购机会还可能会受到限制。

（2）国有企业的背景常招致东道国的误解

矿产是属于国家的公共资源，谁拥有矿产的开采权是一个十分敏感的问题。如果一个私人企业收购某一矿业公司的股份，这一收购交易会被认为是商业行为。然而，如果是一个国有企业收购某一矿业公司的股份，这一收购交易很可能会被认为是政府行为而受到抵制。我国在矿业领域"走出去"的企业多数为国有企业，尽管绝大多数中国国企的经营已经非常市场化，但在西方国家政府和公众看来，国有企业的行为常被认为是代表政府的意图，中国政府对国有企业海外收购的支持容易引起东道国政治上的顾虑，同时也容易受到不公平竞争的起诉，使审批部门以国家安全或保护当地企业为由拒绝收购申请。他们担心中国国有企业会得到政府不透明的支持（优惠贷款、补贴、税收优惠等），对其他竞争对手带来不公平。因此，他们对中国政府在企业海外矿产资源"走出去"中所扮演的角色一直有着诸多猜测，甚至不乏泛政治化的推论，将中国资源型企业成长的自然选择过分"政治化"，导致中国资源型企业"走出去"的步伐举步维艰。2004年中国五矿集团公司收购加拿大的矿业公司诺兰达未成便是一个典型的例子。[①] 中国五矿集团公司宣布竞购时，引起了加拿大左右两派政党的强烈反对。《金融邮报》上的一段评论十分有代表性："不论是中国五矿集团在加拿大采矿，还是其他公司在加拿大开采石油或天然气都没有任何经济上的理由让中国政府取得所有权。自然资源和原料可以在全球的开放市场上买到。如果中国是一个以私人投资为主的市场经济，其私营企业便可以加入国际收购者的行列。"（Financial Post Investing，2005）这段话反映了政治力量对国有企业收购的高度警觉。

此外，西方对中国国有企业的绩效和透明度[②]向来表示质疑，而且认为

---

① 关于中国五矿海外并购更详细的分析请参见本书第四章"成功向资源型企业转型的中国五矿"。

② "增加透明度"是美国政府管理公司的一个基本原则，例如，美国现在的法律规定，如果公司的股东数超过499，就必须上市，Facebook就是迫于这条法律而上市的。按照美国的规定，中国很多国企早就应该被迫上市了。而一个上市公司和私人公司最大的不同就是它的透明度、它对社会信息披露的责任。

国有企业的目标常常是实现政府的意愿而不是高效地利用资源。① 如美国国务院国务卿罗伯特·D. 霍马茨（Robert D. Hormats）于2011年9月13日在洛杉矶市政厅就"美国经济政策和亚太地区"发表演讲时，指出"在一些情况下，国有企业和国家扶持的企业能够赢得国内和国际市场份额的部分原因在于它们享受私营部门竞争对手一般得不到的财政支持、税收优惠、监管优待和反托拉斯法豁免等"②。2002年，鉴于政府控股，俄罗斯下议院为"防止外国控制能源"，通过一项法案使中石油退出俄罗斯斯拉夫石油公司拍卖竞购。

（3）随着中国企业对外投资的增多，各种争议正在密集出现③

目前，关于中国企业的对外投资有各种类型的争议，有的是基于经济和商业利益的考虑，有的属于对政治和军事因素的关注，有的反映了对中国崛起的不安心态。其中与政治阻力有关的主要有：

第一，关于"能源和资源安全"的争议。主要担心我国政府通过大型国有企业来控制"目前企业"所在国的资源或能源，从而影响该国资源或能源安全，并声称"欢迎中国资本，但不要中国政府的控制"。2005年中海油竞购优尼科公司、2009年中铝收购力拓股份中都出现过类似情况。

第二，关于"军事安全"的争议。主要担心中国企业的并购会影响"目标企业"所在国或所在国所属军事集团的军事安全。如2010年民营企业天津鑫茂科技公司以13亿美元竞购荷兰光纤电缆商Draka Holding NV时，欧盟就曾公开表示，担心这家为多个西方国家军队提供光纤电缆的公司被中国控制。

第三，关于"技术安全"的争议。主要担心中国企业的并购会抢走"目标企业"的技术，特别是与军工有关及涉及关键基础设施（如通信）的技术，进而使"目标企业"所在国丧失技术优势。2007年，华为公司拟收购美国3com公司、2010年华为公司拟收购美国三叶（3Leaf）公司被否决的案例中就存在类似争议。据《华尔街日报》报道，欧盟以及西班牙、意

---

① 张建红、卫新江、海柯·艾伯斯：《决定中国企业海外收购成败的因素分析》，《管理世界》2010年第3期，第97~107页。

② 迄今为止，这种说法得不到任何严谨的学术研究支持（无论西方的智库还是大学，都拿不出定量研究来验证这种说法），但这种说法却在西方媒体和政界大行其道，并常常影响政府决策。

③ 赵昌文等：《中国企业"走出去"正面临各种越来越多的争议：怎么看？怎么办》，《经济要参》2012年第4期，第3~13页。

大利等一些南欧国家的官员表示他们担心中国公司收购欧洲企业就是为获得关键技术。

第四，由泛化的"中国威胁论"引致的争议。随着近年中国的和平崛起，国际地位不断提升和世界影响力不断扩大，一些国家感到不安和恐慌，于是千方百计地抵制中国企业对本国市场的侵蚀，遏制中国在国际舞台上发挥更大的作用。

第五，关于是否影响公平竞争环境的争议。主要担心中国国有企业会得到政府不透明的支持（优惠贷款、补贴、税收优惠等），对其他竞争对手带来不公平。尽管绝大多数中国国企的经营已经非常市场化，但在西方国家政府和公众看来，却并非如此。

第六，关于就业、环境和当地习俗方面的争议。主要担心中国企业裁员，导致工人失业，无视劳工权利；污染、破坏环境；不尊重当地风俗习惯、宗教信仰等。将中国人或企业在非洲、东南亚和南美一些国家开农场、经营采矿业和开发水电视为实施"土地殖民主义"和"新殖民主义"。此外，还出现过巴布亚新几内亚关于地权官司等现象。

这些争议对中国企业实施"走出去"战略非常不利，增加了我国企业"走出去"的市场准入障碍，并蕴含着一定的政治和法律风险。这些争议的背后有着深层次的原因：

首先，中国作为一个崛起的社会主义大国融入全球体系，史无前例，西方心态极为复杂。

一是近年来，随着中国政治实力的不断增强，以及以美国为首的西方发达经济体的相对衰落，世界普遍认识到，中国作为一个大国正在重新崛起，在全球利益格局重构的过程中，各种争议随之而来，这是"大国崛起"的正常碰撞。尽管我们一再表示，中国要"和平崛起"，不谋求霸权，但客观上构成了对全球霸主美国和其他一些政治经济大国的威胁。

二是中国在意识形态、政治体制与文明起源等方面都与西方世界显著不同，这种差异使得西方世界普遍对中国有着不解、疑虑，从而在一些事情上有先入为主的偏见甚至是污蔑。虽然冷战已经结束，但不少西方人士仍然抱有冷战思维，对中国这个苏联解体后唯一的社会主义大国抱有敌视态度。在政治体制方面，西方及拉美、非洲等很多国家实行的是民主选举制，而中国实行的是中国共产党领导的多党合作和政治协商制度，一些西方人认为中国实行的是"一党专政"，偏见早已有之。再者，中国是东方文明的代表，有着五千年灿烂的历史文化，在文化传统、生活习惯乃至思维方式等方面都与西方文明显著不同，因差异而导致的不理解也往往引发争议。例如中国企业在海外通常要求员工努力工作，节假日加班本来在中国国内是常态，但在海外往往被视为不尊重人权；再如中国人很多是无神论者，也让普遍信仰宗教的海外世界很难接受。

三是金融危机以来全球经济普遍疲软与中国经济一枝独秀形成鲜明对比，加之长期的贸易失衡，不排除一些国家有嫉妒乃至嫁祸于人的心态。金融危机以来，全球经济普遍放缓，复苏乏力，欧美债务危机更是雪上加霜。而中国率先从危机中走出，继续保持高速的经济增长和贸易顺差，外汇储备已达3万多亿美元。两相对比，天壤之别。尤其在贸易失衡、对华贸易长期逆差的情况下，不排除一些国家嫉妒中国，甚至转移国内矛盾而嫁祸于中国，认为本国经济乏力是中国人为干预汇率、大举出口或是中国企业并购等导致。不难设想，在一些主要西方国家经济复苏乏力的情况下各国纷纷保护本国市场和就业，贸易保护和投资摩擦将是未来相当长一段时间内不间断的话题。

四是对中国巨大的人口规模和经济总量的恐慌。中国有13亿多人口，占全球人口约1/5，人口规模是西方诸国人口总和的数倍，中国一个省的国土面积与人口就往往比欧洲一个国家还大，而且中国经济总量已经成为世界第二，不远的将来可能成为全球第一。这样庞大的人口和经济总量，使得中国对全球资源和能源的需求相当强烈，使相当一部分西方人有中国人与其争夺生存空间的恐慌。

其次，无私国际援助与市场化企业行为给第三世界东道国公众造成心理落差。

与在发达国家的直接投资和并购争议不同，中国企业在第三世界一些国家的海外投资，如赞比亚等，遭受的争议与无私国家援助与市场化对外投资造成的心理落差相关。自1995年我国政府改革援外方式，中非合作的主体由政府转向企业，对非的无私国际援助转变为市场化的企业行为，各种类型的企业即使是国有企业，对经济利益的追逐也成为首要目标，从而造成了这些国家政府和民众的心理落差。

今后五年甚至更长的一个时期，中国海外直接投资和并购仍然会有较大的发展。一方面，中国海外投资现有的总规模并不是很大，有进一步发展的巨大空间。另一方面，中国企业有能力、有动机不断增加对外投资。因此，关于中国企业的争议在较长时间内可能越来越多。从国外经济发展史看，崛起的新兴经济大国海外投资的加速阶段是此类争议的突发期。日本20世纪80

年代在美并购引起的广泛争议便是最典型的事例。中国甚至还可能面临远比日本等新兴经济大国海外崛起过程中多得多的争议。首先，中国企业与日本企业相比，在对外投资目的方面有较大的不同，主要目的有：投资海外大宗商品领域，以保障长期稳定的资源供应；直接收购海外知名企业，获得先进的技术、管理与品牌。而这些领域正是海外投资争议的焦点所在。其次，中国在政治体制、市场经济发育程度、文化和国家战略利益等方面均与西方国家有较大差异，这会导致中国企业在对西方国家"目标企业"的并购面临更多障碍，特别是目标企业属于所在国的军工、能源或支柱性的产业。

总结起来，我国矿企"走出去"所遭遇的政治阻力一般具有三个特点：一是多发生在欧美发达国家（如美国、澳大利亚）；二是多来自有条文出处的法律障碍；三是多具有不确定性，对象国经济形势、民意、有影响力的大企业的院外公关等因素都有可能成为重要的障碍。

2. 法律阻碍

如上所述，我国矿企"走出去"所遭遇的政治阻力多以立法的形式表现，从而形成法律障碍。矿业企业进行海外投资时涉及繁杂的法律，如公司法、证券法、会计法、反垄断法、劳动法、外汇管理法等，法律关系复杂。随着全球矿产资源竞争日趋激烈，许多国家为维护国家经济安全和本国经济利益，建立了一整套涉及外资并购的制度和规则，这些法律日益成为中国矿业企业进军海外矿业市场的壁垒。

（1）反垄断审查

美国反垄断相关的法案主要有《哈特—斯科特—罗蒂诺法案》和《克莱顿法案》。《哈特—斯科特—罗蒂诺法案》对企业合并有明确的规定，并购交易超过一定金额需要向联邦贸易委员会（FTC）和司法部报告。FTC 和司法部会根据企业所在行业与领域，计算合并企业的市场份额，以确定是否构成垄断或损害竞争。出于政治原因的考虑，东道国立法机构常会就具体并购事件出台专门法案、新增条款等，通过临时立法阻止并购交易的进行。这也说明政治风险和法律风险之间的相互关联。

（2）国家安全审查①

我国矿业企业的海外并购常常遭遇到东道国以国家安全为由而采取的国

---

① 张光荣：《制度要有 适用要慎——"外资并购安全审查"个案调查程序不能频繁过度启动》，《中国外资》2011 年第 4 期，第 14～17 页。

家安全审查，这在美国表现较为突出。中海油并购优尼科时就是因"能源威胁""国家安全""掌握核心深海技术"的理由而被美国外国投资委员会（CFUS）审查，最终致使并购失败。因该案美国再次修改了《埃克森·弗劳里修正案》，并于 2007 年 7 月 26 日正式颁布《2007 年外国投资与国家安全法案》，该法案明确了国家安全审查的范围，要求对外资收购"重要基础设施"以及来自外国"国有企业"的收购进行国家安全审查，延长了安全审查的时间，使安全审查更加复杂。一是，法案在实质上扩大了国家安全的概念内涵。法案明确规定，除了传统的"国防安全"外，对外资并购的安全审查领域扩大到所有"如果遭到破坏或被外国人控制会对美国国家安全造成威胁的系统和资产"，如银行、供水、关键技术、基础设施等，将威胁美国国家安全的关键领域从 8 个扩大到 11 个，并增加了 5 类若受到攻击可能对生命和民众信心产生严重损失的"关键资产"。二是，法案规定了非常严格的审查标准。法案规定，对外资并购的审查必须考虑以下因素：并购交易是否可能发生向对美国构成威胁的国家进行技术转移的风险，并购对重要基础设施和重要技术的影响程度，并购是否涉及外国政府所有的资产。除此之外，外资并购如果威胁到美国在关键技术领域的世界领先地位，或影响美国的本土就业，都将被视为威胁国家安全。三是，法案根据国籍来区别对待不同国家国有企业（或主权基金等国家投资机构）。法案规定，并购交易涉及受外国政府控制的主权企业时审查应更为严格，明确规定涉及外国国有企业的收购案需要考虑该外国政府与美国之间的外交一致性，包括在多边反恐、防止核扩散以及出口限制方面的政策一致性等。

除美国设有专门的《国家安全审查法案》外，加拿大国会也修改了投资法，对国家军事、经济安全等存在威胁的并购活动，以及其他敏感领域的并购项目进行严格审查，其中还有专门一条规定对他国国有企业在加拿大的并购行为进行重点审查，对我国矿业企业在该国并购有很大影响。

澳大利亚是一个矿产资源极其丰富的国家，近几年也加强了对外资影响其国家安全的审查力度。澳大利亚在 1975 年制定的《外国人收购和接管法》（Foreign Acquisition and Takeovers Act）中规定，对矿产、金融、媒体等关键领域的外资并购作出了专门的限制性规定（即，如果外国公司并购澳大利亚企业时有违澳国家利益，则澳财政部部长有权下令禁止该项并购）。2008 年 2 月，澳大利亚财政部又对外公布了规范和审查外国政府对澳投资的六项原则，其实质目的是评估外国国有企业和主权财富基金对该国的投资（主要指并购形式）是否有损澳国家利益，审查范围包括：外国国有企业和主权财富基金主体的运作是否独立于母国政府，是否属于独立的商业行为；上述主体的投资是否影响澳国税收、正常的商业发展、市场竞争秩序和国家安全等等。

此外，德国、日本、英国、澳大利亚等国家在工业法、外汇及外资外贸等相关法律中对外国投资影响国家安全事宜进行了规定，欧盟其他各国也一直在积极推进涉及国家安全的专门立法。上述立法大都强调设置专门机构审查限制外资进入某些特殊行业和并购其重点企业，对部分外国投资进行国家安全审查。

（3）税收制度

从 2004 年起，许多国家陆续对现有矿产资源税费制度进行了修订，颁布了新的矿业管理规定，开始了国际上新一轮的矿产资源税费政策调整。在新一轮矿产资源税费政策调整中，一些矿业改革较早的国家加大了政府对于矿产资源的控制力度，增加了我国矿企进入的风险。以澳大利亚为例，2010年 5 月 2 日，澳大利亚财政部公布了征收"资源超额利润税"（Resource Super Profits Tax，下称 RSPT 税）的方案。根据这一方案，自 2012 年 7 月 1日起，澳大利亚政府将对全部从事不可再生能源开采、资本收益率超过 50% 的企业征收高达 40% 的超额利润税（RSPT）[①]，并且税收收入全部归属联邦政府。这一方案使澳大利亚资源产业变为全球税赋最高的行业。该方案一经提出就遭到了矿业公司的大力反对，并导致陆克文的民众支持率受损，最终引发陆克文所在的工党内部倒戈，迫使陆克文下台。2010 年 7 月 2 日，吉拉尔德接替上台成为澳大利亚首任女总理之后，立即向矿业公司妥协，同必和必拓、力拓和 Xstrata 三大矿业公司达成新的协议，资源税改革方案调整为矿产资源租赁税（MRRT），终结了这场持续两个月之久的官商纷争。

相比陆克文的资源超额利润税，新税法做了如下改变：仅针对铁矿石和煤炭产品；税率由资源超额利润税的 40% 下调至 30%；起征点由资本收益率的 5% 提高至 12%；征收对象由海上油气资源公司扩展至岸上公司。

---

① 超额利润税的计算公式：超额利润税 = ［收入 − 支出 − 正常利润（总投资 × 正常利润率）− 未计 RSPT 递延亏损］×40%，正常利润率以澳大利亚政府 10 年期债券收益率为计算标准，每年调整。

FatProphets 预计新税制实施后的实际税率为 45.4%，高于当前的 41.1%，但是低于实施原始提案后的 57.7%。调整后的矿产资源租赁税已于 2012 年 7 月 1 日开始实施。

值得关注的是，澳大利亚西澳大利亚州政府计划到 2013 年将该州的铁矿石粉矿矿区使用费率从 5.625% 提高到 7.5%，以增加州政府税收 20 亿美元。西澳州政府称，该计划分为两个阶段执行，自 2012 年 7 月 1 日起将粉矿矿区使用费率从之前的 5.625% 提高到 6.5%，到 2013 年 7 月 1 日进一步提高到 7.5%。而 90% 左右的铁矿砂蕴藏在西澳大利亚州，在该州当中，80% 的铁矿资源存在于 Pil-bara 地区。西澳州政府表示，粉矿矿区使用费率被提高后，将与块矿的费率保持一致，额外增加的 20 亿美元收入将用于消减州债务和发展地区经济。西澳州政府在 2010 年 6 月首次提高了铁矿石矿区使用费率，当时提高粉矿使用费率由销售收入的 3.75% 提高至 5.625%，提高精矿使用费率由 3.25% 提高至 5%，提高块矿使用费率为 7.5%。在澳大利亚联邦政府目前推进矿产资源税和碳税的背景下，西澳州政府此举将增加澳大利亚资源行业的投资风险。

（4）环境保护

中国资源型企业进行海外投资很容易面临环境保护的法律障碍，这是由资源开发的物理性质所决定的。矿藏资源的开发要对原有地貌和自然生态进行某种改造。矿山的勘探和建设对矿区地质环境的改变有可能导致滑坡、泥石流、地面塌陷、地面裂缝等地质灾害。矿藏开采、选矿和处理过程有可能对矿区甚至是更大的范围造成大面积的环境污染。而矿山的开发和运作还可能改变和影响矿区内外的动植物生物圈的自然平衡，从而加速生态环境破坏。矿山的开发建设还涉及土地使用权的收购、原住民的安置、移民和再就业等问题，处理不好有可能造成环境生态难民，导致东道国或者国际人权和环境保护团体的干预。

在能源资源开发方面，中国的新能源计划是在中国国内实施，中国能源企业在海外寻求的是传统能源，主要是石油和天然气。现行的中国经济模式成本核算只有在传统能源基础上才能成立，新能源毕竟还没有突破成本核算方面的技术瓶颈。而油气资源的开发却伴随着井喷或火灾事故发生的风险、原油泄漏污染、大气污染以及原生态破坏的可能性。天然气一旦被开采出来就必须在当地冷却液化处理，需要在当地建设巨大的化学工厂，这也是各种事故和污染的重大隐患。一旦发生事故和污染造成生态灾难，当地中国企业不但面临巨额罚款甚至刑事制裁，还有可能在东道国引起社会骚乱甚至反政府武装的袭击。这在西方国家跨国公司在敏感地区开发油气资源的历史中都曾经屡见不鲜。随着中国的煤炭企业未来大规模走出国门，对环境破坏更大的煤企还将引起更多的国外环境问题。

在铁矿、铜矿、镍矿、铝土矿等金属矿山开发建设方面，由于和煤矿开采一样都是固体资源的开采，因此发生地质灾害和生态破坏的可能性非常大。大部分海外铁矿资源都是露天铁矿，要开挖除去地表土壤，形成大深坑，选矿后的尾矿要处理。如果中国企业通过收购西方公司或股份进军国际铁矿，由于已有具体的环境管理成熟的体制，眼下问题还不大。但是像在加蓬等地，中国企业直接通过国家契约从当地政府手中获得勘探开采权，在当地的自然保护区进行铁矿资源的开发，投入巨资，从中国招来民工，但并没有办理环境保护的审批手续，在实践中也没有认真进行环境保护整治，结果被国际人权团体抓住把柄，搞得很被动。铜矿、铝土矿、镍矿等都是金属含量极低的矿，在开发过程中需要在现场进行选矿或初步加工。这种工序一般都伴随着大量的空气、水和土壤污染，处理后留下的垃圾如果不进行废物再利用，也会引起环境问题。2009年5月，巴布亚新几内亚各大城市发生哄抢中国人商铺事件，起因就是中国冶金投资14亿美元于其瑞木镍矿被歪曲为"新殖民主义"。

法律阻力一般有两个特点：一是多发生在矿产资源丰富、市场经济商事法律体系完备的发达国家；二是被收购企业股东的市场交易经验丰富，善于利用相关法律增加并购操作中的筹码。此类阻力以2008年我国首钢集团所属关联企业收购澳大利亚吉布森山铁矿公司一案最为典型。[①]

2008年1月31日，澳大利亚上市公司吉布森山铁矿公司发布公告，声称其股东塞浦路斯Gazmetall Holdings公司与首长国际（中国香港上市公司0697. HK，我国首钢集团旗下首钢香港控股有限公司持有首长国际40.71%股权权益）进行了一笔交易，交易涉及塞浦路斯Gazmetall Holdings公司在吉布森山铁矿公司的全部股份，共计15680万股，约为吉布森山铁矿公司发行股本的19.7%。根据吉布森山铁矿公司公告的具体内容，首长国际欲以总价2亿多澳元的价格，购买塞浦路斯Gazmetal Holdings公司所持有的吉布森山铁矿9.74%的股份。此次交易中，首长国际同时还获得了购买塞浦路

---

① 张广荣：《中国的资源能源类境外投资基本问题研究》，中国经济出版社，2010。

斯 Gazmetall Holdings 公司另外持有的吉布森山铁矿 9.98% 股份的选择权，即如果首长国际行使选择权，其将合计持有吉布森山铁矿约 19.7% 的股份。此次交易的股权出让方为俄罗斯亿万富翁乌斯马诺夫控股的塞浦路斯 Gazmetall Holdings 公司（2006 年 11 月，乌斯马诺夫所控制的该公司以 7660 万美元的价格，获得吉布森山铁矿公司约 19.7% 的股份）。几乎就在同一时间，首长国际在中国香港也发布了内容基本相同的公告。经查证，依据澳大利亚关于外资的法律规定，由于此次交易的股权购买方为外国公司，因此该交易合同需获得澳大利亚政府的外国投资审核委员会审查批准。然而，本次交易并未行至上述程序，即因违反该国公司法而告夭折，主要原因就在于我国企业欠缺对澳大利亚有关公司收购方面法律的了解。

据悉，为了避免被收购的命运，吉布森山铁矿公司在证券交易所发布上述公告后，随即另行发表声明，称要对首钢集团的法律地位进行调查，原因是中国首钢集团已经通过另一家香港上市公司亚太资源（Apac Resources，1104. HK），在吉布森山铁矿持有股份（亚太资源已经拥有吉布森山铁矿 20.22% 的股份，而中国首钢旗下首钢香港控股有限公司目前拥有亚太资源 16.09% 的权益，为第三大股东）。吉布森山铁矿公司认为，根据当前澳大利亚《公司法》的规定，同一投资者收购某上市公司股份超过 20% 时，必须履行全面要约收购义务或申请豁免，而中国首钢集团及其关联公司的收购，已经超过被收购公司股份的 20%，却并没有履行相关程序，涉嫌违法。基于上述理由，吉布森山铁矿公司继而于 2 月 18 日，向澳大利亚收购委员会（Takeovers Panel）提交申请，要求收购委员会调查并下令阻止此次交易。2 月 26 日，澳大利亚收购委员会受理此案，开始调查此次收购交易，并于 2 月 29 日在其官方网站上，以发布公告形式下令：根据澳大利亚《公司法》的相关规定，由于涉嫌违法，在本公告发布之日起两个月内，或未获得处理结果前，暂停首长国际和塞浦路斯 Gazmetall Holdings 公司之间关于吉布森山铁矿公司的股权收购交易。其后不久，澳大利亚收购委员会根据该国有关公司和收购方面的法律规定，作出该项股权收购属于"不可接受情况"的裁定，认定首长国际与首钢旗下另一家已经持有吉布森山铁矿公司 20.2% 股份的亚太资源，属于"关联"企业，两家关联企业实际合计拥有吉布森山铁矿公司近 40% 的股份，认定此次交易在要约收购的程序上已经违反了澳大利亚相关法律。

此外，不得不提的是，近年来成本不断上涨也是中国资源型企业海外投资项目遭遇亏损的一个主要原因。① 一方面，中国企业开展海外矿产资源投资是最近十年才开始真正意义上的起步，西方国家的矿企跨国经营已经开始了近半个多世纪的时间，很多投资成本较低、投资风险较小的海外矿产资源项目已经被国外大型资源型公司进入。在矿产资源已被大型跨国公司先期控制的情况下，加上国际能源和矿业的价格在过去几年经历了几轮价格的暴涨，中国企业被迫在当今以较高的价格购买部分资产和股权，这无疑增加了中国企业额外的进入成本。另一方面，人力成本、运输费用以及钢材、管材和各种设备费用都在不停上涨，矿业成本大幅上涨增加了中国资源型企业海外投资的风险。例如，过去在非洲打一口陆上井要500万美元，但现在却需要1000万美元；过去在非洲陆上打一桶石油的成本只有5美元左右，现在已超过10美元，而现在打一桶深海石油的成本已经涨到70美元。再以澳大利亚的人力成本为例，相比中国内地，澳大利亚的员工"市场价格"十分昂贵，如LadyAnnie矿区的大多数矿工拿着10万～15万澳元的年薪（约合70万～105万元人民币），这相当于当地大学教授的薪水水平。造成澳大利亚人力成本高昂的原因主要有两个：一方面必和必拓等矿业公司不断扩建矿山，造成用工紧缺；另一方面国外的低成本人力难以进入澳大利亚。要想将中国成本低廉的工人带到澳大利亚，几乎是"不可能的任务"。首先，中国工人难过语言关。据了解，要想获得澳大利亚工作签证，要通过雅思等英语考试，而中国工人很难通过雅思考试。其次，澳大利亚当地的法律对劳动力的流入也设置了重重关卡。即使中国工人通过层层考验到了澳大利亚，公司也要按当地法律规定的最低薪酬标准支付薪水，无助于人力成本的节省。而且越来越多的矿山所在地的法律做出规定，必须保证雇用一定数量的当地人，作为采矿的前提。因此，多数中资企业只好放弃从国内带工人过来。此外，随着非传统能源，如页岩气等的开发，澳大利亚矿业，特别是煤矿开采

---

① 2012年，力拓的首席执行官艾博年宣布，将在两年内削减50亿美元运行和支持费用。削减的费用主要是在2014年年底前削减50亿美元的运行和支持费用，并且削减2012年至2013年度的勘探费用10亿美元，以及削减资本开支10亿美元。从项目上而言，经营不善的铝矿和澳大利亚境内的煤矿都属于减支的重点。艾博年表示："今年、明年以及今后一段时期，（公司的）主旋律是关注一切有关成本控制的事项，以适应目前这个动荡的环境。"巧合的是，就在同一天，必和必拓公司首席执行官马里乌斯·克劳珀斯也强调，控制成本是公司的紧迫任务。克劳珀斯表示：过去10年来，在中国及其他新兴经济体快速发展的助推下，一些矿业产品，如铁矿石、冶金煤炭的价格维持在"不可持续的"高位，令矿企增加低成本供应的兴趣大减。与此同时，由于澳元坚挺，导致矿业成本大幅度提升。两人的讲话出现在同一天既是一个巧合，又明白无误地宣示，全球矿业图景已经发生改变，矿企迎来高成本时代。

成本升高导致竞争力下降的弊病愈发凸显。按照《澳大利亚人报》的说法，澳大利亚煤矿开采、运输成本的高涨，也是送给美国竞争对手的一份大礼。

（二）我国资源型企业"走出去"面临的内部制度障碍

制度因素对资源型企业"走出去"的影响不仅体现在东道国的制度影响，还体现在母国的制度影响。制度经济学认为，制度的作用在于通过消除不确定性和建立稳定的结构减少交易成本和信息成本。母国制度环境的质量、政治风险和制度成熟度是影响企业对外直接投资的重要因素。Buckley等曾分析了政府对企业的扶植、国家的信贷政策、经济自由化程度和文化相似度等制度因素对企业对外投资的决定作用。新兴经济体通常处在市场机制发展的初期，制度特别是正式制度虽然在形成中，但仍然严重缺失，在这种制度环境下，企业资源通常没有得到充分利用，而制度则对于企业战略选择具有更强的解释力。按照制度经济学的理论，企业对外直接投资决策不仅取决于其所拥有的竞争性资源，同时取决于其所处的外部环境，各种外部环境参数或者促进或者抑制企业对外直接投资。Dunning等曾将制度视作"创造型资产"，认为与有形资产、规模经济、市场结构相比较，制度更能够影响企业的竞争优势。制度因素通过激励和约束在强度和方向上对对外直接投资起到决定性作用。熊伟等认为，政府政策可以通过影响企业的人才优势、技术优势、规模经济和资本优势等，进而影响企业的所有权优势；而政治制度、法律制度、经济制度和非正式制度等都对企业所有权优势产生影响。阎大颖等认为，政府的市场导向、政策性投入和法制环境等一些制度变量对研究企业运作的空间维度有重要意义。[①] 由此可知，政府在企业"走出去"方面的制度是否完善将在很大程度上影响到我国资源型企业"走出去"的成效。而目前我国在推动企业"走出去"方面的制度还很不完善，在一定程度上制约了企业"走出去"的步伐，这主要表现在以下几个方面：

1. 政府部门思想不统一，管理制度滞后，政策不配套

到目前为止，中国还没有真正形成系统的"走出去"战略。笼统谈"走出去"战略意义的多，具体设计实施步骤、战略阶段、政策措施的少。特别是一些部门和地方还未能从国家战略高度认识到企业"走出去"的重

---

① 陈岩、杨桓、张斌：《中国对外投资动因、制度调节与地区差异》，《管理科学》2012 年第 3 期，第 112～120 页。

要性,战略意识淡薄,认识不统一。在制定政策时往往仍从本部门利益角度出发,导致"走出去"政策不协调,地方与企业在执行时无所适从。具体到操作层面,表现为以下突出问题[①]:

(1)对外投资项目审批的环节偏多,效率低下

目前国内对境外投资项目审批,特别是资源类,要通过商务部、国家发改委和国家外汇管理局的审批,同时对于超过 3000 万美元的境外资源投资项目要上报到国家发改委,超过 1 亿美元的境外投资要经商务部核准。国家在政策的层面上是十分支持"走出去"的,在省市一级审批过程是相当快的,但到国家层面上,政策过程仍然耗时颇多,而且涉及商务、国土资源、海关、外汇管理等多个部门。而对国家规定的政策,各部门又有不同的理解,缺少统一的、具有较强可操作性的政策规范,增加了大量不必要的成本,也耽误了很多良机。目前国际并购案特别涉及资源类的,对交易的时间要求相当短,而且金额都相当大。同国际上矿业跨国公司的速战速决相比,我国在竞争上的劣势不言而喻。

这一点在中国国际贸易促进委员会 2009 年开展的"中国企业对外投资现状及意向调查"[②]的结果中有很好的体现。在对中国政府现有鼓励"走出去"政策的评价中,受访企业普遍认为在对外投资时,最需要政府提供专项资金使用和信贷上的支持,希望政府简化对外投资管理程序。

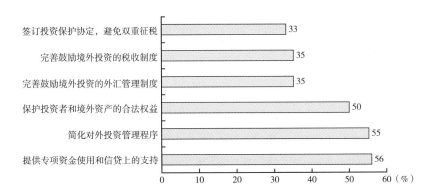

图 3-10 企业重点关注的政策支持

---

① 张承惠、朱明方:《我国企业对外投资的现状、问题和政策建议》,《重庆工学院学报》(社会科学版)2009 年第 3 期,第 4~8 页。

② 参与对外投资的企业比例约为 28%。在 1104 家受访企业中,有 315 家企业进行过对外投资。

同时，这一问题对于民营企业表现得更为突出。根据全国工商联经济部2010年对我国民营企业500强的调查，在民营企业海外市场开拓国内外约束因素中，审批程序复杂是企业开拓海外市场面临的首要困难①。

表3-5　2010年民营企业500强开拓海外市场的主要困难——外因（本国）

外因（本国）	企业数量（家）	占500强比重（%）
审批程序复杂	128	25.6
缺乏本国企业之间的有序协调导致自我竞争	112	22.4
外汇管制严格	73	14.6
缺少针对企业外贸的中介服务	64	12.8
使馆对企业指导不够	33	6.6

（2）外汇审批制度手续复杂，时间长，影响投资机会和收益

由于中国目前对资本项下的外汇仍然实行严格的审批管理制度，因此企业境外投资用汇成为一大难题。尽管国家正苦于外汇储备急速增长且承受着巨大的升值压力，但现行的结售付汇政策却不允许企业在资本项下拥有自有外汇，企业用汇必须得到外汇管理部门的审批。且审批手续繁琐②，审批的周期长③，母公司对海外子公司的生产经营所需的流动资金不能购汇汇出，也不能由母公司向境内银行担保后由银行在投资地的分支机构对海外子公司贷款。此外，国家外汇管理局对境外工程承保的结售汇比照进出口贸易方式进行管理，也给企业带来不少问题。

外汇投资相关管理条例与《公司法》也有不匹配之处。新《公司法》对于企业对外投资超过净资产50%已不再做限制，但在一些地方，外汇管理部门的实际执行中仍然坚持这一条，不符合要求的企业不能购汇。

现行项目审批和外汇审批两条线的管理方式以及过于繁杂的程序，不仅加大了企业投资的时间成本和风险，也弱化了管理的力度。因为很多企业为规避政府审批，往往将项目化整为零，既不利于企业自身的发展，也不利于政府的监管。

---

① 全国工商联经济部：《民营企业500强调研分析报告》，中华财务咨询有限公司，2011。
② 据统计，需要企业提交项目可研报告、境外投资财务制度和内控制度、贷款银行的经营金融业务许可证和营业执照等近10种材料。
③ 顺利的情况下用汇审批也需3个月。

（3）"走出去"项目人员出入境管理过于繁琐，缺少效率

对外投资项目的各种经营活动如投标、技术处理、应急情况处理等都要求国内人员派出十分迅速，但由于目前国内对国有企业的商务出行还实行因公审批、一事一报制度，对企业高管的多次往返签证控制得过于严格，给企业造成很大的困难。这点在民营企业尤为明显。许多民营企业没有上级主管单位，而申请因公护照在办照、政审等方面都要出具县团级以上单位的有关证明材料，企业常为此奔波折腾。地市组织部门对境外企业常驻人员的审批仍沿用固有的做法，要求出国人员必须具有学历，必须是企业的管理技术人员，并对工作年限也有一定限制。这些规定无疑束缚了企业"走出去"的脚步。

同时，企业管理人员和技术人员在正常出境时经常遭遇国外的种种阻碍，拒签现象较为普遍，给企业经营和管理活动造成了较大的困难，大部分国家的签证手续繁杂，成为企业"走出去"的绊脚石。一些国家之间通常建有相互免签系统，而我国却没有相应的系统，导致企业在跨国经营后国内高管和员工在国与国之间流动十分困难，影响了跨国经营活动的效率。例如，天泽（福建）纺织品制造公司在智利设有两家贸易子公司。2006 年 3 月和 10 月，智利子公司及当地商务合作伙伴曾两次邀请天泽公司总经理及管理人员等前往智利考察，均遭智利方面拒签。第一次拒签原因不明，第二次拒签称智利邀请方未能及时提供相关材料。

（4）在对待国企和民企、垄断行业内外部企业上还存在政策差异，没有做到一视同仁

在实践中有企业反映，国家的很多政策在民营企业来讲就像隔着一扇玻璃门，看得见摸不到。广东的企业反映，现在国家石油资源十分紧缺，到海外开发大油田不仅缺乏资源，还会遇到各种经济和政治障碍。但是在俄罗斯等国家，中小油田很多，国内外大公司对之没有兴趣，当地政府又急需引进外部资金，因而对民营企业前去开发十分支持。但企业在开发过程中遇到几乎是难以逾越的障碍：由于石油开采和炼油是国家管制的垄断行业，有进口配额限制，企业在境外开采的油气拿不回来。同时国内油价由政府制定，与国际油价脱钩，导致民营企业在开采后往往很难获取效益。

中国贸促会的调查更好地反映了政府对国有企业和民营企业的政策支持有所不同。根据中国贸促会的调查，受访企业中有 83.1% 的国有企业表示在"走出去"过程中得到了各级政府不同程度和不同侧面的帮助，而这个比例对民营企业来说是 70.1%，比国有企业低 13 个百分点（如图 3-11 所示）。

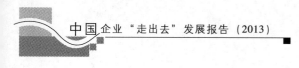

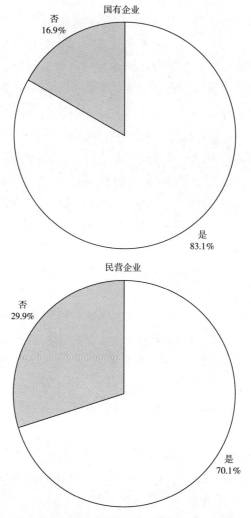

图3-11 "走出去"过程中企业是否获得我国政府帮助：国有和民营企业对比

在具体的"走出去"政策对企业对外直接投资帮助作用方面，国有企业和民营企业也有差别。图3-12显示，在财税政策性支持、国别产业导向政策、保险政策支持等方面，国有企业获得的帮助多于民营企业。而民营企业获得较多的政策支持则集中在通关商检政策性支持和境外权益保障政策等方面。对比不同政策侧重的方面不难看出，国有企业获得支持的多是比较"实惠"的政策性支持。这说明国有企业不仅在获得政策性支持的比例上较高，而且获得的政策性支持在内容上也比较实惠。

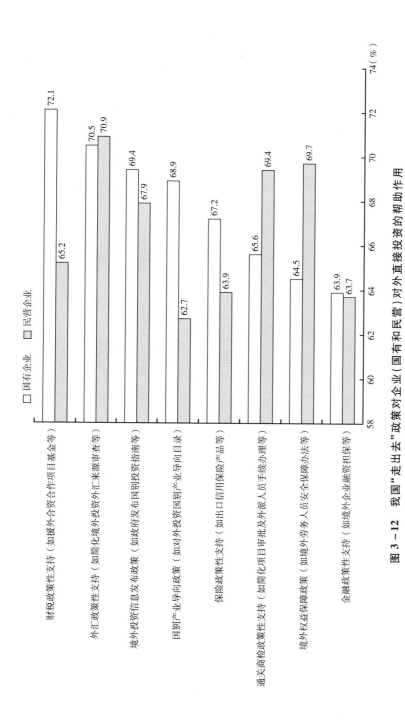

图3-12　我国"走出去"政策对企业（国有和民营）对外直接投资的帮助作用

2. 金融支持体系不完善

对于企业来说，无论在国内还是在国外投资融资都是一个关键环节，如果完全靠自有资金自我滚动发展，必定会丧失很多市场机遇和发展机会。但是在"走出去"过程中，企业普遍遇到金融服务瓶颈。尤其是我国民营企业，起步相对较晚，由于受国内贷款额度与特定外汇额度的限制，一直存在着融资困难、融资渠道紧张的问题，这不仅限制了企业在海外并购时的国内融资能力，而且也使不少已经成功"走出去"的企业很难对境外并购项目提供强有力的经济支持。

第一，境内母公司向境外子公司在境外融资提供担保的审批门槛较高。目前实行的对外担保额与企业外汇收入挂钩以及部分财务指标限制等规定，是在外汇短缺形势下制定的，已经远远滞后于形势的发展，制约了企业的境外融资活动。外汇管理现行政策中对被担保人的资格条件要求，使部分企业间接控股的境外公司开展业务受到了限制。由于政策的门槛较高、外汇审批时间相对较长，企业对外投资公司的后续资金，特别是补充境外企业流动资金遇到很多困难，有的企业甚至丧失了发展机会。

第二，商业银行全球授信体系尚还不完善。尽管国内一些商业银行在海外设立了分支机构，然而，目前尚不能向客户提供全球性的金融服务。譬如，很多商业银行尚未真正建立起全球授信业务体系，企业的境外子公司不能利用国内母公司的信誉与授信额度，国内母公司不能为其境外子公司在我国商业银行境外机构贷款提供担保（内保外贷），企业跨国经营形成的资产不能作为抵押担保在境内贷款等。尽管个别商业银行开展了全球业务，然而审批手续复杂，操作时效性差，特别是担保费用较高，增加了境外投资的财务成本。

第三，对境外投资的政策性金融支持服务尚欠完善。政策性金融不能满足企业境外投资的长期稳定资金需求。我国"走出去"政策性金融服务集中在中国进出口银行。近年来，中国进出口银行对企业"走出去"的融资服务发展迅速，也有很多创新的金融品种，但提供的海外投资融资目前规模仍然较小，在其业务总量中占比较低，未能对境外投资提供充分的金融支持力度。相形之下，如日本国际协力银行多年来境外投资贷款都占其业务总量的40%以上。同时，政策性融资以及融资便利的投向也存在明显的局限性，就行业来讲，目前政策性金融机构主要侧重于国家确定的一些境外投资重点行业及项目，对其他行业的投入较少。就企业性质而言，对国有企业、大中型企业的支持相对较多，而对中小型、民营企业海外投资活动提供的金融支持偏少。并且目前提供政策性金融支持的条件和程序仍然较为严格，很多有志于海外扩张的企业很难真正享受到上述机构提供的金融支持。譬如，进出口银行对境外投资项目的贷款政策非常诱人，不但额度大、利息低，而且时间长。企业只要拿出 30% 投资，就可以获得其余 70% 本外币贷款。但从实际操作的情况来看，许多对外投资主体很难找到符合 A 级以上资质并愿意提供低费用担保的企业，以致再好的信贷扶持政策也难以发挥实效。此外，由于我国政策性银行资本金依赖政府注资或政府担保下的债务融资，单一的资本补充渠道使其资本充足率随着银行贷款规模的增加而降低，直接影响了我国政策性银行的贷款规模和抵御风险的能力。

第四，商业银行提供的跨境金融服务也远远不能满足企业跨国经营战略的需求。商业银行的境外分支机构能力不足，布局不合理。从规模上看，我国银行在境外的分支机构网点少、规模小，且增长缓慢，目前尚不具备承担支撑我国境外企业融资的能力；从地区结构来看，我国的银行主要在发达国家和地区设立分行，与我国企业在新兴市场国家投资增长迅速存在错位。特别是近年来，企业在金融资源较为匮乏的非洲、东南亚等地进行资源开发、设立经贸合作区后，这个问题显得尤为突出；从行业结构来看，境外机构贷款主要分布在消费信贷、房地产等行业，而我国企业跨国投资主要集中在服务贸易、工业生产加工、矿产资源开发等行业，存在资金分布不合理的问题。

第五，资本市场不成熟制约企业跨国经营。跨国经营离开了资本市场，靠单个企业自身的行为，往往很难在较短的时间内形成。我国现行的企业跨国经营活动受到国内贷款额度的限制与审批限制，使不少企业坐失跨国经营良机。我国资本市场结构也不完善，对股票市场过分依赖，债券市场、场外市场发展滞后。资本市场的内生缺陷，使得国有企业拥有在资本市场上优先获得融资的权利，而大量有活力的本土民营企业却不能进入资本市场。一些企业跨国经营时只能借助国际财团的力量，结果不仅肥水流入了外人田，而且在效率方面还要打折扣。证券市场的国际化程度也仅停留在国际证券市场筹资上，难以为中国企业跨国经营解决融资问题并提供完善的服务。

第六，出口信用保险发展滞后。目前我国出口信用保险对出口及对外投资的支持与发达国家有很大差距（中国 3% ~ 5%，韩国 14%，英国 45%，日本 50%）。由于我国只有中国出口信用保险公司从事这方面业务，缺乏竞争、非商业化经营，因此，出口信用保险总体规模小，抗风险能力不强，所支持的境外投资项目不多，境外投资保险覆盖面较窄，并且出口信用保险公司目前的业务范围狭窄、业务规模较小、保费费率过高，这都制约了其对境外投资提供的金融支持力度。同时，保费费率高，加大了企业经营成本，使企业竞争力减弱，结果造成企业宁愿舍弃国际业务，也不愿承担过高的保险成本，从而使开拓国际市场的规模和力度下降。[1]

3. 配套服务不足

对于后起国家来说，企业走出国门绝不单纯是企业自身的经营行为，需要较高程度的社会服务体系的支持（包括公共信息服务、法律援助、咨询服务、人才培训等）。很多发达国家对企业的支持服务都十分到位，英国投资局、澳大利亚投资署以及日本许多地方政府的办事机构都在中国设有常设机构，负责引导本国本地区企业来中国大陆投资。而当前我国对外投资的政策多数仍主要停留在为对外投资创造良好环境氛围的宏观层面，多为原则性鼓励，真正具有实质内容的具体支持政策还有待于不断深入研究。一定程度上，相对于提供服务、保障而言，我国政府有关部门在境外投资问题上好像更倾向"热衷于"对境外投资加强管理和监督，有关的扶助性措施却出台缓慢，而且许多政策的内容较虚、可操作性较差。2006 年，广东省工商联曾组织 300 多家民营企业到海外调研寻找投资机会，在与日本企业座谈时，日本企业家对中国情况了如指掌，与之相比，中国企业家对信息的掌握程度就远远不足。[2]

第一，缺乏具有稳定性和权威性的基本立法。迄今为止，我国的境外投资已经开展了 20 多年。2010 年底，中国 1.3 万多家境内投资者在境外设立对外直接投资企业 1.6 万家，分布在全球 178 个国家和地区，境外企业资产总额为 1.5 万亿美元，对外直接投资累计净额 3172.1 亿美元，居全球第 17 位。但目前为止我国还没有出台一部全面、系统规范对外投资的基础性法律，已有的规定仍然以国家多个相关部门的"数个"部门规章为主，缺乏足够的稳定性和权威性。在海外并购方面，政府也还未进行立法，相关配套

---

① 陆宇生：《构建企业"走出去"金融支持体系》，《上海金融报》2011 年 2 月 11 日。
② 据国务院发展研究中心金融研究所张承惠、朱明方 2008 年 7 月完成的《促进我国对外投资的政策措施与发挥香港平台的作用》研究报告。

政策法规还不完善。相比较"引进来"的三资企业法及相关实施细则，我国的海外投资并购还没有上升到法律层级。国外一般都很重视对企业海外投资活动进行立法规范，如日韩等国所制定的法律就对企业的海外并购带有很强的政策引导性，重在对实现国家战略目标的投资进行鼓励。而我国有关企业并购的立法散见于公司法和证券法中，缺乏一部明确的、类似于一些国家《海外并购促进法》这样的法律，政策有效供给不足，这相对于日益兴起的海外并购实践活动已显滞后；与海外并购相关的法规主要由国务院部委颁布的办法、意见、条例等构成，缺乏约束力和权威性。

第二，公共信息服务体系极不健全。目前很多企业，尤其是民营企业，对"走出去"热情很高，但是企业家不仅对选择哪个国家，对投资对象国的政治、经济、法律、社会人文环境以及投资机会和外国吸引外资政策缺乏了解，而且对政府支持"走出去"的政策措施和导向也不清楚。而我国还没有设立相关的海外投资信息服务机构。目前有关政府部门虽然通过自己的网站建立了政务服务平台，但这类平台基本上都是根据本部门职能设计的，没有针对对外投资统一平台，查找起来十分不便。而且外交部、商务部、国家发改委、中国银监会等政府有关部门各成体系，相互之间缺乏沟通和协调，很多有价值的信息往往不能传递到投资者手中而白白浪费。[①]

第三，缺少相关扶持政策。比如在税收政策中就缺少专门针对大宗短缺矿产品的扶持政策。以进口环节增值税为例，此前由于矿产企业购进的机器设备等固定资产的增值税进项税额无法抵扣，为减轻企业负担，国家对金属矿、非金属矿采选产品一直适用较低的13%的税率，而从2009年1月1日起全国实施增值税转型改革，企业购进的机器设备等固定资产的增值税进项税额可以获得抵扣，因此将金属矿采选产品、非金属矿采选产品增值税税率由13%恢复到17%。虽然这一政策有利于公平税负，规范税制，促进资源节约和综合利用，但对于像铁矿砂之类的短期大宗矿产品，不仅推动了国内矿产品价格的提升，而且对矿业开发管理构成直接的挑战；与此同时，征收

---

① 国外政府对信息方面的服务非常重视，采取各种方式为企业搜集海外信息、发布信息，并设立专门的机构为企业提供咨询服务。比如美国设有五个部门专门提供信息和咨询服务，韩国设立了海外投资调查部、海外投资洽谈中心搜集国外法规、税收外汇政策等。我国虽然也通过各种途径提供信息，但总体来说还不够完善，在收集海外企业的信息方面，职责不明确、分工未协调到位、驻外使馆所提供的服务也非常有限。同时也没有尝试去构建已"走出去"或将要"走出去"的国内企业的信息交流平台，致使企业过分依赖海外中介机构。

进口环节增值税，也不利于"走出去"战略所获得的份额矿产品运回国内，对实施矿产资源"走出去"战略构成冲击。这里以铁矿砂为例，分析其具体的不利影响：首先是政策导向模糊。当前，我国铁矿砂供需缺口较大。为了鼓励利用境外的短缺基础性原材料，对其进口我国是实施零关税政策。进口环节增值税是指对准许进入一国境内的货物和物品按其流转额（或增值额）缴纳的增值税。虽然性质上与关税不同，但是功效上却基本相当。现阶段，我国对铁矿砂征收17%的进口环节增值税，其实质上是间接地提高资源的进口使用成本，进而对其产生抑制作用，直接与现实中鼓励性的零进口关税政策相矛盾，使得政策之间不能产生协同效应，政策导向模糊不清。其次是引发国内资源开发热潮。进口环节增值税不仅导致资源使用成本增加，而且间接地推动了国内同类产品价格的提升。我国铁矿砂近60%依靠境外供应，其进口使用成本的增加必定会给国内资源开采提升利润空间，因而容易诱发国内资源开发热潮。如此，将不仅加速国内有限资源的浩劫，而且对矿业开发秩序管理也是挑战。还有可能诱发成本推动型通货膨胀。矿产资源作为工业的基础原料，其价格的上涨必然会传导到下游产品，铁矿砂是最为典型的例子。由于国际市场铁矿石价格不断攀升，加之进口环节增值税又是流转税，因而可随着产业链逐渐向下游产业流转转嫁，进而导致建材、汽车、农机具等关联产业产品的价格水涨船高。通过关联产业波及，最终将可能间接地诱发成本推动型通货膨胀而不利于宏观经济的健康运行。

第四，缺乏能够帮助中国企业"走出去"的专业服务机构提供会计、法律等相关服务。在企业"走出去"的过程中，需要有信誉、没有文化语言障碍和有国际经验的中介机构提供支持。比如，在境外并购时帮助企业进行尽职调查，在发生知识产权保护、经济纠纷时为企业提供及时的法律援助等，但是目前我国这类专业服务机构发育还很不够。

第五，行业组织发育不够，难以对企业海外投资活动给予实质性支持。据企业反映，目前在一些国家特别是中国企业近期进入的非洲国家，普遍缺乏有凝聚力的华人商会组织和服务平台，来协调和引导企业的行为，与当地政府进行沟通、帮助新进入的企业尽快熟悉当地的投资、法律环境，并依法维护自身的正当权益。而国内现有的行业协会、商会在对外投资领域大多刚刚涉及，发挥的作用更是十分有限。

第六，既有扶持政策之间缺少协调。从机构设置上看，中国目前还没有一个权威性的综合协调管理机构来进行海外投资的宏观协调和统一规划。由于海外投资管理机构不统一，职能分散在几个部门中，政出多门，多头管理的现象时有发生，导致审批内容重叠、职能交叉过多，大大降低了我国企业对外投资的效率。如商务部于 2004 年 10 月 1 日发布《关于境外投资开办企业核准事项的规定》之后的一周之内，国家发改委紧接着于 2004 年 10 月 9 日亦发布了《境外投资项目核准暂行管理办法》，二者均将境外投资由审批制改为核准制。尽管依照规定，上述两个部门在境外投资的核准过程中各有分工——通常所说的"商务部审核企业、发改委审核项目"，但由此导致了企业需要分别向两个部门申报两份繁简不同的文件。这样就可能导致出现一个部门核准，而另一个部门否决的现象，会降低企业效率。此外，当中国企业"走出去"发生一些争议时，也因为各相关部门间缺乏协调，难以得到实质性帮助和服务，也间接导致了企业在"走出去"过程中缺少全局观，恶性竞争的事件时有发生。[①]

（三）企业自身存在缺陷

虽然中国资源型企业在"走出去"过程中会受制于国内外的各种制度障碍，但外因要通过内因起作用，所以中国企业自身存在的缺点和不足是导致企业"走出去"赚不回的更重要原因。同跨国公司相比，我国资源型企业的国际化经营水平还存在较大差距。

1. 国际化经营管理能力严重不足

我国资源型企业在大型投资管理、大型投资资本运作方面都缺乏相关经验，既缺乏整体的企业模式运营经验，又缺乏具有国际经营经验水平的管理团队。并且企业产权关系模糊，财务管理不规范，经营机制未能与当地市场的运行规则和国际经贸惯例接轨，存在管理上"水土不服"、对市场反应滞后等现象。在"走出去"过程中，很多企业急于先拿下项目，普遍缺乏战略规划，主要表现在：第一，只考虑价格和易得性，而不考虑投资目标与企业整体发展目标是否相符；第二，没有制订长远的商业计划，对收购目标未来的发展方向不明确；第三，对投资目标的事前尽职调查不充分，导致没能及时发现其中的风险；第四，交易之前没有充分考虑整合计划，致使交易之后整合失败。

---

①　在澳大利亚收购铁矿石时，武钢、鞍钢、宝钢、中钢等央企都曾看中过皮尔巴拉的一处矿山，国内企业相互抬价，最终成交价格比原来高了1/3。

　　很多企业忽视前期调研，致使许多风险考虑不到。有时，国外矿山的成本根本不在开矿，而在修路。拿到手的虽是优质矿，却处于森林覆盖率较高的地区，而在浓密森林中修建一条配套铁路成本很高。劳工哪里找、多少时间能修完、需要预备多少资金，都是先前根本没有想到的问题，致使成本层层累加。此外，企业在偏远的地方开矿或开采质量较差的矿，缺乏专业辨别能力是上当的关键。尤其是有些民企只有资金，在地质勘查上缺乏技术和人才，手握外方提供的质检报告，却真假难辨。① 中钢集团对澳大利亚的海外投资中也遇到过类似的问题。2009 年中钢集团以 13.6 亿澳元（约合 93 亿元人民币）的较高价格收购了澳中西部公司。但之后发现，该项目开发鉴于磁铁矿选矿技术难度大、运输赤铁矿石的港口和铁路基础设施开建遥遥无期（建设主动权掌握在其他企业手中，且预计需要资金高达 52 亿澳元或传闻中的 70 亿~80 亿澳元）的现实困难，终致中钢不得不于 2011 年 6 月基本停滞该项目的勘探工作，裁减员工、关闭办事处。仅在此项目的前期勘探阶段，中钢的当期亏损已高达 9281 万元。② 同时，我国企业在海外经验中对当地的投资环境、政府效能、税收政策、劳工保护、工会谈判、国有化风险、外资政策、文化背景以及消费特点等各方面都缺乏细致的了解，并且在实践中不按国际公司的规则办事，常混淆"政治"与"商业"之间的界限。③ 在文化整合和人力资本整合方面，中国企业与国际行业领先者相比也存在较大差距。

　　在人员管理方面，中国企业都曾面临属地化管理水土不服的问题。中信泰富在经营西澳的磁铁矿时，中方管理者与当地员工间就曾由于文化差异产生了诸多矛盾，澳大利亚本地媒体对此事也大肆渲染。后来中信泰富改变了

---

① 梁将：《资源型企业海外投资损失及防范》，《国际经济合作》2012 年第 1 期，第 27~31 页。

② 张华：《中国企业投资并购海外矿产资源现状与措施建议》，《中国国土资源经济》2010 年第 11 期，第 33~37 页。

③ 中海外在对波兰 A2 高速公路项目的竞争中，就是急着想先拿下项目，竞标前的勘察设计、竞标文本的法律审查、关键条款的谈判等等，中海外都认为不必过细。后来的情况显示，中海外不清楚波兰市场的特殊性和欧洲法律的严谨性，而所有这些风险——包括变更的困难——早已呈现在波兰公路局发给各企业的标书之中。欧洲建筑商之所以报出高价，就是用价格来覆盖未来各种不可控的风险。而且中国企业"走出去"，很容易把商业问题与政治混淆，总以为有两国政治关系兜底。尤其中国企业在非洲等法律基础薄弱的地方养成了这种习惯，在那些地方政治关系确实有时能帮助解决商业问题，但在欧洲的这样民主国家就行不通了。

管理方式，600 多名员工中，从中信集团派出的仅 7 人，其余均为当地员工。和中信泰富一样，大多数中国企业现在都聘请当地人来管理当地员工，进行"属地化监管"。进行属地化管理也是为了过好"土著"关。地方土著部落对项目运营的影响亦不可小觑，在非洲、中东等地，中央政府对地方部落的控制力很弱，而土著对项目的经济诉求常常通过阻挠项目运营的方式来达到，这种现象即使在发达的加拿大也存在。在中科矿业的 200 多名员工中，有 14 名 Kalkadoon 族人。Kalkadoon 族是当地原住民，在一般人看来，聘请这些无论是文化水平还是现代化操作知识都偏低的土著，是一件麻烦事。为了让这些土著能胜任矿上的工作，中科矿业与当地一家社区公司合作，定向指导和培训这类劳工。

另外，很多中资企业还因为不习惯处理很多看起来与生产无关的事情而低估了项目的成本。[①] 例如，在西澳大利亚修建磁铁矿的中信泰富曾陷入这个成本泥潭。项目原计划总投资 42 亿美元，2009 年上半年投产。后来不仅总投资额调整至 54 亿美元，且实际进度大大落后，投产日期推迟到 2011 年 7 月底。在澳大利亚，为保护生态，在某些地区的桥梁建造必须全程采用钢管桩，一座在中国国内造价大约 500 万元人民币的双孔桥，最终却造价 5000 多万澳元，成本差异高达几十倍。

2. 投资方式单一

在投资方式上，体量太大且无本土合作方，收购和运营动静太大，常常将经济问题变为政治问题，最终被非经济因素破坏。由于资源行业本身就是个敏感行业，目前的海外资源并购往往以中国的超大国企为主进行，单一的投资主体和巨大的交易金额直接导致当地政府和民众对我国资源型企业产生警觉与反感，再加上我国一些企业高调宣传，当地对"中国抢夺资源""中国威胁论"的担心与日俱增，结果使海外并购行为遇到许多障碍，甚至失败。比如在争夺蒙古的铜精矿奥优陶勒盖时，中国有多家企业决定参与该项目的开发，最后由国家发改委出面协调，由一家企业出面谈判。媒体对这一

---

① 中海外在波兰 A2 高速公路项目中就曾因小小的青蛙而影响工期和成本。波兰很多基础设施项目建设资金都有欧盟机构的补贴，如果违反欧盟环境保护法律，波兰就可能拿不到补贴，所以对环保问题非常重视。在很多基建项目中，都会要求承包方聘请生物专家进行指导，在工地和工地周边勘查珍稀物种，并将珍稀动物迁移到安全的地方。文物局常常也会参与到工地建设中，要求进行文物影响评价。显然，中海外并不了解这一情况，"搬运"蛙类以及建设桥梁方面的动物通道成本并没有体现在预算中。

项目进行了过度报道，这让蒙古觉得奥优陶勒盖项目的背后还有着强烈的政治色彩，一个项目的谈判却招来国家发改委的介入，对此非常反感，中国企业的机会也因此越来越小。

同样，2009 年中铝并购力拓失败也存在这样的问题。2008 年 2 月，中铝成功收购力拓 9.3% 的股份，这是中铝第一次向力拓注资。2009 年 2 月 12 日，中铝宣布与力拓集团建立开创性战略联盟，中铝公司将向力拓集团投资 195 亿美元。2009 年 6 月 5 日，力拓董事会在伦敦单方面宣布中止与中国铝业的交易，从而宣告了中国最大的海外投资失败。同样的国企背景先后收购同一家公司，结果迥异的一个主要原因是第一次中铝是联合美铝共同完成的对力拓股份的收购，在这次并购过程中，中铝有效利用了美铝在国际重大交易谈判上的技巧和经验，同时通过与美铝的联合，增强了商业气息，得到了国际社会对中铝市场化收购的认可，因此与美国铝业公司的合作成为并购成功的重要砝码。而 2009 年 2 月，中铝对力拓采取一次性收购全部资产的方式（即一步到位，参股力拓 9 个铁矿石、铜、铝资产），涉及的范围广，国际上的经验也不多，创历史的合作模式不但给合作本身带来更大不确定性，也给民众带来强烈的冲击。这不能不说是导致失败的因素之一。并购虽然是投资行为，但是更主要的是合作行为。合作有两种方式：一是与东道国资源公司合作进行并购；二是与第三国资源公司合作进行并购。通过国内企业与国外企业间的联合，可以增强商业气息，弱化东道国对中国企业收购行为的误解和戒备，能够提高并购成功的可能性。

3. 国企体制的弊端

尽管中国很多国有资源型企业市场化程度已经很高，但国企在体制上仍然存在一些弊端：一是从产权的角度来看，由于国有资产的"产权主体缺位"，有些企业缺乏严格的成本收益核算观念，对外并购不计成本，投资决策缺乏科学、全面的评估和调查。二是在以"走出去"的成果，尤其是作为规模指标考察国企领导者政绩主要标准之一的大前提下①，国有企业海外投资普遍存在好大喜功和盲目并购的问题。很多投资不具备商业理性，国有企业领导人为追求业绩把海外矿产资源并购当成"政绩工程"来进行，或把其当成理想来追求，而往往忽略了并购代价。三是国外银行提供并购贷款时，首先会对目标资产进行评估，而国内银行对国企多提供的是政策性贷

---

① 以石油行业为例，考核权重就集中于权益油产量和储量。

款，很少对目标资产进行价值评估，这也会导致并购成本的虚高。[①] 四是，国有企业透明度仍显不够，使得外资对国有企业的投资仍有疑虑。由于缺乏透明度，国有企业在海外并购时很难让民众了解它们以及其投资的双赢目的，尤其是那些民主化程度较高的发达国家市场，公众意见往往是政府不得不考虑的问题。以澳大利亚为例，当地许多人对我国企业进入当地资源市场并以高于市场价格的资金买入资产心生疑惑，不了解我国企业为何如此急切地要获得这些资产，收购交易如何安排，完成投资后将如何对企业进行管理，购得资产的长期发展计划又是怎样等，从而产生极大疑虑。不仅如此，监管方的决策也缺乏透明度。

4. 在时机上，中国资源型企业没有未雨绸缪的超前思考，往往是在市场已经火暴时才开始部署相关工作，这样不仅成本高且易于吸引太多关注，经济问题政治化也与时机紧密关联

跨国矿企的收购，如力拓收购加铝，就使其"经济的归经济"；合作开发蒙古铜矿，就是在冷门地域超前地开疆拓土。在中海油并购优尼科的过程中，时机选择就是中海油失败的一个重要因素。当优尼科在市场上竞标出售时，中海油并没有出价，但却在雪佛龙与优尼科达成了协议之后出价。来自美国的反应有些情绪化是出于一系列因素，首要因素是油价上涨。美国人认为，油价升高的主要原因是国际市场需求猛增，而其中很大一部分新增需求来自中国。中海油此时决定出手收购，时机掌握得并不好。虽然石油和天然气市场是真正全球化的国际市场，但是如果出现危机，如果供应出现扰乱，美国会从国家利益出发，毫不犹豫动用一切力量维护自身利益，甚至会动用军事力量来保护这些资源。这次中海油竞购优尼科，正好赶上伊拉克战争僵持不下、世界油价持续上涨、美国举国上下在讨论能源安全问题的时刻。在这个时候出手，触动了美国最敏感的一根神经。即使竞购成功，也会刺激"中国威胁论"的增长，恶化中国和平崛起的国际环境。

5. 部分中国企业过于"功利化"，缺乏全面规范的制度，未将企业自身利益与东道国国家利益、所在社区利益有机结合，从而引发争议

这种"功利化"表现在两个方面。一方面，相当多的中国企业"走出去"，主要盯着自身所缺乏的资源和技术，要么投资海外大宗商品领域，

---

① 刘晓岚：《中国企业海外矿产资源并购研究》，中国地质大学（北京）博士学位论文，2011。

以保障长期稳定的资源供应，要么直接收购海外知名企业，获得先进的技术、管理和品牌，而在当地投资建厂较少。这样的做法，对中国企业虽然有利，但对于东道国而言，在选举政治的背景下，对外资是否能够创造就业十分关注。因此，一般更欢迎能够给当地带来就业机会并且拉动投资和消费增长的绿地投资。另一方面，部分中国企业在海外没有履行好企业社会责任，特别是一些中小民营企业，社会责任意识普遍不强。尽管在当地投资建厂，但不注重招聘当地员工、无视资源的可持续开采和环境保护，以及与当地社区缺乏交流等，从而招致当地民众不满，引发争议，这样的实例在拉丁美洲等地时有发生。例如，首钢因违反环境法规至少四次在秘鲁受罚，其中最严重的是向附近的圣尼古拉斯湾排放废水，那里有秘鲁最大的深水港。

6. 危机公关能力严重缺失

与国际企业相比，目前中国大部分企业的危机管理只停留在产品、服务和品牌传播等单一环节阶段，全面危机管理体系尚未建立。我国企业在面对国外质疑时明显经验不足，很多企业在危机管理方面屡犯大忌，在"走出去"、实施海外并购时缺乏危机管理的概念，缺乏危机预警能力，频繁导致海外发展策略受挫。中国资源型企业在海外并购中，同东道国政府官员以及民众的沟通方面还做得远远不够。它们没有充分地向东道国公众对其交易背后的经济逻辑做出解释，并证明驱动这些交易的是市场因素而非地缘政治因素。欧莱雅中国对外交流与公共事务部总监周根良认为，在中海油收购美国优尼科时，中海油在前期针对中国企业存有偏见的美国各方受众的沟通上不够主动和充分，对危机管理也准备不足，所以当公司的并购被国外的一些部门上升到国家能源安全的角度予以阻挠时，中海油显得有些手足无措。[①] 同样，在中铝并购力拓时，国内媒体对中铝收购力拓利益的过度宣传，如同国有银行引入战略投资者的"贱卖论"一样，引起了澳大利亚民众的强烈不满。但与此同时，中铝在海外媒体刻意保持低调，反而失去了正面宣传的机会。中铝还将力拓股东视为一个利益整体（实际上却是不同利益的代表），缺乏与每个重要股东足够的沟通。在利用院外游说集团方面，中铝更显得经验不足。

---

① 《危机公关能力缺失严重　中国企业"补课"危机管理》，http：//pep. mofcom. gov. cn/aarticle/j/bm/200706/20070604836583. html。

综上所述，我国矿企 "走出去" 屡屡受挫，重要的内因还是没有像跨国公司一样办事，以致经济问题政治化。只要认识到我国的企业是怎么受挫的和西方发达国家的跨国矿企是怎么得利的，就可以发现我们还是能总结出一套为我所用的具有较高可行性的 "走出去" 模式的。

（本章主要执笔人：刘洁、苏杨）

第四章

资源型企业"走出去"的国内外经验

本章要点

1. 就中国资源型企业在"走出去"过程中存在的问题和不足，国内一些非资源型企业有较为成功的经验，如海尔集团和华为技术有限公司，资源型企业中的中国石油化工集团公司和中国五矿集团公司也有成功案例，其成功的共性经验是在"走出去"时注重对天时地利人和的综合考量，不盲动，敢放弃，也敢抄底。而跨国矿企模糊国家属性和注重企业社会责任的经验对于淡化中国国有企业政治色彩、减少"走出去"的政治阻力具有重要的借鉴意义。

2. 韩国、印度、美国和日本等发达的市场经济国家在立法、一般性的对外投资的政策支持、资源能源类对外投资的专项政策以及全球矿产战略等方面的成功经验值得我国政府借鉴。

一 国内经验

"走出去"战略实施十余年来，中国企业的海外投资从无到有，在探索中前行，逐步形成了一些成功经验和一批典型企业，如海尔的品牌塑造模式、联想的并购整合模式、华为的技术导向模式、中石油与中海油等能源企业的资源互补模式等。我国成功"走出去"的企业具有共同的特点，简而言之，在"走出去"时注重对天时地利人和的综合考量，不盲动，敢放弃。所谓天时地利人和，就是这些企业在开发资源和并购企业时注重风险控制，追求海外项目的市场化运作和经济收益，并注重文化的融合。以下我们将选择典型的非资源型企业和资源型企业分析其"走出去"的成功经验。

（一）非资源型企业：海尔电器

在实施国际化战略的中国企业中，青岛海尔集团可谓"敢为天下先"：早在20世纪90年代初就开始"走出去"，1998年后又开始到海外投资办厂。如今，海尔已在全球建立了25个制造基地、10个综合研发中心、19个海外贸易公司，全球员工总数超7万人。截至2010年底，海尔家电在美国的累计销量突破4000万台，相当于每三分钟诞生一名海尔用户。2011年海尔集团实现全球营业额1509亿元人民币，其中海尔品牌出口和海外销售额55亿美元。据世界权威市场调研机构欧睿国际（Euromonitor）2011年发布的数据显示，海尔在大型家用电器市场的占有率为7.8%，连续三年蝉联全球第一。根据海尔"走出去"的特点，其国际化大致可分为以下两个阶段：

第一阶段从20世纪90年代初开始，大约有10年的时间，以自主式扩张为主要特色。早期的扩张主要是产品的海外营销，大量产品出口国外并得到认可后，1999年，海尔开始在美国投资建厂。1999年中国青岛海尔响应南卡罗来纳州的招商，在当地投资3000多万美元购买了110英亩（44公顷）土地，建起了占地35万平方英尺（32519平方米）的全新厂房，安装了最现代化的设备。第二年春天，工厂正式投产运行。设在美国南卡罗来纳州的冰箱厂，是中国在美国投资最大、占地面积最大的一家企业，在美国冰箱企业中排名第六。为此，南卡罗来纳州将海尔冰箱厂所在的路命名为Haier Blud（海尔路），成为美国唯一一条以中国企业品牌命名的马路。2002年3月4日，海尔斥资1450万美元买下位于纽约曼哈顿黄金地段的格林尼治银行大楼，更名为"海尔大厦"，作为海尔在北美的总部。目前，海尔在洛杉矶拥有产品设计中心，在南卡罗来纳州拥有自己的工厂，而营销中心则位于纽约，在美国逐渐形成了一套完整的研发生产销售体系，实现了"三位一体本土化"的海外生产管理中心。海尔在美国市场的冰箱销售总量，早在2001年就达到150万台，南卡州厂也实现了当年投产当年赢利。海尔对美国市场调查后生产的小型家电，在美国市场的占有率于2002年就达到50%，其中小冰箱与酒柜的市场份额双双超过60%。如今美国的沃尔玛、BestBuy、Sears等大型连锁超市和上千家经销商，销售着海尔250种不同型号的家用电器。与大多数公司不同的是，海尔不仅重视对欧美发达国家市场的开拓，也在亚洲、非洲等发展中国家大力扩张。在印度和巴基斯坦，海尔当地工厂生产的白色家电已经远销到中东和非洲，有着很好的口碑和品牌知名度。[①]

第二个阶段始于2000年后，特点是在坚持自主创牌拓展市场的同时，开始进行一定规模的兼并收购。2000年是海尔的国际化战略年。这一年的1~6月海尔就实现出口额1.4亿美元，超过上一年全年。特别是海尔彩电大力开拓海外市场，在短短3年的时间里，在国内彩电行业业绩缩水的情况下，海尔彩电出口持续增长，截至2000年已出口到世界上58个国家和地区，其中9月份出口比上年同期翻了5番。另一方面，为了降低成本，同时在产品技术方面保持与世界先进水平接轨，海尔先后与荷兰飞利浦、德国迈兹、日本东芝等12家国际大公司组成技术联盟，共同进行产品研发。

2001年，海尔延续其国际化战略思路，再次取得重大突破。该年6月，海尔在意大利并购了一家电冰箱厂，作为其拓展欧洲市场重要的生产基地。之后几年中，该厂生产的法式对开门和多开门电冰箱在欧洲都实现了不错的销售业绩，甚至返销中国，销量在国内市场中高档冰箱市场中也名列前茅。这次收购为海尔在欧洲的国际化发展奠定了坚实的产品基础，厂家原有的地缘优势使海尔在拓展欧洲市场上得心应手。

纵观海尔的国际化战略，可以发现其在"走出去"的过程中采取了多种多样的形式，首先是设立海外营销中心，然后是从事制造业务，最后是在本土建立研发中心。具体的方式如在国外建立销售网点、贸易中心，海外建厂，在海外建立信息中心与产品设计分部，最终实现其"三位一体"的本土化经营模式。有效精准的海外本土化策略步骤是海尔全球化成功的关键。无论是前期的独立海外建厂投资，还是后期逐渐进行的兼并收购，海尔都严格遵循本土化原则，并通过"本土化"树立自己的品牌形象，扩大在当地的市场份额和盈利。海尔CEO张瑞敏曾这样形容海尔本土化式的全球化战略：国际化相当于在中国做"外卖"，是在中国生产"西餐"再出口，很难在利润和品牌上实现大幅增长；而全球化，就是在全球各个市场实现本土化，扎根于当地。正是这样的以本地化为导向的全球化战略，使海尔在国际市场上取得了成功。目前，海尔已建成了13个海外工厂和贸易区，分布于世界主要经济贸易区域。[②]

---

① 蔡环宇、万绍枚：《浅析海尔国际化中的品牌营销》，《科技广场》2009年第6期。
② 程涛：《张瑞敏的下一步》，《环球企业家》2006年第6期。

海尔的本土化策略又是全方位的，具体体现在四个方面，即：产品本土化、生产本土化、研发本土化和管理本土化。这四个方面贯穿于从产品设计、生产到企业运行管理和产品营销的各个环节，保证了海尔的全球化策略的全面性和有效性。

1. 产品的本土化

在全球化过程中，海尔公司特别注重针对不同的区域文化特点的不同需求，通过设计适应当地需求的个性化产品占领市场。在美国，海尔针对美国人宽阔的居住条件和饮食文化，推出了超大空间的美式变温对开门冰箱，可以用于储存整个火鸡和蛋糕。在日本，海尔则根据日本年轻人居住面积小的特点，推出了畅销的"小小神童"迷你洗衣机。在中东和印度等地，海尔又能根据当地的风俗习惯，推出符合当地特点和特殊用途的产品，这些产品都受到当地消费者的欢迎，取得了成功。

由此也可以看出，产品本土化的精髓是准确有效的产品差异化。这就不仅需要对海外市场的消费需求进行深入全面的分析，下工夫了解市场，进行调研，还需要对每个市场的风俗文化有所了解和掌握，发现需求热点和市场空白，才有可能成功地推出符合市场需求的个性化产品，在激烈的海外市场竞争中找到自己的立足点。海尔正是通过贯彻一切以消费者为中心的理念，把握了当地市场的风俗文化，使海尔从最开始的靠缝隙产品打入美国市场，逐渐在美国市场扎下根基。

2. 生产本土化

生产本土化是产品本土化的基础，也是海尔全球化发展早期较为突出的特点。海尔在美国、印度建厂都曾引起过很大争议，很多人认为海尔在海外建立工厂，进行本土化生产，相对高昂的工资成本和租金费用实际上提高了生产成本，不利于市场竞争。然而事实上，海尔在当地市场进行产品生产，不仅节约了产品运输的时间成本和经济成本，与市场需求也更加同步，同时还能较为便利地采用适合当地产品特点的生产技术，雇用熟悉当地文化的员工，做出真正意义上的本地化产品。不仅如此，在产品销售地设厂进行生产，由于能对当地的就业以及税收起到较为显著的作用，常常受到当地政府的欢迎。在印度，海尔不仅享有减免5年税收的优惠待遇，还吸引了不少印度人才加入海尔，生产成本因关税壁垒的消除和免税待遇大为降低，海尔品牌的形象也在当地得到宣传，为本土化产品提高了声誉，扩大了市场。事实证明，海尔在海外的生产本土化是较为成功的。[①]

3. 研发本土化

如果说生产本土化是产品本土化的中间环节，那么研发本土化就是生产本土化的最上游。在海外扩张过程中，海尔充分利用当地的高端科技人才和不同地域的科技优势，使企业对市场需求的捕捉能够有效转化为有针对性的产品并投入生产。这一特点在美国市场上表现得尤为突出。海尔除在南卡罗来纳州设立工厂、在纽约建立营销中心外，还选择在洛杉矶成立了美国市场的设计中心。临近旧金山不仅有著名的斯坦福大学，更有以技术创新实践著称的硅谷，电子产品从研发到应用都形成了较为成熟的模式，这些都为前沿科技的研发奠定了深厚的学术基础，也积聚了大量科技人才。美国海尔的员工大多是具有极高专业能力的美国人，他们当中的许多工作人员，都是同行佼佼者。正是利用这些地缘上的技术和人才优势，海尔产品才得以在激烈竞争的美国市场保持技术上的领先优势。

4. 管理方式本土化

对于全球化企业来说，无论是研发、生产，还是产品的销售和售后服务，管理都是至关重要的。只有采取了有效合理的管理方式，才能真正保证企业的全球化战略的实现。海尔为了真正实现海外市场的产品本土化，将生产研发营销等环节都设置在海外，而为了保证企业有效运转，管理方式也必须本土化。因此，如果将产品本土化看做是整个海尔全球化战略的终端，生产和科研本土化是不同流程，那么管理方式本土化则贯穿了企业的始终。人员的本地化不仅提高了管理方式本土化的效率，还解决了当地的就业问题。海尔在南卡的工厂雇用了从总经理到管理层的30多名管理人员和300多名原来失业的工人与农场的农工，100%为美国当地人员。南卡坎登市是一个只有6000多人的小镇，现在每十个家庭中就有一个家庭的成员是海尔的员工，这个原本并不起眼的小城已成为一个年产20多万台家电产品的家电城。

美国《华尔街日报》在2004年9月27日题为《逆流而上》的长篇报道中说："一家中国的家用电器公司将宝押在了违反常理的经营策略上，她给美国人创造了机会。正当数百家美国企业到中国建立工厂，充分享受中国廉价的劳动力资源，渗入中国蒸蒸日上的国内市场时，海尔却作为首批中国公司将劳动机会和基础设施带到了美国。"

---

① 韩正忠：《海尔在美国的成功经营奥秘》，《湖南经济》2002年第5期。

由于在经济发展、社会文化上存在很大差异，不同国家的企业文化、经营理念不同，对于异国新建企业的本土化管理可以说是海尔本土化战略中最具挑战性的一部分。为了从源头上避免因文化理念上的生疏造成的管理方式错位，海尔尽量选择本土的经理人对企业进行管理，在保持海尔原有企业文化的同时，根据当地文化传统特点进行必要调整。本土经理人的选择，使海尔在最大限度上做到了管理方式的本土化。

在实行本土化的策略中，海尔特别重视海尔的企业文化怎样与当地文化的融合。这一融合并不仅仅是说说理念那么简单，而是通过丝丝入扣的制度设计，最终在行为方式层面，实现海尔文化与当地文化的融合。譬如，海尔的核心价值观是创新，怎样创新，是有诸多制度保障的，像研发流程的设计，像创新成果与个人利益挂钩的制度设计，都是海尔创新的价值观落到行动上的保障。容易引起争议的制度层面的融合，更是在磨合中最终走向和谐。譬如，海尔有一项制度是"日事日毕、日清日高"，要对每个员工当天的工作业绩或表扬或批评，但美国人不愿意每天都有人接受赤裸裸的批评，最终磨合的结果是：每天谁做得好了，就把一个玩具小熊摆在他的办公桌前，谁要是任务完成得不好，就把一个玩具小猪摆在他办公桌前。

由此可以看出，海尔的四个本土化策略是全方位的，又是相互统一的。全方位的本土化实际是一种对资源的整合，最大限度地利用海外市场资源、技术、人才各方面优势，使得海尔所建立的海外基地能够发挥最大作用，而不是单纯的生产基地和销售基地。以全方位的本土化为导向，海尔真正将自己的产品融入到当地经济社会生活的每一个环节，植根于世界各地的市场，从而成就了一个国际化的领军企业。

（二）非资源型企业：华为技术有限公司

作为一家非国有公司，华为技术有限公司在中国公司走向国际的进程中创造了许多第一。第一，华为是中国为数不多的以技术、产品而非传统的低价格对海外同行构成较大竞争压力的公司；第二，华为是国内高技术公司中创造专利和参与国内外技术标准制定数量最多的公司；第三，华为是国内公司中在海外市场发展速度最快的公司；第四，华为是国内高技术公司中，高级专业人才聚集度最高的公司；第五，在国内研发机构中（包括中科院系统），华为的研发成果转化为产品的时间是最短的。华为作为国内通信厂商中的领军企业，在20世纪90年代就走向了海外，并在国际化的过程取得了不俗的业绩。从整体情况看，与发达国家的跨国公司相比，尽管华为的国际化程度尚处于中期发展阶段，但其所探索的经验，仍具有很好的参考意义。[①]

1. 把握国际市场进入的规律，明确国际市场的战略投资对象，并避免短期行为，对目标市场予以持续性的投入

一般讲，目标市场对新进入者的认可，平均需要 3～5 年时间。特别是通信行业的产品是投资类产品，西方公司早已经营了几十年时间，要取得运营商的信任和最终认证，企业必须持续投入，传统的靠参加短期招投标项目获得目标市场的认可，已很难实现公司在海外的长期发展。华为自 1996 年开始拓展东欧、俄罗斯市场，直到 2002 年才真正获得认可和规模销售，目前已经成为俄罗斯电信市场上主要的设备供应商之一。

2. 按国际公司的标准优化海外市场的运作方式，以此减少拓展国际市场的进入成本

从 1997 年开始，华为聘请多家国际知名的顾问公司对其海外机构的运作、财务管理、质量标准、人才培养和品牌宣传等进行了咨询。

其一，在公司运作上，总结华为多年在国内技术、服务、招投标规范等方面积累的经验，按照国际公司标准，建立了一套以全球 IT 体系为标志的程序化的规范条例。

其二，在质量体系上，与国际质量认证机构合作，执行国际规范的质量认证标准；

其三，在财务管理上，建立了国际标准的财务评估与管理体系；

其四，在人力资源上，超前储备和培养了一大批国际化人才；

其五，在打造国际品牌上，推出"新丝绸之路"行动，组织大批海外合作机构参观华为深圳总部和各地研究所，展示华为公司的实力，树立客户对中国品牌和华为品牌的信心。同时，借助国际展会和媒体，与国际巨头同台竞技，树立产品品牌。即先做中国国家品牌，再做华为企业品牌。

经过 7 年的努力，华为已基本建立了与国际接轨的管理运作体系，这使华为终于有能力通过英国电信、西班牙电信、新加坡电信、德国柏林电信等最严格运营商的认证。

3. 扬长避短、逐级渗透、渐进式地发展海外市场

华为在确定海外市场战略中，重点避开了发达国家市场，以此降低进入

---

① 本节内容引自国际在线记者胡星的报道《华为印尼公司的本土化经营之道》。

风险，凭借低价战略，重点选择发展中国家的大国作为目标市场，以此既能规避发达国家准入门槛的种种限制，又使海外大的电信公司难以在发展中国家与华为"血拼"价格。

对于发展中国家的大国，进入门槛较低，其人口一般都在6000万人以上，通信技术发展比较落后，普及率低，市场潜力大。这些国家运营商相对于欧美国家的运营商进入周期比较短，可以快速牵引华为国际化的进程。这些国家在本区域有影响力，华为成功进入后，可以快速辐射周边国家。同时，这些国家相对其他发展中国家有人才优势，电信市场的发展空间广阔，如俄罗斯、巴西、泰国、南非等，便于华为快速实现本地化。

在有效进入发展中国家市场后，再有重点地以高端产品积极进入发达国家市场。对发达国家，敢于屡败屡战，以高端挑战高端。面对发达国家较高的进入门槛（如英国电信、法国电信、西班牙电信、德国电信等），首先让它们知道华为的技术并不落后，需要花1~2年时间争取它们对中国公司的了解，再需要2~3年时间通过它们的严格认证进入短名单，才有资格参与竞争激烈的投标。

华为把和谐共进、优势互补，作为进入发达国家市场的原则。通过与摩托罗拉进行OEM方式的合作，与3com成立合资企业成功地进入美国数据通信市场；现在华为与NEC、松下、西门子等成功地建立了合作伙伴关系，为下一步建立区域性产业联盟奠定了良好的基础。可以认为，华为近几年海外市场之所以获得超高速发展，正确地选择目标市场是最重要的原因。

4. 实行本土化的经营模式，注重不同文化的融合

与海尔一样，在"走出去"的过程中，华为"贴近客户""本土化经营"的策略为立志进军海外市场的中国企业提供了一个很好的样板，成为中国名牌在海外成功经营的典型代表。华为印尼公司成立于2000年。成立初期，只是一个名不见经传、只有几十名员工的小企业。华为印尼公司的本土化经营策略让它成功融入当地，成为当地行业领跑者，得到了当地的广泛认同，走出了自己的独特的国际化之路。华为现在为印尼10家领先运营商中的9家提供服务，在印尼通信市场上占有一席之地。

仅仅用了12年时间，华为就打开了印尼市场。华为印尼成功的一个主要原因就是贴近客户，公司的服务质量、响应速度、工程的交付能力都在同行中数一数二。同时，华为印尼十分重视融入本地，实现本土化经营。目前，公司有250多家当地供应商，每年本地采购累计超过2亿美元。公司还非常注重企业社会责任，不仅在印尼设立了3个研发中心，还和当地大学合作，直接从当地大学里招收优秀学生，提供奖学金或者为优秀学生提供带薪实习机会等等，种种措施成功地提高了华为在当地的知名度，实现了本土化经营。如今，华为印尼有大约4000名员工，其中80%以上是印尼本地人，为当地优秀人才提供了就业机会。与此同时，华为印尼的中方员工也逐渐融入了当地的生活，工作之余和当地人打成一片，有的员工还和当地人实现了联姻。

在实行"本土化"的经营模式中，不同文化的融合是决定"本土化"是否成功的关键因素之一。企业文化的"本土化"既不是原封不动地照搬，也不是纯粹的当地化，而是在尊重和理解差异的基础上，将两种文化中的优质要素不断交融整合后产生的共同文化。华为公司在海外业务的"本土化"过程中，十分注重对当地文化的"包容"和"引导"。由于拉美人的生活方式比较闲散，墨西哥当地员工上班常常迟到。华为公司初期并没有急于改变当地员工的工作习惯，考虑到墨西哥城塞车严重，公司甚至允许当地员工上班时间可以稍微迟些。但华为公司始终严格要求中方员工，用实际行动向当地员工展现华为公司的企业精神。特别是在中方员工没有加班费却常常深夜加班的影响下，当地员工也逐步接受了华为的"狼性"文化，积极、主动地投入工作之中。

5. 借助融资伙伴、强化资本监控、刚性货款回收、保障市场拓展

最早，华为依托中国进出口银行、中国信保以及中国的出口政策，开始做买方信贷。此后，华为陆续使用海外银行的买方信贷拓展市场，如HSBC、荷兰银行、IBM IGF、JP MORGEN、MITSUI、CITIBANK等。目前，华为的海外融资伙伴有20多个。截止到2004年上半年，华为累计利用银行进行海外项目的融资总数为4亿美元。

为抵御资本风险，华为除了实施买方贷款外，还拥有一支专业追款队伍，对货款的收付，建立了一套强有力的控制体系。华为还建立了内部严密的监控和评审机制，合理规避国际融资和货币风险。目前，华为货款被拖欠率和坏死账率在业内是最低的。

6. 不单纯打低价牌，以质量好、价格好、服务优和快速响应客户需求赢得竞争优势

华为不以价格作为主要优势，在国际市场上，尤其是欧美发达国家，运营商更看重的是产品的质量和服务，同时运营商降低采购成本的要求也是一个非常重要的因素。只有产品具有高质量、先进的技术、合理的价格、到位的服务和快速满足客户需求，才会得到运营商的青睐。目前，华为已直接将研发人员派往各区域总部。华为认为高性价比的产品，加上快速响应客户的需求是华为屡屡获得海外运营商订单的一个主要原因。

在法国 LDCOM 公司建设 DWDM 国家干线传输网项目中，当时同华为竞争的都是一些国际巨头，但是华为的 DWDM 产品在这个项目的一期建设中就可为 LDCOM 公司节省 35% 的投入，整个工程 4 期建设完工后可节省 50% 的投资，而华为的产品在技术和质量上不逊色于任何一家竞争对手的产品。这种巨大的优势一下子打动了 LDCOM 公司。

目前，华为有针对性地设计了海外市场的商业模式。为了响应海外个性化的技术需求，华为成立海外需求调研部，并设定了优先满足海外版本的原则；为了响应融资需求，成立了专门的国际融资部；为了满足国际配套采购和 Turnkey 工程，成立了专门的 Turnkey 管理部；为了更快捷地响应国际客户需要，成立了全球技术支援部，并在各大区域设立了区域的培训中心和合资厂。

（三）资源型企业：中石油的海外之路

中国石油天然气集团公司（简称中国石油集团、中石油）是一家集油气勘探开发、炼油化工、油品销售、油气储运、石油贸易、工程技术服务和石油装备制造于一体的综合性能源公司。中石油海外油气业务 1993 年起步，历经初期探索、奠定基础、快速发展和规模发展四个阶段，实现了从无到有、从小到大、从弱到强的历史跨越。目前，中石油海外业务分布在全球 29 个国家，投资运作 80 多个油气投资项目，初步建成中亚—俄罗斯、非洲、中东、美洲、亚太五大油气合作区；国内西北、东北、西南和海上引进境外资源的四大油气战略通道建设快速推进；亚洲、欧洲和美洲三大油气运营中心初具规模；同时还有 595 支海外工程技术服务队伍在 46 个国家作业，物资装备出口到 97 个国家，油气投资业务与工程技术等服务保障业务一体化协调发展的格局已经形成。①

2011 年，中石油海外油气作业产量当量突破 1 亿吨、权益产量超过 5000 万吨，完成了"海外大庆"的建设目标，成为中石油海外业务发展史上的一个重要里程碑。中石油适时提出了建设综合性国际能源公司的奋斗目

---

① 朱东梅：《中石油的海外征战》，《能源评价》2012 年第 8 期。

标，力争到"十二五"末，海外业务要占公司整体业务的半壁江山，海外油气作业当量规模具备2亿吨资源储量。

1. 适合自身的国际化思路

在18年国际化经营中，中石油逐步摸索出一套适合自身发展的模式，也积累了一些国际化运作的经验，其中，提升主营业务核心竞争力至关重要。专注石油、天然气上游勘探开发业务的发展，配套发展中下游管道、炼化业务，通过主营业务投资带动工程技术服务队伍，有力保证了投资项目的成功运作，也促进了工程服务队伍的国际化发展，一体化战略得以实施。十多年的海外发展历程，积累了运作国际大型项目的宝贵经验，具有了可以和国际大公司平等竞争的实力。

此外，中石油在新项目开发、收购并购业务方面，在策略上注重能够匹配公司的发展方针和目标，在收购时机上善于把握良机，注重国际资本运作。尤其是在2008年金融危机期间，中石油在低油价期间并购了几个大型项目，以合理的成本收购了符合公司发展方向的项目，为进一步完善中石油在全球范围内的业务规模和布局，奠定了坚实的资源基础，使中石油全球化步伐加快。

在具体操作时，注意遵循国际惯例，高水平运作项目。按照国际化油气合作惯例，组建联合作业公司，发挥各自优势，分散投资风险；以合资、合作协议等法律文件规范合作，以董事会、联管会、技术管理委员会等形式管理项目；对工程建设项目和设备采办严格实行国际招标，有效控制投资成本；工程设计、施工和生产作业全部实行第三方监理，保证项目的建设质量；实行严格的资金集中管理和全面预算管理，实施分级授权等管理办法，减少经营风险。

2. 双赢理念运作

中石油始终坚持"互利双赢、共同发展"的理念。与资源国实现双赢，开发利用石油资源，在为中石油带来效益的同时，也有力促进了资源国经济的快速发展；与合作伙伴实现双赢，通过提高项目整体效益，联合作业各方都获得了满意的收益；与社会发展实现双赢，创造大量就业机会、关注社区发展、注重环境保护，赢得了当地人民的广泛支持。在非洲、中亚、南美等地区，累计投资和捐助公益事业上亿美元，受益人超过百万人。

在实践中，中石油不断提高商务运作能力，降低项目运作风险。一是建立与多法律体系、多税收体系、多会计体系相吻合的多功能财务报告体系，解决多语言、多币种、多准则、多套账的系统设立难题，满足合同会计、管理会计、资源国政府报告、母公司财务报告的各种需求；二是坚持预算控制。项目运作采用有限授权制度，实行成本中心预算负责制；三是外币资金实施收支两条线集中管理。中石油总部以所属的中石油财务公司为内部金融平台，在北京、香港、新加坡和迪拜建立了4个外汇资金池，通过境内外6家签约银行每日将全球外汇资金集中到4个资金池，进行集中管理和统一配置，为成员企业提供跨境金融服务，有力地支持了中石油海外业务发展，并率先成为国有企业中实现全球资金集中管理的公司；四是注重国际税收筹划工作。制定相关指引和规范，以指导企业合理开展纳税筹划，规范纳税基础工作，防范税收管理风险，不断提高中石油整体税收管理水平；五是加强项目全过程管控。与国际知名石油公司油气资产组合结构对标分析，根据项目效益和经营环境变化情况，适时启动处置程序，优化资产结构，提升海外油气业务盈利能力。

3. 风险防范意识

在建立风险评估体系方面，中石油加强对东道国的风险评估，保持海外投资的审慎性，总结过去，警醒未来，并在公司的战略规划、并购业务、经营管理中予以体现，将风险管理融入企业文化。

从提高资源国政府征信安排方面，中石油将大的合作项目在两国政府间协议中明确税收优惠政策和法律稳定性等条款，做出政府征信安排。

从降低项目风险方面，中石油提高商务谈判话语权，尽可能争取担保条款，提高对方违约成本，争取收益性保障措施。

从管理资金风险方面，中石油海外业务结算涉及40多个币种，根据结算量大小和流通性，将这些货币分成两大类：一类货币如人民币、美元、欧元、英镑等四种硬货币；二类货币为上述一类货币以外的货币。涉及一类货币的业务，所属企业可根据一定期限内结算需求保留等额存量，超额的或没有未来付款需求的应及时兑换成为有付款需求的其他一类货币，否则兑换成最终母公司记账本位币——人民币。允许所属企业对一类货币的存量资金进行即期兑换，未来敞口在中石油选定的金融机构名单内使用批准的金融工具做套期保值。通过以上安排，使境外资金运营的风险降至最低。

从管控汇率风险方面，中石油明确设立汇率风险管理的目标及原则，明确所属企业在汇率风险形成的事前、事中、事后规避汇率风险可以使用的具体办法，要求企业对二类货币设置存量限额，允许企业使用贸易融资工具或外汇衍生工具规避汇率风险，明确所属一级企业负责本企业及下属企业汇率风险管理，要求至少对冲汇率风险敞口的30%，中石油财务公司通过开展即期、远期、掉期等外汇业务，为企业提供汇率风险管理服务，重大收购并购项目，由总部会同所属企业、财务公司共同制订避险方案并组织实施，集团总部建立起定期汇率风险分析体系。

在国际化过程中，中石油依靠科技创新，为国际业务发展提供强大动力。依托50多年发展所积累的复杂地质条件下油气勘探开发的系统理论和成熟经验，结合海外油气开发特点，形成了具有优势的十大技术系列，在勘探开发中取得了重大成果。

（四）成功向资源型企业转型的中国五矿

在列入央企之初，中国五矿被国资委归类为商贸类企业。但中国五矿近些年的发展却将重点放在了矿业开发上，并通过各种并购成为我国名列前茅的资源型企业。[1] 难能可贵的是，中国五矿的转型，在相当程度上是通过"走出去"的成功来完成的。而且，中国五矿的收购及整合模式与众不同：中信泰富是"出海造船"，兖州煤矿是"造船出海"，海信是"租船出海"，五矿的模式则是"买船出海"，即收购海外成熟的矿业公司，在实现控股的基础上将所收购的企业当做海外发展的平台，从而实现公司的国际发展战略。这种模式的成功，可从中国五矿2009年收购澳大利亚OZ公司并成立合资公司MMG的盈利表现见一斑：仅2009年6～12月这7个月中，MMG的盈利是1.725亿美元，当年7个月的投资回报率为12.5%。在2010年中，MMG净盈利为4亿美元，投资回报率为29%。MMG于2010年12月30日被中国五矿在香港的子公司五矿资源以18.5亿美元收购，比2009年的收购值溢价3.6亿美元。可以说，中国五矿大概在两年多的时间内收回了对MMG的全部投资。[2] 这样的经营状况，堪称中国企业在澳矿山行业投资中收益最好的一个。

但这种成功不是偶然的，这与中国五矿较好地把握了天时、地利、人和密不可分。

---

[1] 如今，中国五矿不仅完成了对海外矿产资源的并购，更是借助中国蓬勃发展的经济，成为国内最大的铁矿石贸易商和钢铁贸易商、世界第一的钨生产和加工企业，从单一的进出口贸易商蜕变为金属矿产商。

[2] 黄掌礼：《"实船出海"的启示》，《英才》2013年第1期。

首先是天时。当诸多中国公司失陷澳大利亚的时候，中国五矿安然无恙；在 Equinox 并购中出现搅局者时，中国五矿急流勇退；在中国企业海外大肆收购铁矿山却迅速遭遇铁矿石价格狂跌中，中国五矿选择逃顶。中国五矿在这方面的经验是：错过了发车时的空座，就不要到处抢座，而要找时机等座。中国五矿总裁周中枢认为：收购的成本价非常重要，成本价与市场价之间有越大的空间，收购才会进行得越顺利，因为这会给你带来更多的利润，更长的获利周期，所以必须对市场熟悉。例如，尽管中国五矿早就垂青于澳大利亚第三大多金属矿业公司 OZ，但直到次贷危机引发全球大宗商品暴跌才真正入场。2009 年，中国五矿以 13.86 亿美元实现了对 OZ 的并购，并以 OZ 矿业为基础，重组为 MMG，搭建起了中国五矿的海外拓展平台。其后，2012 年 2 月成功借助之前并购澳大利亚矿业公司 OZ 所获得的外籍管理团队，中国五矿以 13 亿美元收购刚果（金）Anvil 矿业公司，以最快的速度拿下了此次交易。

其次是地利。中国五矿很注重地脉选择，既不随便进入发展中国家，也不轻易和矿业巨头合作。由于发展中国家的相关制度建设存在诸多漏洞，所以中国五矿并不大肆进军亚非拉的发展中国家，也基本不与超大型跨国矿企合作。其总裁周中枢认为："对世界上前三名的企业进行并购很难。难点有三个：一是政治后台很硬，这些大的公司背后都是西方政治势力，它的客户全是高端的战略客户，而且他们对中国是防范的；二是块头太大，你去收购，资本小，成本太高；三是风险太大，这种公司的合作都是战略性的合作，你买它的股份，前几年啥都拿不到，等你拿到的时候，你估计都快撑不住了，这些公司不会叫你控股，也不会和你平起平坐。"

最后，也是最重要的是人和，这包括被并购企业所在国大环境的人和以及被并购企业内部管理和技术团队的人和。中国五矿是金融危机发生后不久就提出对 OZ 公司的收购，这是一个千载难逢之机。然而，并购速度也非常重要。五矿收购 OZ 公司的速度，也是近期中国对外大额度投资史上空前的。这个 13.8 亿美元的收购案，前后只用了 121 天时间。通过了与此收购案有关的各政府部门及企业股东的批准，包括澳大利亚政府外资审查委员会两个多月的审批。这种速度主要归因于中国五矿与澳大利亚政府的沟通能力以及提出和修改收购方案的组织能力。而且，这种速度是经济问题就是经济问题，在没有引起重大社会反应前，收购工作已经尘埃落定。中国五矿在收购后的人和也是中国资源型企业罕见的。通常收购后整合有四种方式：共生，吸收，持股以及自治。选用哪种整合方式，主要取决于所收购子公司对母公司业务互相依赖程度以及独立的必要性。中国五矿所采用的是自治方式。[①] 主要强调在财务、报表及投资决策方面的整合，而在运营及其他的战略决策上主要由中国五矿与 OZ 公司成立的 MMG 的高管决定。收购 MMG 后，五矿只各派一名高层管理人员到 MMG，但强调子母公司的沟通及信息共享。这种整合方式有效地保护了 MMG 的竞争能力。在控股基础上的这种人和，既全面发掘了被并购企业的价值，又使其容易实现平稳过渡，还较好地避免了经济问题复杂化。对此，澳大利亚皇家墨尔本理工大学（RMIT）教授黄学礼认为："外资管理团队的加入，是中国五矿并购 OZ 成功的关键。很多中国企业在澳并购后，强调从公司内部指派董事、高管，但这些董事、高管是不是恰当，如果知识结构、语言沟通都不行，为什么要指派？为什么必须是中国人？"

当然，中国五矿对天时地利人和的把握也并非一蹴而就，其也走过弯路：2004 年，中国五矿成功收购了美国 SHERWIN 氧化铝厂，获得了 160 万吨的氧化铝生产能力，使中国五矿的氧化铝资源供应能力达到 200 万吨。初尝胜果的欣喜之后，中国五矿按照惯例，派去了自己的管理团队，但事实证明，最终中方的管理者没有能力去经营好美国的工厂。

二　国际经验

（一）大型跨国矿企海外经营的成功经验

矿产资源的分布具有全球性，并且在地域分布上具有差异性，这就意味着矿业企业的发展必须全球化。因此国际一流矿业企业在资金和生产规模积累到一定程度之后普遍实行了全球化经营战略。例如，必和必拓公司在全球 25 个国家拥有 100 余个项目，包括智利埃斯康迪达铜矿（Escondida）、秘鲁廷塔亚铜矿（Tintaya）、澳大利亚坎宁顿银铅矿（Cannington）等国家的矿山。公司主要在南半球的澳大利亚、拉丁美洲和

[①] 中国五矿收购 MMG 后，按上市公司的形式设立了董事会。中国五矿周中枢总裁担任首任董事长。五矿对 MMG 的控制，主要是通过董事会的作用及公司治理来实施的。董事会决定 MMG 的战略发展目的、CEO 的薪酬以及负责与五矿总部和国资委的沟通与协调。

南部非洲生产矿产品，销售地更是呈现全球多元化的格局。力拓集团是一家集矿产资源勘探、开采及加工于一体的跨国集团，是全球第二大采矿业集团，仅次于必和必拓公司。其生产经营活动遍布全球，主要资产分布在澳大利亚和北美洲，同时在南美洲、亚洲、欧洲和南非也有大量业务。主要产品包括铝、铜、钻石、能源产品（如煤和铀）、黄金、工业矿物（如硼砂、二氧化钛、盐和滑石）以及铁矿石。通过公司合作和参股等方式，目前力拓公司分别拥有加拿大 Carol 铁矿和印度 Gandhamardan 铁矿 59% 和 51% 的开采权益，在巴西获得 Porto Trombe-tas 铝土矿 12% 的开采权益，在几内亚 Sangaredi 铝土矿和加纳的 Awaso 铝土矿分别拥有 22.95% 和 80% 的开采权益，在智利拥有 Escondida 矿山 30% 的矿山开采权，所控制的品位在 1.05% 的铜储量达 16.9 亿吨。除此之外，力拓公司还通过全资子公司的形式，拥有位于美国中西部地区的 Bingham Canyon 铜矿山 100% 的矿产开采权，并使该矿山成为力拓公司在海外所拥有的最大的铜矿矿山。南非安格鲁黄金公司（Anglo gold）是由在南非的 13 个地下开采金矿和一个金属冶炼厂以及分布在非洲、北美、南美和澳大利亚的 13 家独资和合营矿山组成的有限责任公司。[1]

通过全球化经营，跨国矿业企业不断壮大，对全球矿产资源的控制程度也不断提高。许多跨国矿业企业如埃克森、英荷壳牌、淡水河谷、力拓、必和必拓等着眼于全球战略，将其产业链上的各增值环节定位到最能实现其全球化战略的目标上，采用联盟、联合、兼并、收购等方式，增收节支，提高公司经济效益。在全球化经营的过程中，国际矿业企业在很多方面值得中国资源型企业学习，比如发展战略、资本运作、环境保护以及促进矿区的可持续发展等方面。这里重点强调两个方面：第一，跨国矿企在全球化的过程中模糊了国家属性甚至企业属性，使得企业的全球化经营成为单纯的企业行为，这样在进入各国时受到的阻力较小；第二，国际大型矿业公司非常重视实现本土化发展，并重视矿区周边社区经济、环境以及社会等协同发展，致力于建立经济有活力、社会公平的可持续发展的矿区周边社区。[2]

1. 模糊国家属性和企业属性

国际著名矿业巨头不仅是上市公司，并且在世界各地多个国家的证券交

---

① 姚传江：《国际矿业巨头的成长模式及“中国”的启示——以必和必拓公司为例》，《世界有色金属》2008 年第 6 期，第 58～63 页。

② 关于这一部分内容，本书《特别关注二》中还有更为详细的阐述。

易所同时公开上市。多地同时上市，不仅使矿业公司具备了很强的国际资本市场的融资能力同时极大的分散了企业资金运作的风险，而且更重要的是多地上市使这些矿业巨头融入了各个国家和地区，不再只是某一个国家的企业，从而模糊了国家属性。这样企业在全球并购的过程中受到国家的阻力较少，通过各地资本市场上募集来的巨额资金，各大矿业巨头便可以更好的通过收购、兼并潜力巨大的矿产资源或在产项目，从而获得快速发展。例如，必和必拓公司在澳大利亚、伦敦和纽约等地的证券交易所挂牌上市，南非安格鲁黄金公司在约翰内斯堡交易所、纽约证券交易所、澳大利亚证券交易所、伦敦证券交易所、巴黎交易中心以及布鲁塞尔交易中心等多地公开发售股票。不仅如此，国际矿业巨头之间相互持股的现象也很普遍，而且在全球化的过程中通常采用合作、参股等方式收购、兼并其他企业实现规模经济效益，从而形成利益共同体，扩大了企业边界，模糊了企业属性，实现了企业之间的共生。例如，力拓致力于全球范围内勘探及开采的多元化发展，力拓与必和必拓不仅相互持股，而且在全球多个矿山中与必和必拓共同持有股份，共同经营。除此之外，力拓与多个跨国企业合作，在世界各地以全资和部分持股方式经营矿山或矿产品加工，通过兼并和参股等方式逐步提高其海外资源获取能力，通过购买海外矿山股权及矿区开采权益等形式实现企业的壮大与发展。

Escondida Minera Escondida 铜矿位于智利阿塔卡马沙漠（Atacama Desert），1990 年开始采矿。从年产量来说，它是世界上最大的铜矿，占全球铜矿产量的 8%，预计矿龄为 20 年。力拓持有其 30% 的股份，必和必拓持有 Escondida 57.5% 的股份，是 Escondida 的运营者和产品销售代理。Escondida 地区拥有两个全球最大的斑岩铜矿储量，分别为 Escondida 和距离 Escondida 5 公里的 Escondida Norte。2012 年 2 月必和必拓与力拓联合宣布，已经批准在 Escondida 铜矿的产能扩张计划，以便可以开采更高品位的矿石，将矿山铜产量从 2011 年的 76 万吨提高到 2015 年的 135 万吨。项目总投资 45 亿美元，其中必和必拓将负担 26 亿美元。力拓出资 14 亿美元，计划建设一个日处理能力 15.20 万吨的铜精矿生产厂，以及一系列新的矿石开采加工系统。

Resolution 铜矿项目位于美国亚利桑那州的 Superior，地处荒芜的 Magma 铜矿山。力拓持有项目 55% 的股份，与必和必拓合作开发。目前，正在进行项目的预可研工作。2001～2003 年的勘探显示区域表层 2000 米以下存在大型、世界级的铜矿资源。预计在 2013 年完成可研工作，在 2020 年实现投产并力争实现年产量 50 万吨铜。①

2009 年 12 月 5 日，力拓与必和必拓公司就成立铁矿石生产合资公司签订了约束性协议。该生产合资企业拥有西澳大利亚州现在的和未来的全部铁矿石资产及负债，并由力拓与必和必拓各持有 50% 的权益。通过整合双方在西澳大利亚州的铁矿石业务，该生产合资企业将产生巨大的协同效应，从而实现增加铁矿石产量并降低成本的目标。据悉，合并产生的协同效应将为两家公司节约至少 100 亿美元成本。力拓董事长杜立石（Jan du Plessis）在声明中表示，该合资企业将建立无可匹敌的铁矿石业务，其资产和基础设施都将达到世界级水平。必和必拓董事长安德（Don Argus）也表示，双方的合资开启了在拥有世界级资源优势基础上的合作新阶段。

2012 年 1 月，力拓公司以每股 20 加元的价格收购了艾芬豪矿业公司的 1520 万份股份，持有艾芬豪矿业公司股份的比例从 49% 提高至 51%。艾芬豪矿山持有蒙古奥尤陶勒盖有限公司（Oyu Tolgoi LLC）66% 的股份，该项目是世界上最大的未开采铜精矿项目。力拓在 2010 年 12 月开始接管奥尤陶勒盖铜金矿项目，已经成为奥尤陶勒盖项目（Oyu Tolgoi Project）的开发和运营管理方，并且同意向艾芬豪矿山提供一揽子全面的金融计划，以确保该项目的顺利开发。

国际矿企在实现规模化的过程中普遍采用了并购的方式。开展并购行动的各大矿企往往财务和经营状况良好，实力雄厚，富有竞争力，通过并购进行资产重组和结构调整，都不是出于经营和财务压力，而是着眼于未来竞争的需要而展开的战略性行动，是一种战略驱动型的并购。对于大型矿业公司来说，其并购的主要目的是扩大规模和提升价值。而且这些矿业公司在进行跨国并购时，往往事先确定科学的并购战略，严格地按照战略部署来实施；在并购过程中能够适应科学的规律，根据企业成长的阶段来有序地进行；能够通过成功的融资安排、出色的谈判技巧来战胜竞争对手；在并购完成后能够较好地整合管理资源和人力资源，适应东道国的社会文化，从而能够很好地实现协同效应，创造新的价值。因此，并购对各大矿企来说是企业发展战略的需要，企业在并购过程中严格遵循市场规

---

① 目前，由于没有确定矿石储量，无法预测项目产量。将根据目前及未来的进一步矿化识别来确认矿石储量。

则，是单纯的企业行为，与中国资源型企业在并购方面的做法有很大不同。

表 4 - 1　国际跨国矿企与中国矿企海外矿产资源并购情况比较

比较项目	市场经济发达国家	中　国
并购动机	寻求生存与发展而展开的战略行为	双重并购动机：一方面是为国家资源和能源战略考虑，另一方面是实现企业全球化发展战略
并购主体	几乎全部为私有企业，尤其是那些众多持股人所有的所谓"公共公司"	几乎全部为国有或国有控股企业
并购形式	兼并居多，收购较少	收购居多，兼并寥寥
并购支付方式	并购支付方式灵活多样	普遍采用现金收购的方式，其他方式采用得很少
并购中介发达程度	中介组织发达，发挥巨大作用	中介组织欠发达，作用未充分发挥，很多企业没有采用聘请中间机构（财务或法律公司）的做法，而是依靠自有团队，直接与国外公司接触
并购规模	很多是巨额并购	并购动用金额相对较小
并购模式	"强强联合"	"蛇吞象"或"弱肉强食"
并购结果衡量标准	把获得稳定的投资回报作为衡量并购成功与否的标准	把完成并购交易作为衡量并购成功与否的标准
并购所处经济背景	并购活动大多发生在经济高速增长时期	最大规模的海外资源并购活动发生在世界金融危机之后
并购立法	法律完善，监管严厉	法律尚欠完善

资料来源：刘晓岚：《中国企业海外矿产资源并购研究》，中国地质大学（北京）博士学位论文，2011。

2. 促进矿区周边社区可持续发展

在大力实行全球化经营的同时，国际大型矿业公司非常重视实现本土化发展，并强化企业社会责任，重视矿区周边社区经济、环境以及社会发展等问题，致力于建立生态可持续、经济有活力、社会公平的矿区周边社区。例如，必和必拓公司强调环境保护和采竭矿区生态复原，努力做到员工和环境"零伤害"，与矿区当地居民和谐相处，尽量为当地居民提供就业机会和社区服务，获得矿山项目所在国官方和民间的支持。该公司董事会专门设有可持续发展委员会，负责评价公司政策对健康、安全、环境、社会等的影响，保证公司的声誉。

纽蒙特矿业公司在"可持续发展"新观念的指导下，积极采取相应措施：一是在从事矿业生产活动的同时，承诺并执行成熟的环保工业标准，并注意雇员的保健和生产安全问题。二是海外公司不仅采用资源所在国制定的环保法规，而且也采用美国政府制定的环保法规①。三是公司对凡涉及金矿项目的重大举措，在执行之前便已从当地生态、生存环境方面加以考虑，执行之中做到开发、复耕两不误，矿区开发完一片，复种植物的工作完成一片。这种思路和做法，不仅改善了生态环境，而且也赢得了社区和地方政府的尊敬，树立了文明的企业形象，形成了良好的外部环境，使公司的可持续发展获得了保证。四是在抓住发展机遇的过程中，公司非常关注合资企业员工的保健和安全工作，加强各项安全保障措施，参加各项保险（风险勘探和工人的工伤保险等），使公司与海外合作的矿企在安全生产方面也达到很高水平，最大限度地减少了勘探和生产过程中各种不测的冲击。

力拓秉承可持续发展的企业责任的理念，遵循当地的有关法律和法规，执行高标准的环境保护准则，与当地百姓建立良好的关系，尽可能地去理解和尊重当地社区的文化。力拓管理层对可持续发展有着统一的共识，它是力拓矿业业务走向成功的关键。力拓每5年制定一个战略目标，在做战略目标决策与计划的时候，会把经济指标以及社会指标和环境保护这方面的因素放在一起综合考虑。假如一个项目从经济角度讲投资回报颇丰，但是如果对于社会效益和环境方面有很大的负面影响，这个项目就不会被实施。力拓首席执行官艾博年（Tom Albanese）指出："在力拓，虽然我们有一些雄心勃勃的经济上的指标，但是这些经济指标绝对不可以把健康、安全和环保丢掉，或使其偏转方向。就力拓而言，健康、安全和环保所起的作用应得到加强而不是被削弱。"在这种可持续发展理念下，力拓把安全永远摆在第一位，从领导层到管理层再到员工层，都以安全为核心，所有员工都把安全作为企业的核心价值观。这个核心价值观是不可改变的，安全是首位的。在力拓的每间办公室里，都张贴着两张 A4 纸大小的宣传页，内容是"我们的愿景与承诺：我们携手共建一个无伤害、无疾病的工作环境，每天每个人都能健康、安全地回家"。安全作为力拓矿业企业文化的一个核心部分，所有员工一进到公司，就开始不断地被灌输"安全第一"的思想，并在日常工作中处处体现。

另外，力拓在全球发展的过程中非常注重本地化的经营。比如在蒙古开发奥尤陶勒盖就致力于尽量雇用当地人员。在建设阶段的项目，力拓雇用了至少占全部员工数 60% 的蒙古劳动力。在操作阶段的项目，力拓则力求

---

① 很多矿业巨头在发展中国家的生产经营都是按照比当地法律法规更严格的标准来执行的。

90%的员工本地化。不仅如此，力拓还非常重视对员工的培训。2011年1月公司将5名蒙古技术人员派往瑞典厄勒布鲁的工厂进行为期两周的培训，学习最新技术。新操作员在使用真正的设备前，先在矿场利用一台计算机模拟器接受培训。力拓还鼓励员工学习英语，这样无论大家的母语是瑞典语还是蒙古语，都能顺利交流。此外，2012年力拓在位于澳大利亚的北帕克斯铜精矿耗资1300万美元开设了世界首家地下采矿技术培训中心，旨在提供分段崩落采矿方法的培训。该分段崩落开采知识中心由澳大利亚本土的设计公司来设计完成，拥有五星级能效等级。分块崩落开采知识中心和新的坑道掘进系统正在推动力拓的未来矿山项目。项目旨在引入下一代采矿作业技术，降低成本，提高效率，改善健康、安全和环境绩效。

推动可持续发展，重视在生产和运营活动中对环境和生态的保护是力拓一直坚持的重要原则。力拓重视对环境的保护可从其矿区生态复原的做法见一斑：对每一个矿山都要求对开采之前、开采期间及开采后所造成的环境影响制订计划并解决所有可能发生的环境问题，进行产品全生命周期的管理。例如，南非东北部的克鲁格国家公园（Kruger National Park）世界闻名，在这个野生动物聚集的区域内，不仅可以看到狮子、大象、长颈鹿在林中悠闲地穿行，还可以看到被围栏围起的一辆辆巨型卡车和采矿设备。被围栏所包围的，是南非唯一一家生产精铜的企业帕拉博拉矿业公司（Palabora）所在地，力拓拥有这家公司57.7%的股权。将采矿场、冶炼厂设在野生动物栖息生存的区域，无论对当地政府还是采矿商来说，都是极大的风险和考验，然而，从公司50多年前成立到现在，矿区实现了与野生动物们的和谐相处。①

力拓澳大利亚煤业在其矿区拥有大片土地。虽然煤矿的地点主要由煤层的所在地来决定，但是力拓同时也从环境和文化遗产影响评估角度考虑，从而确定适合采矿和相关活动的土地。与力拓运营的所有其他矿山一样，Kestrel煤矿也有土地使用的管理规划，采用综合的、可持续的方式管理土地，处理生物多样性保护、环境处置、与毗邻土地的互动、社会文化与自然遗产特点的传承保护等问题。在Kestrel煤矿，力拓有详细的非采矿土地管理流程，以确保合理地处理土地权属、使用情况、社会和环境敏感问题和责任。力拓与其他土地使用

---

① 本段内容引自陈姗姗《力拓可持续开矿：野生动物矿区边穿行》，《第一财经日报》2010年12月22日。

者密切合作，以确保可持续地使用土地这一重要资源。在矿山的整个运营期间，力拓制定了一系列环境改善计划，以处理对土地的影响等多个方面的情况。这些计划提供了从事修复和其他土地管理活动的框架。

Kestrel 煤矿成功地展示了矿业开采、放牧和牧草种植并行不悖的做法，这表明矿产资源价值的最大化并不排斥对其他资源的保护和利用。力拓澳大利亚煤业与北澳大利亚田园公司密切合作，管理位于地下煤矿之上的 Gordon Downs 牧场。力拓于 2003 年购买了 Gordon Downs 地块，与北澳大利亚田园公司合作把该地块改造成一片繁荣的牧场，与 Kestrel 煤矿的运营并存。力拓为这片土地制订了矿区复原与土地使用管理计划，旨在生产高质量牛肉，同时保存并保护土壤和自然资源。管理计划使用当地以及引进的牧草、饲料和木本作物，划出控制放牧的区域，以推动昆士兰州濒临灭绝的蓝草再生。2012 年，Kestrel 煤矿成为首个依据昆士兰州《环境保护法》（1994）渐进修复条款完成修复的土地。这项重要成就是长期致力于修复以及与北澳大利亚田园公司紧密合作的结果。①

进入 21 世纪，力拓等跨国企业的社区政策开始扩展到促进当地经济发展、雇用当地居民、促进小企业发展，逐渐从短期利益分享转到促进社区长期可持续发展。在一些发展中国家，实现可持续发展的承诺范围更广，可能包括教育和健康、对土著人民的支持和体制建设等。一些大中型公司已经采取了相应措施，从设计、工程建设到开采、结束的每个阶段，都始终顾及社区居民的利益。多数矿业公司通过设立基金和社区发展项目，确保矿区能分享到矿产开发的收益。纳米比亚 Rossing 矿业公司于 1978 年设立 Rossing 基金会，该基金会由一个独立的信托董事会管理，公司将税后股东收益的 2% 捐给基金会，至 2008 年，该基金会共投入 1.2 亿美元用于各种发展项目。② Anglo Glod 矿业公司在南非实施扶持中小企业发展计划，通过中小企业委员会这个平台来寻找潜在商业机会，提供面向中小企业的管理和技术帮助、贷款融资、临时性借款、贷款帮助和合资等服务，还帮助中小企业建立商业计划。③ 矿业企业通过这种途径，支持当地经济的发展，提供了矿区周边社区积累人力和金融资本的重要手段，增强了社区可持续发展的能力。

---

① 李博：《力拓 Kestrel 煤矿的可持续发展之路》，《矿业装备》2012 年第 7 期，第 58 ~ 59 页。

② 王艳、程宏伟：矿业社区可持续发展国际比较研究》，《中国矿业》2011 年第 2 期，第 56 ~ 59 页。

③ 施训鹏：《国外如何促进矿区的可持续发展》，《中国矿业》2005 年第 5 期，第 10 ~ 13 页。

（二）西方发达国家在对外投资方面的促进政策

西方发达国家一直在政策立法上重视对"对外投资"的支持。西方国家历史上就有允许对外投资的传统，"二战"后特别是 20 世纪 60 年代以来，随着国际分工和经济全球化形势的发展，西方发达国家以其跨国公司为载体，推动跨国双向投资的自由化，鼓励企业通过开展对外投资开拓国际市场、获取战略资源。

在具体支持对外投资的政策立法方面，西方发达国家的促进政策主要包括以下几个方面：一是，制定专门立法、设立政府专门机构为对外投资提供包括信息、人才培训、调研经费补助、技术支持等各种服务。如，美国在"二战"后通过了《经济合作法案》《对外援助法》《共同安全法》等，设立了经济合作署，专门负责境外投资事务；韩国 20 世纪 70 年代就出台了专门的《扩大海外投资法案》，1992 年颁布了《海外直接投资制度改善法案》和《外汇管理规定修正案》鼓励企业开展海外投资，后来依靠互联网技术组建了海外投资信息系统（OIIS），同时通过大韩贸易投资振兴公社、中小企业振兴公团为对外投资提供各种信息服务。二是，给予财政、税收直接支持。如日本的对外投资亏损准备金制度、扣除外国税额制度等，美国的所得税、关税优惠制度。三是，政府或民间机构对对外投资给予积极的信贷、担保、保险支持。各国相关政府机构主要有：日本的海外经济合作基金、日本输出入银行，韩国进出口银行，新加坡 Teamasek、英联邦开发公司，英国出口信贷担保局（ECGD），美国的海外（私人）投资公司（OPIC）、美国进出口银行，法国国家银行和外贸银行，德国德意志开发公司等。上述机构多以政府财政作为后盾，为对外投资提供咨询、信贷、风险担保。典型的民间机构则有日本的海外贸易开发协会、国际协力银行等。如，韩国进出口银行对境外投资项目的贷款不仅利率优惠，而且贷款总额甚至最高可达项目投资额的 90%。在具体的支持政策方面，日本的对外投资保险制度的发展轨迹较为典型，可以说明该国对对外投资的支持力度不断加大。1956 年，日本的《输出保险法》将本金、利润均划在保险范围之内，并不断增加保险险种、扩大保险对象，提高理赔比率，并于 1970 年实施了单边保险制度（即是否受理海外投资企业投保不以与东道国订有双边投资保护协定为前提）。

除了对一般性的对外投资的政策支持，基于资源能源类对外投资的特殊重要性，西方发达国家针对资源能源类对外投资制定了专项鼓励政策。

（1）设立专门机构鼓励支持资源能源类境外投资

如，联邦德国专门成立联邦地质调查所（BGR），与那些资源丰富的发展中国家开展探矿合作，多年来在境外矿业投资合作中一直处于"先锋"和"中心"地位。再如，法国成立了拥有国内外雇员数千人的地质矿物调查所（BRGM），经常由其出面执行法国的资源政策，政府给予该组织大量的委托费用。

（2）鼓励对外投资的政策重点是支持资源能源类对外投资

①日本。在日本的"对外直接投资亏损准备金"制度中，专项设立了资源开发投资亏损准备金，如果企业因进行资源能源类境外投资而造成亏损，企业可以获得项目累计投资额12%的补贴金额；日本政府成立的日本输出入银行对于资源能源项目的贷款利率、贷款期限优惠优于制造业；在日本政府"鼓励技术人才境外调研、培训"的经费补助制度中，其对于境外的矿产资源调研补助专门做了重点规定（明确探矿调研的补助经费为75%，探矿费补助50%）。②美国。美国进出口银行设有专项的境外开发资源贷款，用于开发国外的战略资源。美国支持对外投资的重要机构——1969年设立的美国海外私人投资公司，是为了鼓励企业在发展中国家获取矿产资源，在它为海外投资者提供的专项担保中，特别重视对资源能源类的项目担保。其为此类海外投资企业提供广泛的政治风险担保（包括外汇货币不可兑换风险担保、财产被没收风险担保、运营干扰担保、政治动乱风险担保，以及由于东道国非法收回或侵犯投资者关于矿产项目的合法权利所造成损失的担保）。③韩国。韩国政府为支持境外资源能源类投资开发，出台了特殊的扶持性优惠措施，出台了专项的《海外资源开发促进法》，不仅为此类项目提供资金支持，而且采取了包括亏损提留、国外收入所得税信贷和资源开发项目东道国红利所得税减让甚至完全免税等众多措施（依据《关于海外资源开发项目的分配所得免税的规定》）。如，韩国进出口银行专门负责海外投资金融支持，特别规定了"主要资源开发支援资金贷款"制度，明确规定：如果企业进行的海外资源能源开发符合政府资源开发计划及政策方针，则主管部门可以出具附有资源需求意见的推荐书或许可书，进出口银行可依此给予贷款（贷款条件非常优惠，期限高达20年、额度达所需资金的70%、利率为8%）。

总之，世界经验表明，企业在跨国投资初期的成功往往离不开母国政府的政策支持，资源能源类的跨国投资尤其如此，我国应当全面系统的学习和借鉴国际经验，促进我国的资源能源类境外投资。

1. 韩国的境外投资情况及相关经验

（1）韩国海外直接投资的发展过程

韩国的海外直接投资可以划分为四个阶段：起步阶段（1968～1980年），管制放松阶段（1981～1993年），自由化阶段（1994～2000年），增长阶段（2000年～　）。

①起步阶段

韩国起步阶段海外直接投资的主要目的是获取自然资源和外汇。为了连续实施国家的五年经济发展计划和弥补20世纪70年代初期和末期两次石油危机带来的巨大经常项目赤字，韩国积极鼓励从国外借款而不是去海外直接投资。因此，海外直接投资只是被选择性地许可，因为它被认为是资金外流。1968年12月，韩国首次出台了有关海外直接投资的规定，从那以后，韩国又出台了有关海外直接投资的许可和监督的指导方针，并对外国企业的业绩进行分析。这一时期的海外直接投资流动只是象征性的，海外直接投资共涉及312个项目，金额总计只有1.28亿美元。

②管制放松阶段

随着第二次石油危机后世界经济的持续衰退，贸易保护主义在全球盛行。因此，从20世纪80年代开始，为了应对其他国家不断抬头的资源保护主义，保持和增加其海外市场份额（主要针对贸易保护主义），韩国政府采取措施有选择性地放松对海外直接投资的管制以利用海外资源。这些措施包括废除项目计划的预筛选制度，成立海外投资评议委员会。

在20世纪80年代末期，韩国的经济得到显著的增长，GDP年均增长12%，并且伴随着巨大的经常项目顺差。在这个时期，韩国经济经历了可观的经济扩张和切实的增长。然而，这样的高增长和相当大的国际账户顺差产生了一些负面效应，包括与主要贸易伙伴国的贸易摩擦不断增加，韩国货币升值，以及劳动力成本逐步上升。为了解决这些问题，韩国极力鼓励那些追求市场和效率的项目去海外直接投资。其结果是：1986～1993年海外直接投资金额达到60.44亿美元，比之前1968～1985年的两倍还要多。这一时期海外直接投资的迅速增长伴随着海外投资类型的转变，这是由于政府的发展重点从自然资源开发部门转移到制造业和贸易部门。

③自由化阶段

金融危机前，韩国政府采取了一系列的步骤来促进海外直接投资的自由化，以支持国内公司的国际化和进一步开发出口市场。1994年，和海外直接投资有关的管制体系从积极的体系单中转移到消极的体系名单中。在1996年6月，政府进一步将几乎所有的海外直接投资自由化，和韩国加入OECD进行的资本市场开放的步伐保持一致。

伴随着政府的自由化政策，国内的制造业企业不断地将它们的生产和运营基地转移到海外，以维持和提高国际竞争力。1994～1996年的海外直接投资金额为98.53亿美元，比1968～1993年的总额还要多。

1997年11月韩国陷入金融危机，迫使该国利用IMF的援助贷款。金融危机对其经济和整个社会产生了重大的影响，海外直接投资也不例外。韩国的从20世纪80年代末期到1996年急剧上升的海外直接投资，在金融危机之后显著下降。这主要是由艰难的经济环境以及因持续调整导致缺乏海外直接投资的能力所致。海外直接投资金额从1996年的44.48亿美元下降到1999年的33.31亿美元。

④增长阶段

从2000年开始，韩国从金融危机中完全恢复，韩国的海外直接投资开始增长，其主要标志是2004年和2005年的海外直接投资的急剧增长。2005年，海外直接投资的金额达到了创纪录的64.64亿美元，大约是1999年的两倍。这个增长主要归因于在中国投资的持续增长以及全球经济回暖和旺盛的出口导致对海外投资需求的增加。从1992年中韩两国建立外交关系以来，韩国对中国的投资持续增长。从2002年开始，中国成为韩国海外直接投资的最大接收国。

韩国海外直接投资的规模及其区域和产业构成的变化受到以下因素的影响：

一是商业活动的全球化是20世纪90年代韩国海外直接投资高涨的主要因素。另外，韩国货币的急剧升值显然是导致韩国20世纪80年代后半期和90年代早期海外直接投资扩张的最重要的宏观经济因素。

二是与诸如美国等贸易伙伴国之间的贸易摩擦。和美国产生冲突的韩国产业尝试采取自动出口限制或在美国及其他国家直接投资的办法，将生产基地转移到东亚发展中国家的韩国企业当将其产品从东道国出口到美国市场时，就能避免与美国的直接贸易冲突。另外，还有其他的一些重要因素促使韩国将制造业转移到东亚国家，包括该地区快速的经济增长，较低的单位劳动力成本，管制的不断放松和优惠的外国直接投资政策。从20世纪90年代早期开始，韩国海外直接投资在东亚的分布就发生了明显的改变，从东盟国家逐步转移到中国和亚洲其他经济转型国家。

（2）韩国公司海外直接投资的动机

韩国公司海外投资的动机可归为几类，且在过去40年中发生了改变。

①主要动机

第一，本地成本的上升

成本推动的因素导致了韩国海外直接投资的增加。自1987年8月以来的各种民主运动产生的劳动力问题，伴随着劳资关系中产生的广泛变化，表明在过去增长中的唯一最重要因素被侵蚀。从那时起，工资水平快速上升，但是劳动生产率的提高却滞后。而且，相当一部分劳动力转移到工作环境更好的建筑业或服务业部门，一些制造业企业面临劳动力短缺的问题，尽管它们能提供较高的工资。因此，对于专门从事劳动密集型产业的中小型企业来说，有必要将它们的生产设备转移到国外以继续运转。平均工资率相对低得多的中国和东南亚国家因此成了它们的理想的投资地。

第二，自然资源的缺乏

韩国公司因为国内缺乏自然资源而在国外投资。韩国政府鼓励海外投资以保证国家的自然资源比如石油、煤、木材等的安全。韩国1968年受理海外直接投资就是参加印度尼西亚的森林开发项目。到20世纪90年代为止，采矿部门的海外直接投资在全部海外直接投资中保持了一个较高的水平。

第三，进入重要和繁荣的市场

海外直接投资的一个通常的动机是增加当地的销售额。一些公司通过在其他国家设立制作部门来扩大他们的生产能力，以增加在第三方市场的销售额。在韩国海外直接投资投向美国的情形中，增加在当地的销售是韩国公司投资的一个极其重要的动机。特别是从20世纪90年代早期在中国直接投资开始后，为了扩大在中国的销售，韩国向中国投资急剧增加。中国巨大的市场潜力、巨大的人口数量和消费支出类型的增加，成为对外国投资者的主要吸引力。同时，出口是韩国企业在亚洲投资的一个相对比较重要的动机。另外，韩国企业将生产基地转移到东亚生产劳动密集型产品以便出口。

第四，外包

外包是为了保障从另一个国家生产的产品的供应安全。这种类型海外直接投资的主要目的是降低生产成本，而不是获得在另一个市场的立足之处。它的焦点是通过成本领先而不是产品差异化所获得的竞争力，这通常在劳动密集型产业比如纺织业和电子产品组装业中比较多见。生产从比较先进的国家转移到较不发达的国家，然后产品重新出口回母国或其他市场。一些韩国的企业采用将生产过程分为几个子过程的方法，将劳动密集型子过程放置于劳动力充裕的国家。这样的安排产生了企业内追求国际劳动分工的生产体系，导致了过程间的、公司内部的和产业内部的贸易。

第五，规避贸易壁垒

和前面所述类型相反的是，贸易壁垒规避型寻求获得进入对进口有限制的市场机会。投资者通过将工厂开设于那个国家，从而在当地生产产品。一般来说，在发达国家比如美国的投资属于这个类型。

第六，获取技术

获取技术的投资目的是通过将投资者和东道国的技术优势相结合创造有更高增加值的产品或服务。投资者寻求吸收更先进的技术来生产更尖端的产品或服务。韩国在日本研发中心的投资就是接近技术型的投资例子。日本的 NEC 和韩国的三星做竞争对手好多年，在 20 世纪 90 年代中期曾经联合生产芯片。

②动机的转变

在海外直接投资自由化之前，韩国的海外直接投资是为了开采海外的自然资源。然而，随着 20 世纪 90 年代韩国全球化的持续，韩国公司为了增加在国外市场的销售或是获得低成本的劳动力开始将生产基地转向国外。这两个因素代表了韩国 20 世纪 90 年代末期以来的大于 50% 的海外直接投资的动机。

海外直接投资的动机取决于东道国或产业。最近的调查表明，韩国在美国和欧盟的投资动机是在当地市场的销售（分别是 64% 和 65%）和获取现金（分别是 23% 和 12%），在中国的投资很大比例是为了在当地市场的销售（41%）和利用廉价的劳动力（49%）。同时，在劳动密集型产业比如纺织和衣料的投资的主要动机是利用廉价的劳动力。

（3）政府对促进海外直接投资的支持

韩国政府和相关的金融机构通过各种促进计划鼓励和支持海外直接投资，这些促进计划包括金融协助、海外投资保险、投资信息服务及一些相关的努力。

①对海外直接投资的金融协助政策

韩国进出口银行（KEXIM）

韩国进出口银行用贷款或参股的方式提供海外投资贷款。它是最大的以优惠贷款利率提供投资贷款的机构。韩国进出口银行向在国外经商的韩国企业提供贷款。贷款也可以扩展到开展海外项目的韩国公司的海外附属机构，或直接提供给韩国企业参股的外国公司（通过提供购买设备的资金或营运资金的方式）。

表4－2　韩国进出口银行海外直接投资信贷规模

项目　　　年份	1980～1993	1994～1997	1998～2002	2002	2003	2004	2005
ODI(对外直接投资总金额)(百万美元)	6480	13523	18337	3688	4043	5981	6464
KEXIM(百万美元)	895	1869	605	332	658	865	1332
比例(%)	13.8	13.8	3.3	9.0	16.3	14.5	20.6

韩国进出口银行的海外直接投资贷款从20世纪80年代以来一直增长，除了金融危机期间（1998～2000年）。2005年韩国进出口银行的海外直接投资贷款达到了13.32亿美元，2005年它的所有贷款是21.98亿美元，2005年年末，它对中国的投资贷款占了其海外投资贷款的最大比例（30.9%），其次是美国（10.7%）、印度尼西亚（7%）、越南（4.5%）、墨西哥（3.4%）。在过去4年间韩国进出口银行的贷款占韩国总的海外直接投资的比例为年均15%。

经济发展合作基金（EDCF）

由金融和经济部管理的EDCF，以贷款或股权投资的方式协助韩国企业在发展中国家开展产业开发项目。韩国进出口银行负责项目评估、贷款协议执行以及与贷款有关的行政工作。EDCF贷款的规模和条件比进出口银行更优惠，利率是0.5%～3.0%，还款期是30年，包括5年的宽限期。然而，基金只给不符合从进口银行及其他金融机构贷款条件的企业，或是给和发展中国家有经济合作的企业贷款。符合条件的领域包括农业、林业、渔业以及矿产资源的开发。符合条件的借贷者是中小企业。

海外投资保险

韩国出口保险公司经营保险项目，弥补韩国企业海外直接投资中由于战争、征用及通货无法兑换等政治风险所造成的损失。最大的承保范围是90%（在中小型企业中可以达到95%）的投资金额加上赚取的利润。

②投资信息服务和其他

作为协助预期的韩国海外投资的主要机构，韩国进出口银行除了常规的金融协助外，还提供了全面的有助于投资决策制定和执行的相关服务。韩国进出口银行海外经济研究所在 1994 年 7 月 1 日建立了一个名为"海外经济信息系统"的全面的数据库系统。它通过电脑通信站点给潜在投资者提供广泛的关于海外投资的信息。这个系统包含了海外投资从计划阶段到实施阶段的必要信息，比如东道国的投资环境，如何保障金融资源安全，韩国和外国相关的法规，以及潜在合资者的名录。该研究所也为韩国投资者提供类似的职业咨询，给他们提供必要的信息以及咨询服务。

韩国政府采取必要的措施以避免双重征税及与相关国家可能产生的争论。到 2004 年年底，韩国共和 60 个国家签署了避免双重税收双边协议，和 69 个国家签署了保护投资双边协议。

（4）投资公司所遇到的问题

在发展中国家，韩国企业遭遇的最大困难是低劳动生产率和贫乏的基础设施。由于发展中国家的劳动者大部分不熟练，韩国企业在生产管理中常常发现瓶颈。在发展中国家贫乏的基础设施也是一个主要的问题，这不仅提高了经营成本，也限制了它们从人口密集的城市中心区以外寻找机会。一些企业在采取措施补救这些缺陷，比如建立多样化的工厂服务于不同地区，创造自己的运送体系，采用非传统的运输系统等，然而其他的延迟是政府的管制进一步引起的，如海关手续是一个频繁的抱怨缘由。

在大多数发展中国家，新的国外投资者遇到腐败的官员和官僚主义者。在发展中国家韩国企业经常遭遇产品被盗版。缺乏进入零售业的途径加上对地方物流体系的控制，使得一些企业面临产品被盗版的风险。

在一些发展中国家，投资者关注的一个主要问题是投资批准的低实现率。分析者将其归为官僚作风问题。一些政治问题如暴乱和对国家未来政治领导者的投机可能产生严重的关注。

同时，在发达国家，市场和融资对韩国企业是主要瓶颈。大致上，在发达国家提高市场份额的竞争是很严峻的。韩国企业在信用值和名声方面较差时经常在利用当地金融资源方面产生困难。

2. 印度对外投资的经验借鉴

印度的资源战略逐步发展壮大，对发展中国家具有很大的借鉴意义。由于印度国内经济的迅速增长加大了其对矿产资源的需求。2010 年全球矿业共发生了 1123 宗规模较大的并购交易，总额达到 1137 亿美元。[①] 而引领

---

① 引自安永华明会计师事务所 2011 年 3 月发布的报告。

2011 年全球矿业并购的并非中国，而是印度、加拿大、澳大利亚和巴西。在 20 世纪 90 年代以前，印度海外投资的区位主要是发展中国家。其中东南亚国家占了印度近 50% 的对外直接投资流量。在 20 世纪 80 年代，亚洲和非洲等发展中国家吸引了印度对外直接投资的 90%，欧美国家仅占 10%。作为发展中国家的印度，虽然资金、技术、管理等有一定的成就，但仍难与发达国家抗衡。20 世纪 90 年代前，约有 86% 的印度对外直接投资流向了发展中国家和地区。

印度特别重视海外油气的开发，并通过外交手段加快了对海外油气的收购。2004 年印度在安哥拉、阿曼和苏丹分别取得油气田项目。2005 年 1 月 6 日印度在新德里举办了"亚洲石油圆桌峰会"。10 日印度石油与天然气部部长艾雅尔宣布，印度即将启动与孟加拉国、缅甸数十亿美元的天然气管道项目的规划工作，用以确保能源短距离安全运作。2005 年 3 月 4 日世界第五大产油国委内瑞拉总统查维斯在印度进行访问。3 月 5 日，印度石油天然气公司和委内瑞拉签订协议，使得印度取得了委内瑞拉圣克里斯托瓦尔油田 49% 的开采权。在拉美市场，印度先后和委内瑞拉、厄瓜多尔达成了油田开发合作协议。在非洲市场，取得了利比亚油田开采权，同时将 Maurel & Prom 石油公司的非洲资产收入囊中。其中最引人注目的成就即印度国家石油天然气公司和俄罗斯加兹普罗姆公司签署了备忘录，就萨哈林三期天然气项目、凡克尔等油田合作开发达成一揽子协议，对俄罗斯的能源总投资扩大到 250 亿美元。随着印度对外投资的迅速增长，其对外投资形成了自身特点。[①]

一是以海外并购为主。进入 21 世纪后，印度企业的跨国并购已形成一股热潮，成为印度对外直接投资的重要模式。1996~2003 年，印度企业海外并购案总计达 242 项，其中第二产业的并购案占总数的 48%，第三产业的并购案占总数的 49.6%。1996~1999 年，印度企业的跨国并购交易为 60 项，进入 21 世纪，印度企业的跨国并购大幅增长，2000~2003 年，印度企业的跨国并购交易达 182 项，而发生在服务领域的跨国并购占同期跨国并购总数的 54%。

印度企业的海外并购热得益于国内经济增长强劲及股市兴盛。20 世纪 90 年代，印度经济的年均增长超过 6%，2003~2004 财年印度 GDP 增长达

---

① 丁卫杰：《印度公司对外直接投资的特点》，《中国经贸》2007 年第 6 期。

8.2%，2004～2005 财年经济增长 6.9%。印度股市的兴旺发展也为印度企业的海外并购提供了良好条件。2005 年印度股市涨幅接近 40%，这有助于公司以溢价募集股本，有效降低了资金成本。

二是中小型跨国公司海外投资活跃。印度企业在进行国际投资的活动中，以中小型跨国公司的表现最为活跃。以 2005 年印度企业的海外并购案为例，往往是一些非著名的中小企业踊跃从事海外收购。虽然这些企业收购海外企业的规模并不大，收购的平均价格只有 3000 万美元，但累计总数仍相当可观。许多中小型企业都有并购海外企业的愿望，积极寻觅进行国际投资的机会。

海外并购对于小一些的印度公司来说，是其通向全球市场的有效途径。这些中小型跨国公司不靠规模，而是靠特色走向国际。它们的发展特色包括发明价格更低廉的产品，或把项目分割成更容易外包的模块等。

印度企业海外投资的目的，一是占领海外市场。印度企业在海外寻找利基企业（for niche companies，指在某细分市场确立了牢固优势的企业），以便占领海外市场，进一步接近消费者。例如，印度最大的制药公司南巴克斯公司（Ranbaxy）收购法国 Avenils 公司主营非处方药的子公司 RPG（Avenils）后，仍然保留了该公司的品牌，就是希望借助 Avenils 的品牌和销售网扩大 Ranbaxy 在法国市场的占有率。

二是获得稀缺资源。印度虽然资源丰富，但是依然缺少一些能源类矿产资源，以致印度每年都进口大量的石油、石油产品及有色金属等，致使印度对外贸易连年逆差。印度是一个发展中大国，能源需求巨大。以石油为例，2004 年印度原油总需求量为 1.17 亿吨，其中 70% 为进口。据国际能源机构估算，如果印度希望实现经济以 7%～8% 的速度增长，能源需求的增长需要保持在 5% 左右。按照目前的趋势，印度的石油需求将在 15 年内翻一番，达到 2.5 亿吨，成为美、中、日之后的世界第四大能源消费国。为了实现保证能源产品（主要是石油和天然气）得到长期、稳定、充足供应这个战略目标，印度在全球展开了能源战略扩张。2005 年 1 月，印度分别与伊朗和俄罗斯达成巨额能源交易。根据协议，印度将开发伊朗的两个油田和一个天然气气田。同期，印度国家石油天然气公司与俄罗斯加兹普罗姆公司签署了一项备忘录，双方将在油气开采、提炼等领域在印、俄包括第三国进行战略性联合开发。印俄还就萨哈林三期天然气项目、凡克尔等油田合作开发等 11 个项目达成一揽子协议。印度对俄罗斯能源的意向投资已超过 45 亿美元。2005 年年初，印度石油部部长在莫斯科宣布，印度石油天然气公司的海外公司将对俄罗斯的能源总投资扩大到 250 亿美元。

三是绕过贸易壁垒。印度企业海外投资的一个主要目的是绕过贸易壁垒，到可以享受贸易优惠的地区投资设厂。例如，在纺织品一体化后，印度纺织企业积极到海外投资布局。为了预防将来可能出现的贸易摩擦，绕过进口国设置的反倾销、特保等贸易壁垒，印度纺织企业开始尝试在非洲、南亚周边国家以及海湾国家设厂，以便享受这些地区的特别关税减让，并且降低生产成本。根据《非洲成长机遇法》（AGOA）协定，非洲国家对美国和欧盟出口的服装可享受 15% ~ 27.5% 的关税减让，而从印度本土发货则不能享受此类优惠。印度的纺织服装公司 Raymond 公司和出口公司 TCNS 已经在孟加拉国设立公司，因为根据欧盟给予最欠发达国家纺织品的优惠政策，孟加拉国有资格享受对欧盟出口的零关税待遇。印度纺织大公司 JCT 收购了塞内加尔的一家服装公司，以便利用《非洲成长机遇法》享受对美欧出口的优惠待遇。

四是通过海外投资促进本国出口。为了解决本国长期存在的贸易逆差，印度政府从 20 世纪 70 年代初期起实行"促进出口"政策。配合此项政策，印度政府也鼓励通过发展海外合资企业来促进本国出口。如在签订合资企业协议时，一般都规定由印方供应机器设备、零部件、技术甚至原材料等。据统计，在印度出口的工程技术产品中，40% 都是专门供应给海外合资企业或工程项目的。因此，随着印度海外合资企业的发展，促使机械产品成为印度最重要的出口商品，大力发展海外合资企业也成为促进印度机械产品出口最为有效的渠道之一。

五是建立广泛的国际战略联盟。印度跨国企业通过与西方发达国家大型跨国公司建立广泛的战略联盟，弥补自身在技术更新、市场占有和竞争力方面的不足，增强企业的竞争力和生命力，以便更能适应全球化竞争。例如印度国际性的 IT 服务和咨询公司萨蒂公司（Satyam）与美国两家机构联合开发的独立的质量标准系统 ESCM 系统蜚声国际，公司在美国、英国、新加坡、马来西亚、中国、日本和澳大利亚都有研发中心，为 300 多家国际企业提供服务，其营销网络遍及 45 个国家。总之，尽管印度在海外矿企并购上尚未形成气候，但其促进企业"走出去"的政策和制度总体上是较为有效的。

3. 日本实施全球矿产战略的经验借鉴

日本作为一个岛国，矿产资源极为贫乏。据日本通产省资源厅数据，日本有储量的矿种只有 12 种。除石灰岩、叶蜡石、硅砂这三种极普通矿产的储量较大外（日本煤炭储量较大，但开采成本极高，不具经济利用价值），其他重要矿产的储量均极少。特别是油气、黑色和有色金属等，几乎全靠进口。日本对石油的进口依赖程度为 99.7%，煤为 92.7%，多种有色金属平均在 95% 以上。①

虽然日本本国几乎没有矿产，但作为一个经济大国，其大多数矿产品的需求量却均居世界前几位。如，在 2011 年前，石油居第二位（第一位是美国，2011 年我国石油消费量达到 4.6 亿吨，成为世界第二大石油消费国）；铜、铅、锌、铝、镍这些主要金属日本需求量占全球的比例分别为 12.7%、7.9%、12%、13.1% 和 19.8%。从某种意义上说，离开世界丰富、低廉的矿产品的供应，日本的经济就会陷入瘫痪。

正因如此，为了保障矿产供应，确保经济安全，日本一直把全球当成舞台，通过实施全球矿产战略，在矿产资源全球配置中占据有利位置。日本实施矿产全球战略的主要措施是：政府、企业、特殊法人共同努力，各自发挥自己的作用并发挥三者之间的良性互动作用，建立矿产资源全球供应系统，培育具国际竞争力的矿业跨国经营队伍，形成一大批海外矿产资源基地，确保其矿产的稳定、长期和安全供应。具体包括：

（1）将促进利用海外矿产资源、保障矿产资源的安全供应列为国家矿业政策的首要目标，通过财政、金融、税收等多种手段全方位鼓励矿业跨国经营，从政治、外交等不同角度支持和促进在海外建立矿产资源供应基地

①建立海外矿产资源风险勘查补助金制度

对于前期风险程度最高的草根勘查工作（选点工作），经费全部由日本政府承担（通过金属矿业事业团执行）。选点后进行矿床勘探时，政府继续对企业进行补贴，其中钻探和坑探工程政府补贴 50%，其他工程补贴 60%。日本公司与其他外国企业共同进行海外矿产勘查时，日本政府为本国公司提供 50% 的资助。

②对矿业跨国经营给予优惠贷款和贷款担保以及其他融资便利条件

对在海外探矿的日本公司，政府提供优惠贷款（主要由金属矿业事业团和海外经济合作基金实施）。贷款分针对勘查开发有色金属的一般贷款、

---

① 本小节内容多处引自刘群锋《日本的金属矿产资源战略》，《学习时报》2007 年 1 月 29 日，第 8 版。

针对勘查开发铀和稀有金属的探矿成功偿还贷款、针对大型海外矿业项目的政府投资三种形式。日本法人在发达国家进行铜、铅、锌等的勘查时，政府提供一般贷款，贷款额为所需总资金数的 50%，特殊需要时可达 70%，偿还期限 15 年（宽限期 5 年），探矿成功偿还贷款。对铀矿，贷款比例原则上为总资金额的 50%，特殊需要的可达 70%。对稀有金属，原则上为 60%，特殊需要的可达 70%，偿还期限为 18 年（宽限期 5 年）。政府直接投资，限于与矿业界共同组织的海外大型矿业项目，政府投资比例可达 50% 以上，收益或亏损按官民投资额度合理分享。海外经济合作基金的一般贷款面向在发展中国家进行勘查开发的日本企业，贷款比例原则上为 50%，偿还期限 20 年（宽限期 5 年）。日本进出口银行对确保全国矿石供应的大型项目提供贷款。若项目失败或遇天灾、战争等事故，可减免贷款本金。

对石油，日本政府通过石油公团提供投资和贷款。贷款比例原则上可达项目总投资的 70%，若日本公司为作业者则比例可达 80%，偿还期为 18 年（宽限期 5 年）。若找矿不成功，贷款可以不偿还。

日本企业在海外探矿成功后需要筹措大量开发资金时，政府为之提供债务担保，担保比率为 80%，补助金年率为 0.4%。

③对矿业跨国经营实行税收优惠

日本对海外矿产资源勘查开发的税收优惠，主要有海外探矿备用金制度和海外矿产勘查费用的特别扣减制度。前者是允许日本跨国矿企可以将与矿产销售收入有关的 50% 开采所得作为公积金使用（3 年用完），无需纳税。后者是允许将海外矿产勘查的支出加上设备的折旧，或是探矿备用金支出，或是当期的所得收入，在税收处理时作为探矿亏损计算。此外，日本还为海外投资损失专门设立了一笔储备金。

④通过"资源外交"手段，为企业的矿业跨国经营扫清障碍

日本积极通过"资源外交"特别是"石油外交"，加强与资源国、主要资源消费国和跨国矿企联系与协作。如石油外交，在政治上，对中东产油国及所发生的事件采取低姿态，在经济上加强对发展中国家特别是产油国的经济援助。在其他方面，采取绑在美国战车上的策略，为美国的相应行动出钱、出力。

⑤鼓励矿产原矿进口，限制深加工产品进口

日本政府对进口矿石、精矿及其他未加工矿产所征收的关税极低，甚至

免税，但对精炼金属进口所征的关税则可能是世界上最高的，旨在维持、保护非燃料矿产加工业的国内增值。

（2）组建专门机构，包括"石油公团"和"金属矿业事业团"，大力推行"技术援助/经济援助及合作计划"，建立全球矿产资源信息网络，为企业的矿业跨国经营提供全方位支持

①建立全球矿产资源信息网络

目前日本金属事业团在世界 11 个国家设有办事处（各办事处还负责其周边国家的资源信息），收集和分析世界各国的资源信息。特别是针对资源国潜力和矿业投资环境的信息、重要勘查开发项目的信息、国际矿业走势追踪、跨国矿企动态分析、矿业权市场状况和矿产品市场等方面的信息。

目前日本石油公团在世界上设立了 8 个办事处，专门收集石油的权益、产油国政治经济、法律法规、投资环境，国际石油公司动态，石油储备等信息，为政府和企业的决策服务。

②通过技术合作和经济援助/合作，降低企业在海外勘查开发的风险

作为日本政府的"政府援助计划"的一部分，日本金属矿业事业团在受援国实施矿产勘查的技术合作项目和矿产资源的区域调查，以便了解和掌握其他国家的资源情况，为本国公司参与海外矿产资源的开发工作提供帮助。据不完全统计，迄今日本金属矿业事业团已在 40 多个国家开展了 140 个以上的矿产资源调查评价、勘查等方面的技术和经济援助项目。这些项目的进行，改善了与资源国的关系，为日本企业下一步的勘查开发铺平了道路。

③在海外开展基础地质调查，承担项目前期风险，引导企业选点

日本在海外进行的基础地质调查有两种方式，一种方式称为"海外地质调查"，完全由日本金属矿业事业团用日本政府的钱进行；另一种方式称为"海外联合地质调查"，由日本金属矿业事业团与资源国联合进行，由日本政府提供资助。这相当于在海外从事前期草根勘查的风险，全部由日本政府承担了。在找到了矿或圈定了远景区后，再由日本企业申请取得矿业权。仅 1997～1998 年度，日本政府就通过金属矿业事业团（也包括日本协力事业团）与资源国签订了 7 个这方面的合同（6 个国家），并且所涉及的工作区的面积非常大，这为日本企业打下了雄厚的基础。这 7 个合同是：与阿根廷签订勘查铜、金、锌及其他金属的为期两年的合同，主要承担地质调查、化探、卫星图像分析，工作区面积 77000 平方公里；与哈萨克斯坦签订勘查

铜、金的政府合同，工作区 6900 平方公里；与乌兹别克斯坦和吉尔吉斯斯坦签订 3 项勘查铜、金的政府合同（卫星图像分析、地质调查、物探、现有地质资料的分析）；与泰国签订为期 3 年的勘查铅、锌的合同，面积 800 平方公里；与马里签订为期 3 年的找金政府合同，面积 7000 平方公里。工作费用全部由日本政府承担，发现矿产后由日本企业优先取得矿业权。

（3）日本跨国矿企通过不同方式参与全球矿产资源勘查开发，特别是通过"以协作求发展"的战略，与国际投资机构、有欧美背景的跨国矿企及资源国公司加强合作，在矿产资源全球配置中占据有利位置

日本目前参与利用海外矿产资源主要有三种方式，勘查矿、股本矿和购买矿。[①] 勘查矿指在国外通过勘查开发活动而生产出矿产品，风险大，但安全性和保障程度高；股本矿指向某些国家的矿山建设提供贷款甚至援助，受援国以一定比例的矿石偿付贷款；购买矿指直接从国际市场购买，易操作，但不可靠。战后 60 多年来，日本尝试了获取国外矿物原料的多种方式。他们的最后认识是，具体采取何种方式，由企业决定，但政府认为，从保证矿物原料长期稳定供应这个角度看，购买矿的安全性不如股本矿（或参股矿），股本矿的安全性又不如勘查矿。在政府的引导下，20 世纪 90 年代以来，日本企业在国外从以购买矿产品为主，向参与矿业项目开发等多元化获取矿产资源方向发展，并且势头很强劲。日本企业的具体措施包括：

①以协作求发展，注意加强与国际性金融机构、有欧美背景的跨国矿企及资源国当地公司合作

这是日本矿业企业海外勘查开发的主要策略。日本企业在海外的矿业权项目，80% 以上均是协作开展的，只有很少部分由日本企业完全自主经营。这种经营策略的战略优势是极为明显的：分担风险，利益均摊；通过与第三国矿业公司的合作，进一步熟悉和掌握矿业跨国经营的经验；与诸如世行、亚行、欧洲复兴开发行、国际货币基金会及发达国家政府的进出口银行、国际著名投资机构等合作，资源国不敢轻举妄动，加强了项目安全性；与资源国当地公司的合作给在许多事情的处理上带来诸多便利。

②对海外有前景的矿产地，加强直接投资（股本参与），签订长期稳定供应合同

日本企业依仗其财大气粗，对世界许多大型矿业项目加强直接投资，换

[①] 王明宇：《日本铁矿石战略的中国启示》，《中国经济周刊》2007 年第 7 期。

取长期的供应合同。在巴西著名的卡腊雅斯矿（铁为主），有它们的身影；在智利的埃斯康迪达矿（世界最大铜矿山），也有它们的身影；在泰国的钾盐项目，它们也推波助澜；开放不久的蒙古的额尔登特矿（铜），它们也捷足先登。仅1997年，日本企业对海外大型矿业项目的股本投资就多达10余项，可以说，日本企业无孔不入。

③实行财团方式经营

这是日本企业在海外经营的常用手段。例如，1997年8月，智利的Los Pelambres铜项目，由日本财团（Nippon矿业和金属公司15%，Mitsubishi材料公司15%，Marubeni公司8.75%，Mitsubishi公司5%，Mitsui公司1.25%）购置40%的股份，以后该项目每年向日本供应40万吨铜精矿（Nippon矿业和金属公司25万吨，Mitsubishi材料公司15万吨）。

④积极追逐矿业权市场

通过战略联盟、联合经营协议、选择权协议等，积极追逐矿业权市场。还是以1997年为例，Nittetsu矿业公司和Itochu公司对智利El Bronce铜项目（该项目50%的产量必须运到日本），Dowa公司和住友公司对墨西哥的Lay de Plata铅项目，住友、住友金属、三菱材料对印度尼西亚Batu Hijau项目（该项目还有美国的钮蒙特公司的参与）矿业权的追逐就是例证。

4. 美国实施全球矿产战略的经验借鉴

美国作为世界上矿产资源主要消费国，长期以来一直关注和忧虑矿产可得性问题。因此，美国在其矿业发展中，更注意从全球角度考虑可持续性，以全球资源为依托来实施全球矿产资源战略。它着眼于对全球矿产资源的勘查、开发和占有，以保证其本国矿产资源的供应以及发展和保护美国矿业公司集团的利益。

美国矿产全球战略的主要特点是：在国家层次上考虑全球矿产战略问题并将其作为国家全球战略的一个有机组成部分；依托美国超级大国的地位，实施大国战略，利用其突出的经济实力、军事实力和科学技术优势，在政治、经济和技术上开展全方位的"资源外交"；利用经济援助和技术合作，为美国跨国矿企打开通道，打开市场，为跨国公司的投资创造良好的市场环境和政策环境，并为跨国公司的投资和经营决策提供充分的信息服务；通过跨国矿企在世界范围内对矿业市场的角逐，对主要资源国的矿业资源进行强有力的资本控制和技术控制。

（1）在国家层次上考虑全球矿产战略问题并将其作为国家全球战略的

一个有机组成部分

美国全球战略重视从全球角度解决矿产资源的安全供应，在国家层面上解决。矿物原料相关政策由总统直辖的矿物原料政策委员会和以内政部部长为首的国家资源和环境委员会制定。其特点是力求从全球范围审视矿物原料问题。内政部公告指出，必须放眼世界来看待战略和急缺矿产的存在和分布。认为由矿物原料丰富的国家——加拿大、南非、澳大利亚、墨西哥、委内瑞拉、巴西、牙买加、几内亚、扎伊尔、赞比亚等供应相关的矿物原料具有特殊意义。

早在1952年，美国总统杜鲁门就专门组建了矿物原料政策委员会，该委员会发表的著名的佩利报告《为自由之资源》，影响了整个冷战期间美国的资源政策，也奠定了美国和西方国家近半个世纪的矿产资源形势分析工作的基础。佩利报告已明确指出，美国矿产的安全供应将可能会出现问题，必须从全球角度解决这一问题。

1980年，美国国会通过了《物资和矿物原料国家政策、调查和开采法》，其中规定，必须执行国家政策，为保护国家安全、人民福利和工业生产水平提供足够的矿物原料。美国前国务卿黑格1980年指出，"资源战争的时代已经开始……仅铬铁矿（的供应）危机就会使美国100万人失业"。这是当时美国相关政策制定的主要依据。1982年，国会批准了一项有关物资和矿物原料的计划纲要。里根总统在将这份文件提交国会时强调了矿物原料对美国、对美国国家安全和对维护美国居民高生活水平的决定性意义。

里根在竞选总统期间，就曾大力批评过卡特政府在处理矿产资源问题上过于保守的政策。推行国家矿产资源政策也是里根总统竞选的口号之一。里根上台后，立即成立了战略矿产特别工作组，该工作组有权就矿业问题直接向总统提出建议。同时，着手组建了一个以内政部部长为首的"自然资源和环境内阁委员会"，副总统、总统安全顾问和经济顾问、负责制定政策的总统助理为当然成员，其他成员还包括内政部、能源部、农业部、住房和城市发展部和交通运输部的部长，以及经济顾问委员会和环境质量委员会主席。该委员会1982年以里根总统的名义向国会提交了一份长达33页的报告。报告指出，为了加强美国安全，促进经济繁荣，创造就业机会，减少矿产供应的脆弱性，必须采取行动。所采取的行动中，除加强储备、加紧矿产资源形势分析、开放更多的公共土地供勘查开发用以外，着力强调开拓海外，立足于全球。

1991年，布什总统公布了新的国家能源战略，强调能源供应来源的多元化和资源的多元化。其中除传统的拉美和中东地区外，还点到了北非、中亚以及各海域（包括目前正处于热点中的里海）。

（2）依托美国的超级大国地位，利用其突出的经济实力、军事实力和科学技术优势，在政治、经济和技术上开展全方位的"资源外交"

①凭借超级大国地位，置联合国于不顾，单方面建立开发海底矿产资源的法律法规，藐视并且长期不在《联合国海洋法公约》上签字

第二次世界大战后，美国先后于1953年和1980年颁布了《外大陆架土地法》和《深海底固体矿产开发法》，以鼓励美国矿业公司积极从事海洋矿产的勘查开发。其中1980年的《深海底固体矿产开发法》规定，对采矿区的申请面积，不加限制，不征收租金和权利金，并与法国、意大利、日本、英国等签订互惠条约，相互承认对方抢占的公海采矿权益。

1983年里根总统又发表专属经济区法，以此法建立的专属经济区，比美国本土面积还大70%。里根总统公开说，建立专属经济区是美国与苏联在矿产资源方面争霸采取的关键一招。

《联合国海洋法公约》从1945年"关于保护水域的德尔曼宣言"算起，经过37年的努力，在1982年12月10日通过。本公约争论的焦点在于，国际海底区域及其资源，到底是人类共同的财富还是由少数技术高度发达的国家支配或者说可以任意抢占。《联合国海洋法公约》已于1994年11月生效。但遗憾的是，美国一直拒绝签字。甚至在第三次联合国海洋法大会通过《联合国海洋法公约》后，美国总统里根还说"这一进程是一个愚蠢的行动"，并鼓励美国公司按照美国法律自由采矿。为了开发太平洋东部克拉里昂东部断裂带和克里珀顿断裂带之间（即C－C区）的太平洋锰结核最富地区，美国成立了四家国际财团（肯奈科特、斯契尔、因科、洛奇德）。四家财团已投资5亿多美元，其抢占的海底区域蕴藏有数10亿吨锰结核。美国提出的每一块矿权地均足以开采至少20年。

②与加拿大、墨西哥签订《北美自由贸易协定》，保障重要矿产资源的安全供应

除通过跨国矿企在国外直接参与资源国的勘查开发活动外，由于美国在很大程度上依靠国外供应以满足其对矿物原料的需求，因此在矿物原料丰富的地区积极从事政治、经济，甚至军事行动。从资源角度看，对美国最富成效的是美国与加拿大和墨西哥建立的《北美自由贸易协定（NAFTA）》。该协定大大缓解了美国的矿物原料供应问题。按照协定，美国可以从加拿大得到铀、铜、镍、钛、铁矿石、铂族金属、钾肥等，从墨西哥得到石油、银、

铜和其他矿产等。

③给跨国矿企当后台，以政治和外交手段来支持垄断资本的跨国经营

美国在时刻保护着美国公司的海外投资。在里海，美国政府为本国石油公司获取当地的勘探和开采权而劳苦奔波；在非洲，美国的石油公司在排挤法国的石油公司，其后台正是美国政府。不仅如此，美国政府还用政治、军事和外交等手段加强对波斯湾的控制，以控制油价。近两年，为摆脱对海湾国家石油的依赖，美国开始注重发展与里海沿岸及中亚国家的关系：这些国家的领导人相继访美，美国甚至还向乌兹别克斯坦提供了一位高级军事顾问。

④牵头组建国际能源机构（IEA）以对付欧佩克

1973 年第一次世界石油危机后，为了应对未来可能的能源危机，在美国倡议下，1974 年 2 月，13 个国家在华盛顿召开了石油消费国会议，决定成立能源协调小组，同年 11 月通过了成立国际能源机构的决定。目前成员国有 21 个，包括美国、爱尔兰、澳大利亚、奥地利、比利时、丹麦、加拿大、荷兰、卢森堡、挪威、葡萄牙、日本、瑞典、瑞士、土耳其、西班牙、希腊、新西兰、意大利、英国、德国等。其宗旨是，在石油消费方面实行全面合作计划，在石油供应方面，制定共同标准，可以应急自给，采取共同的节能措施，在紧急时刻可共同分配现有石油，促进石油生产国与消费国的关系。国际能源机构成员国承诺均储备相当于 60～90 天消费量的原油以备不测。美国操纵的国际能源机构，对欧佩克造成了巨大的威胁。

（3）利用经济援助和技术合作，为美国跨国公司打开通道，打开市场，为其投资创造良好的市场环境和政策环境，并为其投资和经营决策提供充分的、有效的信息服务

①在技术援助和经济合作的名义下输出矿业资本，对全球矿产资源加强资本和技术控制

美国国际开发署（USAID）明确委托美国地质调查所，在探明矿产资源能够导致跨国矿企进行投资的国家进行矿产资源评估。美国国务院声称要利用地质调查所作为推行外交政策的工具。美国国务院要求内政部对有关外派外交人员进行矿产资源方面的培训。

"二战"后美国政府推行的"国际地质计划"，就是利用自己的地质勘查技术优势，以"援助"为条件获取受援国的矿产资源信息，为本国的海外投资和矿产品贸易选择目标。在执行"国际地质计划"过程中，发现了哥伦比亚、巴基斯坦和泰国的斑岩铜矿，哥伦比亚的铅、锌矿，泰国的大钾

盐矿。在巴西、菲律宾、印度和巴基斯坦等国,利用各种先进技术,对这些国家的铬、锰、镍和铁等资源进行了详细的评价。通过对沙特阿拉伯区域地质填图的援助,强化了它在沙特石油业中的地位。

美国地质调查所与世界上几乎所有的资源国在矿产资源形势分析、矿产资源调查评价等方面进行合作。但其目的是,为美国的经济和政治利益服务,为矿业跨国经营服务,降低企业在国外勘查开发的风险。美国地质调查所的这项工作卓有成效。

②建立和维护全球矿产资源信息系统,为矿业跨国经营提供全方位的支持和服务

在这方面,可以看看美国地质调查所的出版物系列。主要包括:分析标准;通报;通讯;数字化数据系列;矿产实况与问题;地质调查系列;信息手册;矿物原料流;金属工业指标;矿产品概要;矿产工业调查;矿产年报;公开文档系列;调研报告系列;定期统计信息;统计和信息;矿产品专门研究报告;国别专门研究报告;矿产资源在线空间数据;图件系列;矿产年鉴;矿床模型系列;矿产资源可得性系统;全球重要矿产矿床数据库;战略矿产国际清单……不胜枚举。特别是收集、整理、提供国外地质矿产资源条件、矿业政策、法规以及税收金融等方面的信息,对各国投资环境进行综合比较、分析,编制国外矿产资源风险勘探开发投资指南等。美国地质调查所有百余名专家专门负责矿种(全球)和国别(世界各国),对于全世界矿产资源的资源/储量,供给、需求、消费以及消费结构等进行持续监视,对于世界上的矿山进行系统监视。这类调查一方面是为制定本国的资源对内对外总体战略提供依据,另外,也可以减少本国企业海外运作的风险。

美国地质调查所这些产品的用户主要是矿业公司。如最近地调所就其所建立的矿产资源数据库(MRDS,此数据库建立于1972年,内含全世界95000多个矿床、矿点的信息)的用户情况进行了统计分析,结果是:矿业公司(经营决策)占35%;政府机关占20%;公众占30%;其他私人部门占15%。

(4)通过跨国矿企在世界范围内对矿业权市场的角逐,对主要资源国的矿产资源进行强有力的资本控制和技术控制。美国的跨国矿企引领世界潮流

从地缘上,各地区一般都是美国公司率先进入的,由此而获得巨大利益。加拿大的矿业发展,靠的是美国的矿业公司;澳大利亚的矿业发展,靠的还是美国垄断资本;在最近一轮世界范围矿业法调整后,最早进入拉美勘

查开发的，仍然是美国（和加拿大）；最早深入哈萨克斯坦、俄罗斯这些转轨国家的，还是美国的矿业公司。从勘查开发商业文化上，美国跨国矿企的做法基本上就成为国际惯例，这又给美国公司带来了巨大的便利。在国外从事矿产资源勘查开发的跨国公司中，美国公司的后台又是最硬的。自1993年以来，国际矿业界流行购并，每年的购并额均在150亿美元以上，涉及的大型矿业项目和矿业权数10个，也是由美国矿业公司主宰的。这样，即便是美国政府对海外矿产资源勘查开发不给任何的财政、金融和税收优惠政策，也比世界上其他任何国家的矿业公司在国际上有竞争力，何况美国政府还根据国内资源供求状况，对到海外勘查开发国内短缺的矿产实行优惠的耗竭补贴政策，实际上是从税前扣除勘查支出，给予企业税收优惠。在20世纪70年代，美国还曾一度实行过风险勘查开发补助金制度。此外，美国还有世界上最完善的资本市场，最健全的矿业信息市场，最发达的矿业中介组织，这样，美国的矿业公司运行矿业权市场、矿业资本市场、矿产品市场，可以游刃有余。正是依靠这些措施，美国的全球矿产战略得以顺利实施。

（本章主要执笔人：刘洁、叶伟祺）

第五章

未来十年"走出去"的机遇和要求

本 章 要 点

1. 单就矿业而言，可能中短期内（2~3年）延续已10年的超级繁荣周期已基本结束，矿产品价格难以保持过去几年的快速发展势头，甚至由于实体经济的不振，可能出现暂时的矿产品价格回调。但长期仍可看好矿业的前景。

2. 当前我国经济发展的主要目标是转变经济发展方式，实现消费、投资、出口平衡拉动，经济、社会协调发展，以创新为动力，以集约化为特征的科学发展。目前我国发展方式粗放的特征比较明显，发展效率总体不高，经济发展与资源环境承载力之间的矛盾日益突出，转变经济发展方式的任务仍然艰巨，客观上要求我国企业加快"走出去"步伐。

3. 石油、有色金属、煤炭及铁矿石是我国国内资源短缺并与国民经济发展密切相关的大宗矿产，这四个行业的可持续发展对我国产业结构调整、提高国民经济的运行质量具有重要意义。政府应重点统筹调整这四个领域中的相关政策，使企业在这些既重要又有可能操作好的领域率先在"外面的世界"走好。

一 未来十年中国企业"走出去"的国内外形势

未来十年是我国企业"走出去"由数量扩张型增长向质量效益型增长

转变的关键时期。这一时期，国际金融危机的影响还会存在，世界经济将在调整中逐步恢复增长，但发达国家的消费模式、生产结构将会发生一定的变化，进而对国际贸易和投资产生重要影响。同时，在本轮全球性的经济衰退过程中，原有的经济发展平衡被打破，国家经济力量对比的变化和企业的重新洗牌都会给我国企业"走出去"带来巨大的机遇和挑战。据花旗银行2012年4月发布的研究报告，尽管单就矿业而言，可能中短期内（2～3年）延续已10年的超级繁荣周期基本结束，矿产品价格难以保持过去几年的快速发展势头，甚至由于实体经济的不振，可能出现矿产品价格回调。但长期仍可看好矿业的前景，这个判断基于三个理由：一是因为矿产资源的稀缺性、不可再生性；二是因为发展中国家比如中国的工业化、城市化进程仍在持续，仍需消费大量资源；三是开采成本的提升，人力成本、安全环保投入以及难开采矿山投入生产，将进一步推高矿产品价格。以下具体分析中国矿企"走出去"面临的国内外形势，以明辨未来的天时、地利。

（一）国际形势

1. 经济形势

2008年发生金融危机以来，世界经济尚处于企稳、复苏阶段，资源富裕国普遍面临经济不景气，欢迎外国投资带动本国经济走出金融危机的阴影。发达国家中的资源富裕国对我国企业投资的态度有所缓和；发展中国家的资源大国受我国经济发展成就和国际地位提高的鼓舞，既欢迎我国投资带动当地经济增长，更希望借此加强和我国的经济技术交流，分享经济社会发展经验，在国际舞台上携手合作。2012年9月在"中国—澳大利亚上市企业高级投资论坛"会上，包括Larus能源有限公司、CondorBlanco矿业公司在内的多家澳大利亚矿产资源型企业均表示，希望中国各类企业和资本投资澳大利亚企业。澳大利亚南部经济特区首席代表方石然在会上表示，欢迎中国企业来澳大利亚投资，特别是投资矿产资源型企业。同时，从全球的能源需求来看，受金融危机、欧债危机的影响，发达国家的能源需求不断萎缩，而新兴经济体异军突起，成为能源需求新的增长点。欧债危机背景下，国际市场流动性趋紧，欧美资金大量抽回。随着全球流动性日渐匮乏，发达国家减少对非洲等不发达地区海外投资和援助项目的趋势已经形成，但当地市场对基础设施建设等客观需求依然存在。这为拥有巨大外汇储备支持和"走出去"发展期望的中国企业提供了难得机遇。①

与此同时，当前全球经济结构面临深度调整。经济全球化持续深入发展，全球范围内的产业调整和资本要素流动更为广泛，全球产业分工和产业结构正在加速调整，这主要表现在三个方面：一是实体经济比重上升，虚拟经济比重下降；二是新兴产业在全球经济结构中的比重将上升；三是新兴经济大国在国际社会中地位上升，西方发达国家的地位将会有所削弱。美国等发达国家负债消费模式难以为继，这将促使发展中国家调整出口导向战略，全球贸易失衡格局有所改善。各国围绕资金、市场、资源、人才、技术、标准的争夺更加激烈，科技创新和新兴产业成为主要国家的发展重点。同时，部分发达国家开始"再工业化"过程，推行产业回归和制造业再造，输出制造业资本可能放缓。但随着国际分工进一步细化，产业链条向两端延伸，发展中国家承接产业转移仍有新的机遇。② 然而，金融危机爆发后，由于西方发达国家实施了一系列提升其国内产业竞争力的政策措施，中国的产业竞争力出现了下降的苗头。③ 2010 年 3 月，中国 26 年来首次出现了贸易逆差。这种格局虽然可以减轻中国平衡国际贸易的压力，但同时也表明，中国的产业竞争力在国际上有所下降。④ 我国目前正处于产业竞争优势的转型期，如果应对不当，将面临产业竞争优势断档的风险，一些有竞争优势的传统产业在其他发展中国家的冲击下会失去竞争力，新的具有优势的产业一时难以形成，在竞争优势上形成一个"真空期"。⑤

① 2012 年，英国石油在华发布了《2030 年世界能源展望》报告，这个报告指出，96% 的能源消费增长来自非 OECD 国家，到 2030 年，中国和印度将分别成为世界上最大的和第三大的经济体，在能源和消费方面，将占全球总量的 35%。目前，全球的中产阶级消费者大约 18 亿，20 年以后会增加到 30 亿；预测到 2030 年，全球的汽车数量将倍增，达到 17 亿辆；未来 20 年，印度人所摄取的热量将增加 20%，中国人消费的肉类将提高 40%；中国每年新增的建筑面积，相当于芝加哥所有的住宅和商用面积的 2.5 倍，印度每年新增的建筑面积要相当于一个芝加哥。

② 国家发展和改革委员会：《"十二五"利用外资和境外投资规划》，2012 年。

③ 尤其传统产业比较优势受到削弱，随着我国劳动力、汇率等成本的不断提高，纺织、服装、食品等我国传统优势产业，正在加速向东南亚、印度等周边国家转移，我国以低成本参与国际分工的优势逐步弱化，特别是东部沿海劳动密集型产业的发展受到明显制约。

④ 国土资源部信息中心资源分析室通过对钨、锡和锑 3 种优势矿产的国际竞争力进行测算表明，我国优势矿产国际竞争力近年呈持续下降态势，优势矿产已经不优。

⑤ 但从另一个角度而言，从全球经济危机中寻求产业结构调整的契机，也是加快实施"走出去"战略、打破贸易壁垒、整合和开发全球资源、主动谋求中国经济在国际产业布局中由低端向高端逐渐转移、提升中国产业国际竞争力的一个良机。

另一方面，虽然新兴经济大国在国际社会中地位上升，但新兴大国间的发展差距、相互竞争、分歧依然十分明显，中国已成为世界第二大经济体、第一贸易大国和外汇储备国，在世界经济中的地位举足轻重，但人均发展水平较低、转变经济发展方式的压力巨大，俄罗斯和巴西过度依赖资源出口，制造业竞争力较弱，印度经济发展的内部问题和矛盾十分突出。新兴大国还有一个共同的特征，即收入分配差距和贫富分化过大，这使得新兴大国将可能面临发展后劲不足的问题。此外，新兴大国由于各自的利益诉求不同，因此在某些领域还存在一定的竞争关系，各国间的贸易保护主义倾向严重，围绕国家利益的军事、外交和资源矿产品贸易等领域相互博弈和拆台现象严重，相互间的文化和意识形态的认同度较低，加上欧美国家从中分化，使得新兴大国的各种合作机制难以全面形成。

从当前全球经济的运行情况来看，全球经济进一步放缓风险极高，出现二次衰退的风险已显著上升。欧债危机仍是全球经济领域的最重要威胁所在，同时先进经济体经济增长率将持续下滑，新兴市场和发展中经济体增幅也将持续减缓。[1] 这都使得中国资源型企业"走出去"面临更大的风险和挑战。

2. 政治形势

世界政治格局变化加快。当今世界正处于大发展大变革大调整中，随着金融危机深层次影响逐步显现，国际力量的消长变化，国际体系的变革调整、经济和安全形势将更趋复杂。在当前的国际环境下，能源领域的国际地缘政治局势日益复杂。各国在能源安全战略上均有布局，而且往往存在冲突之处。并且国际政治经济形势日趋复杂多变，西亚北非局势动荡不已，欧债危机持续发酵，社会治安环境令人担忧。[2] 权威的加拿大弗雷泽研究所发布的《年度矿业投资环境评价》的数据显示，世界上主要矿业投资地区的评分，都在呈现出一种下降趋势；其中，以拉美国家的下降趋势最为明显。而亚洲地区的国家在这份排名中仍然是评分最差的。例如菲律宾是近年中国企业热衷的投资目的地。根据公开资料显示，以单位面积矿产储量计算，菲律宾金矿储量居世界第三位、铜矿储量居世

---

[1] 张晓华：《IMF预警：全球经济恐临二次衰退风险》，《南方都市报》2012年10月11日。

[2] 2012年3月利比亚动乱局势导致13家中国央企的上百亿元人民币的合同项目全部暂停，这些项目主要集中在基建、电信领域，涉及央企包括中国铁建、中国建筑、中国中冶、葛洲坝和中交集团等。

界第四位、镍矿储量居世界第五位、铬矿储量居世界第六位。然而2012年上半年中菲之间爆发黄岩岛争端,直接让投资菲律宾的前景增加了不确定性。

当前新兴经济体成为能源需求新的增长点,并且在国际社会中的地位逐渐上升。作为新兴大国的中国积极参与全球治理结构改革,并成为多种大国和多边合作新机制成员,为中国在全球范围提高配置资源能力、拓展外部发展空间提供了机遇,也为利用外资和境外投资创造了良好的外部条件。但另一方面,随着金融危机缓解和世界经济复苏,国际社会在危机之初所展现的协作精神有所动摇,国际贸易保护主义重新抬头。而我国经济实力不断增强,国际地位不断提升,中国的迅速崛起对现有国际政治经济格局带来巨大冲击,发达国家为维持现有格局及其既得利益,针对我国设置诸多贸易、投资和技术壁垒,不断加强对中国企业的防范和打压,对中国企业特别是国有企业的直接投资严格设限,以国家安全为由,强化对中国企业跨国并购的审查。发展中国家则注重资源把控,从政策、税收、就业、环境质量等方面对我企业投资提出更加严格的要求,一些发达国家还以"中国威胁论"等进行挑拨,增加我国企业进入的困难,使中国资源型企业在"走出去"的过程中时常遭遇不公平待遇。

另一个不容忽视的事实则是矿藏国的收储意识增强。例如蒙古通过《外商投资法案》,规定当有外国的国有企业参与投资该国矿业等战略性领域项目时,外资持股比例不得超过49%。这个限制的背后既有资源储备的意图,更多的是希望将初级产品的深加工留在国内,提高其附加值。这些"附加"条件直接拉高了中国企业海外投资矿业的成本。政党领袖那木巴尔—恩赫巴亚尔(Nambar Enkhbayar)呼吁,在20年后将民营矿山收归国有,并主张增加国家在矿山的控制权,以解决全国30%人口所面临的贫困问题。[①]

(二)国内形势

1. 中国中长期总体发展形势

目前中国经济正在保增长、防通胀、调结构和促改革的复杂局面中前行,处于震荡发展期,这一时期将持续到2013年,具体表现为经济处于U

---

① 尹一杰:《蒙古第一大煤矿争夺记》,《能源》2010年第3期。

形的下降阶段和底部通道。① 而从长期来看，中国的经济发展形势依然是乐观的。当中国度过震荡期之后，将依靠其要素组合等竞争优势，走出"U"形谷底，重回经济持续增长的轨道。长期保持这种形势必须具备三个前提：一是未来 2～3 年再没有大的经济危机；二是未来 2～3 年继续维持"十二五"计划制定的调结构、促发展的经济模式；三是在新兴产业有新的增长点出现或技术革命取得突破。经过中国经济长期来看会继续保持增长的态势，经济的增长率将会逐渐放缓，2015 年将会降到 7%左右，2020 年将降到 5% 的水平，这是一个经济发展的规律性现象，任何国家的经济发展都会经历这样一个阶段。中国经济在长期只能保持中速的发展原因在于：第一，外需有一部分永久的消失。美国在次贷危机后进行了深刻的反思，高消费、负债消费、超前消费的行为有所收敛，美国国内的消费需求降低必然会引起我国的部分出口减少。第二，内需的扩大受制于深层次的制度变革。第三，基础设施建设五年之后在东、中部地区将会出现饱和。在不久的将来，基础设施建设对经济的贡献度会越来越小。第四，土地财政当做拉动经济高增长的空间也越来越小。第五，资源环境的约束。第六，"人口红利""市场化红利"以及"国际化红利"在减少。这六个方面原因决定了我国经济在今后一段时间只会保持中速增长的态势。②

目前，我国处于工业化转型期，经济增长方式正在发生转变，矿产资源消费强度峰值开始显现，并开始出现缓慢下降的趋势，但随着人们生活水平的提高，基础设施不断完善，矿产资源消费水平将继续呈现上升的趋势③，

---

① 国务院发展研究中心资源与环境政策研究所所长李佐军早在 2009 年就敏锐地预测，中国经济未来五年左右的走势可用 V + U 来描绘。目前正在经历的 U 形阶段与刚刚经历的 V 形反弹不同的是：第一，底部低位不同。在 V 形反弹的低点是 2009 年一季度，经济增速为6.1%。U 形的低点分不同情况，一种情况是不出现经济危机，在这种情况下，底部的经济增速在 8% 左右。另一种情况是发生经济危机，那形势将变得更为严峻。第二，底部持续时间不同。V 形持续的时间短，而 U 形的持续时间长，所以在未来一段时间内我国经济增速将保持较低的一种局面，重点将放在调结构、转方式和促改革上。第三，复杂性不同。V 形阶段的是比较单一的，主要是保增长。U 形阶段的目标要复杂得多，主要包括稳发展、治通胀、调结构、保民生。

② 李佐军：《中国经济未来 V 加 U 形增长》，http：//finance. sina. com. cn/roll/20090929/02456803850. shtml。

③ 矿产资源消耗存在两个拐点：一是矿产资源消耗强度达到峰值时对应的拐点，矿产资源由粗放利用向集约利用转变；二是矿产资源消费水平达到峰值时对应的拐点，矿产资源消费由增加向减少转变。

未来我国矿产资源需求空间仍然很大。预计我国矿产资源需求峰值将在"十三五""十四五"时期陆续出现，经济发展与资源环境承载力之间的矛盾将愈加突出。[①] 而另一方面，当前我国经济发展的主要目标是转变经济发展方式，实现消费、投资、出口平衡拉动，经济、社会、生态环境协调发展，以创新为动力，以集约化为特征的科学发展。从现实情况来看，中国也面临"中等收入陷阱"的危险：经济结构过度依赖投资和出口；成本上涨速度超过劳动生产率提升速度，增长效益降低；制度创新和技术创新力低下，产业扩张更多依靠数量增长而不是质量提升。在这种情况下，推进经济发展方式转变必须充分利用"两个市场、两种资源"。资源型企业"走出去"是主动利用外部市场和资源的重大举措，是加快经济发展方式转变的重要途径。同时政府也要有效解决企业"走出去"面临的制度性障碍，通过体制机制的调整促进资源型企业"走出去"并"走得好"，扩大资源有效供给，保障我国矿产资源可持续供应。

2. 启动内需需要外部资源作为支撑

经过 30 多年的持续高速增长，中国经济增长的动力结构面临转型，主要表现在四个方面：一是由原来主要依靠外需向主要依靠内需转型；二是由原来主要依靠投资向主要依靠消费转型；三是由原来主要依靠政府投资向主要依靠社会投资转型；四是由原来主要依靠普通要素投入向主要依靠高级要素投入转型。[②]

改革开放以来，中国一直倚重出口导向来作为保持经济增长的主要方式。出口导向战略本身存在理论上的诸多误区[③]，进入 20 世纪 90 年代后期已面临严峻挑战，当遇到经济危机时这一问题更加凸显。当前世界经济复苏步履维艰，国际市场持续疲弱，国际需求的不断收缩导致出口贸易严重受挫，通过一系列传导机制，我国经济运行的各个领域、各个行业、各个环节

---

① 任忠宝、王世虎、唐宇、周海东：《矿产资源需求拐点理论与峰值预测》，《自然资源学报》2012 年第 9 期，第 1480～1489 页。

② 李佐军：《中国经济面临九大问题与挑战》，http://finance.sina.com.cn/stock/t/20120808/021112785680.shtml。

③ 该战略过于乐观地看到短期内劳动密集型产品出口对驱动经济增长的前景，忽视了长期内同质化竞争、产业结构升级及开拓国际市场的困难程度。发展中各国基于自身比较优势发展的出口产品大都集中于产业链低端的劳动密集型产品，出口结构单一各国竞相压价竞争使贸易条件趋于恶化。同时，出口市场过于集中，一旦某大国市场有风吹草动，马上就影响到出口国家整体经济的发展。

受到了不同程度的冲击，国民经济运行整体下滑。[①] 虽然从长期看，我国经济还将保持较快增长，但消费潜力挖掘仍然不足，部分行业产能过剩，通货压力加大，外需回暖仍待时日，全球经济企稳回升的态势还不稳定，未来依然面临很大的不确定性。在此情况下，我国寄希望于靠外部需求拉动经济增长之路已走不通，必须尽快转变经济增长方式，减少对出口的依赖，坚持扩大内需。而启动内需的直接目的不仅仅是为了弥补外需的减少，更重要的还在于：它是大国经济增长和稳定的基础。纵观世界经济大国，无不是有着自己强大的内部市场与完善协调的国民经济结构。中国作为世界人口第一和经济总量第二的大国，也只有主要依靠国内需求，才能建立经济增长的长效发展机制，才能保证经济增长的持续性、稳定性和效益性，才能实现经济又好又快发展。

中国经济短期来看是需求不平衡的问题，长期看则是经济结构不合理、发展方式落后的问题。[②] 而结构和方式的问题往往会在高速发展过程中被速度带来的短期效益所掩盖，因此在当前全球经济低迷、中国经济增长速度放缓的时期是经济结构调整和发展方式转变的良好机遇。在启动内需的途径中，城镇化是保持中国经济可持续增长的持久动力和最大的潜在内需。促进中国经济持续发展必须实现城镇化可持续发展。如果说工业化在某种意义上主要是创造供给，那么城镇化则主要是创造需求。城镇化在扩大内需实现可持续发展中具有重要的战略意义。城镇化不仅是引发消费需求、带动投资增长、推动经济服务化的重要途径，而且是培育创业者和新型农民、实现安居乐业市民梦的重要手段。[③] 城镇化的快速发展需要消耗大量资源，不仅需要内部资源，更需要外部资源的支撑，客观上也要求资源型企业加快"走出去"的步伐。

3. 资源和环境约束均在加重

随着我国人口增加，工业化、城镇化进程加快，经济总量不断扩大，资源消耗呈刚性增长。但是，从资源储量看，重要资源人均占有量低。从国内资源供应看，保障能力有限。根据清华大学气候政策中心发布的《中国低

---

① 世界银行2012年发布的《东亚与太平洋经济数据监测》称，出口疲弱和投资增长减速将导致中国2012年的GDP增长从2011年的9.2%放缓至7.7%，如果刺激措施的影响开始显现以及全球贸易出现回升，中国2013年的增长将回弹至8.1%。
② 同上。
③ 辜胜阻：《城镇化是我国最潜在内需》，《光明日报》2012年10月22日，第10版。

碳发展报告（2011～2012）》，"十二五"时期我国各地能源缺口将达 15 亿吨标煤。从利用国外资源看，一些重要矿产资源对外依存度大幅上升。目前我国仍主要通过国际贸易方式从国际资源产品市场上进口资源产品，真正通过在国外投资开发矿产资源而获得资源销售控制权的行为较少，这一现状已经给我国维持矿产资源供应的安全稳定性带来了极大的风险。[①] 单纯依靠贸易进口的方式来利用国外矿产资源，使进口成本变得愈来愈高。一个十分显著的现象是，我国只要在国际市场上购买什么资源，该产品的价格就会直线上升，而一旦我国库存资源产品饱和，经济出现收紧的时候，国际资源价格也会随之下降，而此时企业又无力在低价上继续进口，从而造成巨大损失。而且，随着发达国家工业化的完成，在世界范围内新发现的大型矿山资源越来越少，且资源质量、金属品位下滑，矿山的建设费用大幅增加，资源价格将进一步上涨，在没有获得新的替代能源的情况下，中国不得不承受高价格带来的高成本。而那些先行工业化国家发展到我国这个阶段时人口都只是几百万或几千万，并且它们当时主要靠殖民掠夺来满足工业化快速推进对能源和原材料的需求。在这种背景下，我国只有加快转变经济发展方式，提高资源利用效率，才能有效缓解经济发展与资源短缺的矛盾，确保能源资源安全，保持经济平稳较快发展。

同时，环境保护带来的压力也越来越大。目前，我国环境质量不高，一些地方环境承载能力已近极限，水、大气、土壤等污染严重，固体废物、汽车尾气、持久性有机物、重金属等污染持续增加。高消耗、高排放是造成高污染的主要原因。发达国家 200 多年工业化进程中分阶段出现的环境问题在我国集中出现。只有加快转变经济发展方式，不断加大环境治理力度，才能保护好人类赖以生存的生态环境，不断提高生态文明水平。

综上所述，目前我国发展方式粗放的特征比较明显，发展效率总体不高，发展代价过高过大，发展的不平衡不协调不可持续矛盾仍十分突出，我国转变经济发展方式的任务仍然艰巨。尤其是国际金融危机发生以来，国际环境发生深刻复杂变化。国与国之间的竞争，从某种意义上说就是发展方式

---

① 因为国际大宗能源和矿产的定价权掌握在跨国垄断公司手里，它们背后反映的是西方发达国家的利益。西方发达国家通过多年在国际资源市场中的运作，不但能对国际资源产品市场进行操纵，更在一定程度上控制了资源运输的要道，并以此操纵国际资源市场，抬高产品价格，使像我国等新兴发展中大国蒙受巨大损失。

的竞争。要在更趋复杂的国际环境中趋利避害，在更加激烈的国际竞争中把握主动权，必须加快构建更具活力更富有竞争力的发展方式。从国内看，经济发展内生条件发生新的变化，人口老龄化加快，劳动力低成本优势减弱，生产要素供给条件发生重大变化，能源资源约束更趋强化，潜在增长水平趋于下降，这些都对转变经济发展方式提出了更加紧迫的要求。推进经济发展方式转变必须充分利用"两个市场、两种资源"。[①] 资源型企业"走出去"是主动利用外部市场和资源的重大举措，是加快经济发展方式转变的重要途径。但中国资源型企业"走出去"又失去了当年日本"走出去"时的良好机遇——日方的战略投资是在铁矿行业低迷时进入的，成本低、矛盾少，在这种背景下，中国资源型企业"走出去"面临的风险和阻力将更多，必须找准空当，聚焦重点领域。

二 中国资源型企业"走出去"的重点领域分析

从上述国内外经济政治形势以及中国资源型企业"走出去"面临的制度性障碍，可以看出，全面的企业"走出去"，由于诸多方面的困难，还难以实现，因此首先要保证为我国国内资源短缺，并且与国民经济和社会发展密切相关的大宗矿产拓展更好的海外来源，这样才能为中国经济的可持续发展保驾护航。此外，在我国经济发展模式由粗放型向集约型转变的背景下，提升产业结构、改善国民经济的运行质量在今后一段时期内仍将是一项非常艰巨的任务。为此，应当从转变经济发展方式的角度出发，选择合适的产业及重要领域鼓励相关资源型企业"走出去"，统筹调整相关政策减少制度性障碍，使企业在这些既重要又有可能操作好的领域率先在"外面的世界"走好。这种决策中，兼顾"保需求"和"谋发展"两方面的考虑，理论上应该选择国内这个阶段发展急需的大宗矿产资源进行投资。但从企业"谋发展"的角度看，这种选择会有差异。例如，去海外收购矿产资源，如果是中国稀缺、国际上也稀缺的资源，这样的资源收购风险相对较低。如果只是中国稀缺，而国际上并不稀缺，则需要慎重选择，因为这种情况下中国很难具备竞争的价格优势。

---

① 《加快转变经济发展方式是战略抉择——访国家发改委宏观经济研究院副院长王一鸣》，《人民日报》2012年11月2日。

第一，在与国民经济和社会发展密切相关的大宗矿产中，铁矿石资源的保障能力亟待提高。由于国际铁矿石供应主要集中在几家跨国矿企手中，形成高度垄断，导致铁矿石价格上涨幅度大大高于钢铁价格上涨幅度。[①] 而根据中国冶金工业规划研究院发布的 2013 年钢铁需求预测报告，2013 年我国铁矿石成品矿需求量为 11.1 亿吨，同比增长 4.0%，预测 2013 年进口铁矿石 7.6 亿吨左右，进口铁矿石占需求量的 60% 以上。这一结果表明，我国铁矿石原料对外依存度居高的形势仍未发生改变。[②] 近年来，虽然国内企业积极"走出去"，投入大量的财力、物力、人力，在境外勘探开采铁矿石资源，但由于各种原因，真正发挥效力的项目屈指可数。在中国，铁矿石价格的大幅攀升已经严重制约了钢铁工业的健康发展。2012 年在市场低迷、原料燃料价格高企、融资成本大的背景下，许多钢铁企业的亏损越来越严重。中钢协表示，2012 年前 3 个季度亏损钢厂总共亏损 267 亿元人民币，是去年同期亏损总额的 40 多倍。[③]

2011 年，铁矿石保障首次纳入《钢铁工业"十二五"发展规划》，这个《规划》明确提出了增强铁矿石资源的保障能力，建立国外和国内两个资源保障体系。钢铁工业将力争到 2015 年基本建立利益共享的铁矿石、煤炭等钢铁工业原燃料保障体系，国产铁矿石自给率保持在 45% 以上，国外铁矿石资源掌控量占进口铁矿石的 50% 以上。在这一目标下，政府应整合政策资源，形成政策合力，鼓励和引导国内钢铁企业继续加快"走出去"，加快调整铁矿石的进口结构，积极参与国际铁矿石资源的合作勘查开发，想方设法提升在与三大矿山进行铁矿石谈判中的话语权；通过并购、参股等多种方式在国外建设铁矿、焦煤、锰矿、铬矿等资源基地，提高海外权益资源供应量比重，逐步降低对巴西、澳大利亚等传统铁矿石市场的依赖度；支持有条件的钢铁企业到国外建设钢铁厂，探索在境外建立钢铁生产基地；鼓励企业积极参与海运市场、码头、海外矿山基地及相关配套设施等方面，采取措施防止矿山公司对主要铁矿石港口和海运航线的进一步垄断。此外，在铁矿石金融化趋势不可逆转的背景下，政府要加快开设铁矿石期货。目前中国

---

① 这种情况的后果是：中国 77 家大型钢企 2010 年全年利润总额（881.38 亿元）不及力拓一家的利润（约 945 亿元）。

② 《2013 年铁矿石需求量预计增 4%，对外依存度仍居高》，http://ny.rednet.cn/c/2012/12/05/2837116.htm。

③ 中钢协：《中国钢铁业告别最困难时期》，http://www.ftchinese.com/story/001047517。

政府正以超出预期的速度研究推出铁矿石期货。[①] 期货是解决目前铁矿石定价短期化引起价格风险的有效方式，上市铁矿石期货完全可行。作为世界最大的铁矿石消费国和进口国，中国宜及早上市铁矿石期货，为钢铁业发展和争夺国际铁矿石定价权服务。

当然，如果不是从保需求而是从谋发展的角度看，铁矿石未见得是较易实现"走出去"并走得好的重要领域。这是因为铁矿石生产目前高度垄断的局面已经形成，在这个领域"走出去"也风险颇多。中国五矿总裁周中枢就表示绝不会进入铁矿石上游领域，"世界不缺铁，只有中国缺，中国需求急剧扩张，又面临市场高度垄断，逼得价格迅速提高，一旦大家都做，产能释放，价格就要下来。但是三大巨头不会垮，特别是巴西的淡水河谷，它的竞争优势没人敢比，挖出来就是高品质的铁矿，成本只有十几美元，咱们能比吗？"在这种情况下，两全之策可能是在三大矿业巨头尚未涉足的发展中国家积极寻找性价比较高的资源，谋定而动，不轻易进入，但也不忽略这个领域。

第二，随着中国经济的发展进程，能源消费总量不断攀升，能源安全形势日益严峻。近几年来，中国石油对外依存度大致每年提升 2 到 3 个百分点，到 2013 年中国原油对外依存度可能达 60%，而这一趋势在较长的一段时期内都难以改变。对能源安全特别是石油安全问题我国已有较清醒的认识，几年来通过石油战略储备，推动中国石油企业"走出去"在海外寻找资源等方式，整个能源安全战略体系正在逐步形成与完善，中国石油企业的海外经营已积累了一定的经验，石油企业在"走出去"过程中积累了相当的经验，取得了显著的成绩，实现了出口拉动、拓展市场、获得技术和资源，加快了产业结构的调整和升级，实现了同国际接轨的高速发展，具备了"走出去"的良好基础。近十年来，中国石油企业在海外油气产量的增速远高于国际石油公司和同等规模石油公司水平。[②] 中国石油企业的海外经营促使全球能源供给基础更加多元化，增强了能源市场的竞争性，并最终使所有

---

① 近期证监会已经正式对铁矿石期货上市立项，国家发改委也下发了同意开展前期相关工作的文件。

② 中国石油的海外油气的复合增长率达到 19.2%，中海油的达到 16.24%，其他几个世界主要石油公司中，除了挪威国油的复合增长率达到 6.70%，大多在 5% 以内，壳牌和道达尔甚至处于负增长状态（张一鸣：《中国石油企业"走出去"的冷思考》，《中国经济时报》2012 年 8 月 6 日）。

能源消费国受益。彼得森国际经济研究所的客座研究员西奥多·莫兰2010年进行的一项研究支持了这样的论断。莫兰研究了中国16个大型自然资源采购项目，发现其中大多数都有助于国际能源供给系统的发展和多元化。同时，中国石油企业正在从政治风险较大、政权更迭频繁的中亚、非洲等地区走向更优质的资源区——欧洲、美洲。一些西方跨国石油公司在国际金融危机、欧债危机下，转让项目给中国石油企业，使他们获得了亲近优质资源的机会。尽管如此，中国石油企业在"积淀"上与国际石油企业仍有不小差距，需要通过"走出去"形成跨国能源集团，实现从简单"买资源"到全面经营石油产业链的转变，向产业链高增值环节迈进，提高我国石油企业在全球经济中的地位。

第三，煤炭工业是国民经济重要的基础产业，是全面建设小康社会的重要支柱产业，同时我国是世界上煤炭占一次能源比重最高的国家，煤炭生产和消费比重高达76%和68.9%。近年来国外大型煤炭企业普遍加快了联合重组的步伐。全球大型煤炭企业都是跨国经营公司，十大跨国公司中有6家公司的业务地域覆盖世界各大洲，生产企业所在国的数量一般在10~20个，其中3家公司海外经营盈利能力超过了本土。加快煤炭企业"走出去"将有助于提高优势煤炭企业的资源储备量、提高其煤炭资源中海外市场的份额，降低我国煤炭资源国际贸易顺差的比例，改变我国煤炭资源过度依赖进口的局面，达到优化我国能源结构的目的。近几年，中国煤炭企业明显加快了"走出去"的步伐。在2011年的能源矿产资源收购中，海外煤炭并购案数额仅位于石油之后，位居第二。① 而且《煤炭工业发展"十二五"规划》提出支持优势煤炭企业参与境外煤炭资产并购，并研究设立煤炭境外投资专项基金。这有利于发挥金融机构的作用，为企业境外煤炭投资提供持续的资金支持，为国内煤炭企业进行产业化改造及提升煤炭资源在国际上的地位提供援助。这为煤炭企业"走出去"奠定了良好的政策基础。此外，政府要进一步鼓励金融机构通过出口信贷、项目融资等多种方式，改进和完善对企业境外煤炭投资项目金融服务。积极发挥商业银行作用，为企业境外煤炭投资提供融资支持，对国家鼓励的境外煤炭投资重点项目加大信贷支持力度。建立健全风险防控机制、安全风险预警机制和突发事件应急处理机制。

---

① 《"十二五"煤炭企业加速"走出去"》，http://news.xinhuanet.com/fortune/2012 - 03/26/c_122881883.htm。

第四，有色金属产品种类多、应用领域广、关联度大，在经济社会发展中发挥着重要的作用，是国民经济的重要组成部分，关系国家的资源安全和经济的平稳发展。中国是全球最大的有色金属消费国，铜、铝等主要有色金属每年的消费量在世界排名第一。随着中国经济的继续稳步增长，中国对于有色金属每年的消费量还会保持较高的增长速度。面对我国日趋严重的有色金属资源短缺状况，我国有色金属矿业企业必须"走出去"开发海外资源，实现全球化配置，为我国有色金属行业的持续发展提供资源保障。然而，尽管我国有色金属企业最近几年的海外投资成效显著，但是从产业结构来说，过分偏重初级原材料产业。因此，中国有色企业应以骨干企业为主加快国外矿产资源开发合作，为有色金属行业的持续发展提供资源保障。政府要加强规划与产业政策、年度计划的衔接，及时与相关部门进行信息沟通和工作协调。优化产品进出口结构，规范进出口秩序，积极应对国际贸易摩擦。积极推动制定境外矿产资源勘查开发支持政策，鼓励有条件的企业积极开展国际合作，增强"走出去"主体实力，提高境外投资质量。

（本章主要执笔人：刘洁、苏杨）

第六章

统筹调整"走出去"相关
政策和制度的建议

本 章 要 点

1. 促进中国资源型企业"走出去"需要政府从战略、内部机制和配套措施等多个层面统筹调整相关政策和制度：进一步强化落实"走出去"战略的统筹组织工作；改善现有的投资、外汇和人员出入境审批制度；加大税收、融资政策等支持力度；构筑对外投资的风险评估与防范体系；加快海外投资的公共服务体系建设；着力培育一批能够参与国际市场竞争的大型跨国公司。

2. 中国资源型企业要想"走得好"，更需要企业在认清天时地利人和的基础上，苦练内功，选择某些领域差异化发展，才可能从以下方面提升国际竞争力：提升国际管理运营能力；丰富投资方式；完善组织架构，实施国际化经营的体制机制；夯实管理基础，增强境外风险管控能力；注重履行社会责任；加强协调公关能力。

每一次重大的全球性或区域性危机，都会带来整个格局的重组，但凡能够抓住机遇的企业或者国家，都会在危机之后大大提升自己的地位。未来中国资源型企业"走出去"将面临更多的风险和阻力，而风险是普遍存在的，对不同的企业和行业来说，在不同地区拓展业务都会遇到不同的风险，但也会获得不同的机遇。未来几年，正是资源型企业抓住战略机遇提升国际地位的绝好时机。要把握好这一机遇，促进中国资源型企业在外面的世界"走得好"，既需要政府在政策上的大力支持与不断完善，也需要企业不断修炼内功，提升自身的国际竞争力。因此，对于第三章提出的我国企业"走出去"的体制性障碍和企业自身存在的问题，必须从政府和企业两方面入手，不断进行改革与发展。

一 政府统筹调整资源型企业"走出去"的政策和制度

对于我国矿企在"走出去"过程中面临的制度障碍，中国政府需要在战略层面统筹安排"走出去"的相关政策设计，包括改革对外投资管理体制、建设海外投资的公共服务体系以及改革财税金融制度等，采取多种方式，以石油、有色金属等重点领域为突破口鼓励企业"走出去"并创造条件让其在国外做大做强。

（一）进一步强化落实"走出去"战略的统筹组织工作

（1）成立政府对外投资促进机构，统筹协调落实"走出去"战略。目前世界上许多国家和地区都设有促进对外投资的官方机构，例如日本的贸易振兴会、美国的海外私人投资公司、丹麦的 IFU、意大利的 MONDIMPRESA、泰国的投资局、中国台湾的海外投资中心等。这类政府牵头的专门机构除了负责推行投资促进计划外，还帮助企业分析国外市场和投资机会，提供海外经营信息、指导项目的可行性研究，协助制定相关法规和政策，组织商务交流、出境参展、协助投资谈判等。

中国可考虑建立一个跨部门，该部门负责统驭海外资源利用和开发，组织企业实施"走出去"战略，协调管理海外资源获取，统筹信息搜集与处理、调研、勘探及项目评估、开发、审批、协调、管理等各项工作。该部门应重点加强控制总量、结构和方向，完善监督和管理机制，并建立相应的市场保障机制和风险防控体系。第一，该部门要负责制定并不断完善开发海外矿产资源的长期战略规划，包括海外开发的地域、矿种的选择以及配套的政策措施等等。要充分利用目前国际贸易发展与国际经济交流中一些发展中国家的有利政策，制定中国在海外开发资源的战略。第二，引导企业在"走出去"过程中树立全局观和整体意识，协调国内企业的海外战略，对资源型企业"走出去"进行宏观协调和统一管理，控制中国企业过于密集的节奏，避免企业之间的无序、恶性竞争，鼓励强强联手，联合出击。第三，对于矿产资源丰富，但与中国外交和经贸关系需要进一步改善，或被西方大国严密控制封锁，或社会和政局不稳定的国家，要加强双边关系，搜集信息，研究对策，创造条件及时介入，如印度和伊拉克等。再如，从能源安全的角度出发，中国在加强与中东有关国家开展石油合作的同时，应积极与中亚、北非、西非、拉美及加勒比等地区产油国合作，使中国石油国来源更加多元化，确保石油供应安全。[①]

（2）加强企业海外投资立法。企业是海外投资的微观主体，受政府的政策引导，由于投资海外资源的企业以国有企业为主，则政府政策引导作用力更强，因此政府应尽快出台国家层面的《海外投资法》。《海外投资法》应以人大立法的形式完成，将目前国家发改委、商务部、国务院国资委、国家外汇管理局分散制定的部门规章加以统一，明确海外投资决策机制、海外投资监管机制、海外投资考核机制。首先要明确各项事务的管理主体、管理责任。其次要将现行的投资进入期管理向后延伸到运营期管理和退出管理，要前瞻性的建立退出机制。再次应改革现行重规模的考核机制，建立重投资效率的考核机制，合理引导企业进退。另外国家应及时总结企业海外投资经验，逐步制定完善《海外投资法实施细则》等具有可操作性、实用性的配套法律。

（3）根据"走出去"战略，梳理现有海外投资相关政策。一方面要对现有涉及海外投资的政策进行全面梳理，并找出现有政策中存在的问题和不同部门政策不协调之处，研究解决问题的办法；另一方面应该出资将合作国或潜在合作国的政治、法律法规、税务、投资等环境进行专业的调查，组织相关科研力量对拟进行资源投资的地区与国家的法律和政策进行研究，提供给"走出去"企业，特别是民营企业。而国家通过这种服务可以减少重复性工作，将宝贵的资金用在项目的决策与开发上，提高我国企业在国际上的竞争优势。此外，还要为我国小型企业在项目开发初期提供诸如准备法律文书、提供融资咨询以及适应资源国的特殊要求和人员培训等方面的帮助。

（二）简化审批程序，促进投资便利化

政府部门应切实转变观念，真正将"走出去"放在国家战略高度予以贯彻落实，以"促进、保障、规范、服务"为理念，重新审视审批事项的科学性与可行性，重新检验审批事项与审批目的的因果关系，重新权衡审批的权力与责任。要相对集中审批权限，将目前商务部、国家发展和改革委员

---

① 　王立军：《中国资源类企业"走出去"的保障措施》，《中国经贸》2010 年第 12 期。

会以及其他政府部门相互交叉的审批项目相对集中在一个工作部门；切实下放审批权限，实行"属地化"审批原则，委托省级，甚至是地县级工作部门进行审批，再由地方政府报中央部门备案监管，提高工作效率；深化审批体制改革，化不必要的事前审批为事后备案。对于符合境外投资鼓励条件的企业，尤其是民营企业，实行事后备案制，逐步建成审批和备案制相结合的境外投资管理制度；简化申报材料，取消与审批目的无关的材料要求，简化企业境外投资项目可行性报告以及中介评估报告格式要求；推进电子政务和一站式窗口建设，缩短审批时限。

（三）尽快加大税收、融资政策等支持力度

资源产业是一个资金投入高度集中的产业，同时也是一个高风险的投资领域。海外矿产资源并购需要巨额资本的投入，即便企业经济实力雄厚也需要从资本市场上融资。政府要加大对"走出去"企业特别是民营企业的金融支持力度，对实施"走出去"战略的企业，在发行股票、吸收私募股权投资、发行企业债券、公司债、中期票据、短期融资券、银行贷款等方面给予支持。

1. 健全资本市场，完善服务体系

健全的资本市场和完善的服务体系是中国企业海外矿产资源并购的前提，政府应十分重视和充分发挥资本市场和金融市场在矿产资源海外投资中的积极作用，具体应从以下几个方面着手加强：一是构建稳健运行的银行系统。在我国目前的金融体系中，银行系统是融资的主渠道和资金流动的主平台，因此，银行系统的健康运行是经济命脉所在。当前我国国有银行正在进行财务重组和公司治理建设，以有效提高资产质量和银行运营能力，这种改造不但非常必要，而且需要加快推进，否则，不但谈不上对"走出去"战略进行有效的金融支持，而且，将难以经受外资银行的冲击。二是在继续加强与国内金融机构合作的同时，积极发展与德意志银行、大通、摩根士丹利等国际投融资机构的合作关系[①]。三是逐步放松对银行业的管制，不断创新金融工具和银行业务的种类，赋予条件适合的并购企业以必要的海外融资权，允许其通过发行股票和债券、成立基金等方式在国际金融市场上直接融

---

① 张安军：《经济全球化背景下中国石油企业竞争实力分析》，《国土资源情报》2010 年第 6 期。

资，为企业矿产资源并购融资提供更多机会。四是银企开展战略性合作，为中国企业海外矿产资源并购决策提供咨询和服务。五是金融机构可以在海外建立办事处，开发当地的融资市场，为海外矿产资源并购企业利用当地资金创造条件。

2. 进一步放宽企业跨国经营的外汇管制

一是放宽母公司向境外子公司放款的资格条件限制，为股东向境外子公司贷款提供便利。在审批程序上，可根据境外公司的经营规模，给其国内母公司核定一定的外汇额度，由银行在额度内直接办理资金汇兑，不再设置其他门槛。二是改进和完善境外投资外汇管理，健全境外投资项下跨境资金流出入的统计监测和预警机制。三是适当放松对企业的金融控制。一方面，积极慎重地探索国内资本市场与国际资本市场的对接，逐步提高国内资本市场的国际化程度；另一方面，赋予适合条件的跨国经营企业以必要的海外融资权，开拓国际化融资渠道，并由国家给予必要的担保，允许其通过发行股票和债券、成立基金等方式，在国际金融市场上直接融资。

3. 鼓励境内商业银行等金融机构为企业跨国经营提供全方位金融服务

在银行体系在我国金融体系中占据绝对优势的现实情况下，对资源型企业"走出去"战略的金融支持必须发挥银行的主力军作用。但是，当前我国金融机构实行分业经营，使得银行主业局限于存贷款业务领域，这种制度架构使银行收入来源单一，不能充分应对外资银行全面混业的综合经营优势的竞争，而且使对"走出去"海外投资的企业无法得到银行的全面金融支持——我国的银行基本只能为企业提供信贷支持，而不能全面参与到企业的并购和资本运作中去。因此，应在以下几个方面做出改进。

一是鼓励国内各商业银行对企业从事海外资源开发项目提供更加优惠的贷款支持。这方面可以借鉴发达国家的做法，由国家财政为银行提供低贴息补偿进而使银行相应降低贷款利率；扩大优惠贷款的规模，取消对承包工程保函风险专项资金的上限，扩大"421"专项资金涵盖的范围，对银行承办的国内急需海外资源投资贷款业务，可适当提高银行坏账准备金率；在资本金比例和存贷比例设置上，适度考量商业银行因支持大型资源开发类"走出去"企业的因素；适当放松对资源开发类企业的金融管制和外汇管制；支持国内商业银行建立为资源开发类"走出去"企业提供全面服务的海外银行机构网络，并设计适应资源开发类"走出去"企业金融需求的服务产品，使这类企业海外的发展都能获得便捷的银行服务支持。

二是采取积极措施提高我国银行在国际资本市场上的地位，使之有能力担当国际融资牵头人和协调人的角色，以便为我国企业海外经营提供国际融资支持。这些措施包括：在跨国大银行承担我国企业业务时要附加以我国主要银行担当联席牵头行的要求，以增加国内银行的经验和能力；同时对有能力和有机会在国际市场进行资本运作的国内银行进行财政补贴或提供税收优惠。

三是加快境内商业银行的国际化步伐和业务创新，提供本地化、多元化的金融服务。中资银行可以根据市场环境通过代表处、分支行、代理行、银行业俱乐部、战略联盟、外包等形式形成跨国服务网络，为跨国经营的资源型企业提供本地化的金融服务。同时要进一步与国际接轨，丰富金融产品，为企业跨国经营提供必要的融资支持。目前境外办矿企业对于股权融资、海外资产抵押贷款、内保外贷等业务品种的需求非常迫切，商业银行对境外矿企股权投资，就需要政府适当放开商业银行的直投业务，或者明确允许商业银行的全资子公司进行股权直接投资。而矿业企业的海外资产抵押贷款就是允许以优质矿山或者土地及其他具有变现价值的附属物，或者采矿权这一类无形资产按照一定比例实现抵押贷款。内保外贷就是允许融资能力相对较弱的海外矿业企业，利用其国内母公司在银行的信用为其提供贷款担保，进而得到融资支持。

四是鼓励银行与驻外使馆加强联系，共同为在海外经营的我国企业提供全方位的信息服务和其他帮助，包括当地投资环境、投资方式选择、投资谈判、风险管理和经营运作建议，等等。

五是修订《贷款通则》中禁止资本金贷款的限制，允许银行贷款给企业用于境外公司的资本金投入，特别是面对越来越多的民营企业境外并购，探讨为企业提供包括杠杆收购在内的并购贷款。

4. 加大政策性银行对企业跨国经营的支持力度

国家政策性银行是国家"走出去"战略的直接实施者，不能仅以效益为导向，应充分体现其政策性、战略性和在战略目标下承担的风险性。因此建议：一是研究政策性金融的立法问题，出台政策性银行法，将政策、风险、效益统一在实施国家战略上；二是进一步提高进出口银行等政策性金融支持企业跨国经营的能力，增加资本金，增强银行抗风险的能力；三是加快政策性银行在境外设置分支机构的速度，特别是在一些市场前景好、潜力大，中国企业开始进入投资，但金融资源匮乏，商业银行不愿意设点的欠发达国家和新兴市场国家；四是创新适应经济全球化的金融工具，可在政策性银行先行先试。

5. 设立海外矿产资源发展基金

为了实质性启动矿产资源对外投资的战略，建议国家尽快决策设立境外矿产资源发展基金，主要用于海外矿产资源风险勘查开发，扶持企业进行符合国家产业政策的境外矿产资源勘查开发活动。

境外矿产风险勘查开发专项资金或基金，是一种由财政投入并由政府管理的政府性基金。可以多渠道筹集，但应以财政投入为主。因此境外风险勘查开发基金的来源主要是中央财政，包括财政预算直接安排和财政政策部分。其中，财政预算部分，目前主要可以从中央财政增量投入、国土资源大调查专项资金、中央所得矿产资源补偿费和探矿权使用费价款中各拿一块，总额控制在每年15亿元人民币左右，滚动发展，逐年增加。基金主要用于在境外的前期风险勘探。在中央财政投入一定资金的同时，国家要制定相应的经济政策，鼓励企业到境外进行风险勘查和开发投资。

在基金和管理与使用上，应有偿使用与风险投入和补贴并举。对风险勘查项目，实行自筹资金、基金投入和前期补贴相结合，其中自筹资金的比例最高可达70%，最低不得低于30%，项目如获成功，按项目各方出资比例享受权益，亦可约定基金的退出机制；项目失败，经过基金管理委员会审核批准后核销；对于境外开发项目、收购或参股项目，按低于同期国家投资银行利率有偿使用基金。通过滚动运作，达到基金安全和保值、增值之目的。境外风险勘探开发基金主要用于扶持国内短缺矿产的境外风险勘探和开发活动，对于其他风险较小、可明显看到经济效益的项目也可适当运用，但必须从严掌握。

其实，利用基金扶持到国外开展矿产资源勘查是国际上一些国家的通行做法。例如日本金属矿业事业团一直对在国外从事矿产勘查的日本企业提供资助。德国经济部在1970~1990年曾执行一项矿产勘查鼓励计划，为本国企业从事国外矿产勘查活动提供补贴。韩国为鼓励本国企业"走出去"开发利用国外资源，于1978年颁布了《韩国海外资源开发事业法》，明确规定到国外开展矿产资源勘查开发的，依据项目的性质和内容，可以得到政府一定程度的补贴。因此，我们提出建立国家境外矿产勘查开发风险基金，是符合国际惯例的，也完全有利于充分利用"两种资源、两个市场"的政策。

6. 建立"走出去"的投资保险和保证制度

企业"走出去"进行海外投资会遇到一系列风险，包括一般商业风险、外汇管制风险和政治风险等。一般商业风险可通过商业保险来规避，但政治风险通常要由国家来分担。因此，我国既需要完善投资保险制度，又需要建立海外投资保证制度，帮助"走出去"的企业规避投资风险，尤其是政治风险。

对于不同领域的对外投资政策性信用保险，建议区别对待、分类承保。对于矿产资源类投资巨大、风险较高、属国家重点支持的领域，中国出口信用保险公司应当提高风险损失的赔偿比例，政府也需要进一步加大对其政策性风险基金的投入，增加出口信用保险财政补偿额度，以便其扩大承保范围和保险金额，满足资源型企业的对外投资保险需求。

然而，我国现在只有出口信用保险，对企业海外投资保险还没有创建。今后应着手建立海外投资保证制度。这样，一方面可以引导国内商业保险实行"企业跟随"战略，将国内保险业务扩展到海外投资企业；另一方面，国家也应建立海外投资保证基金或海外投资保险公司，为企业承担外汇管制风险和政治风险。

（四）构筑对外投资的风险评估与防范体系

1. 及时评估和更新投资对象国的国家风险

目前中国进出口银行已对投资国国别风险的评估体系和评估方法进行了研究，提交了评估报告。但由于这个报告主要是从进出口银行的需要出发进行研究的，使用范围仅限于进出口银行，而且该行带有国家背景，不宜对世界各国政治、经济风险公开评头论足。为此，建议可由政府相关部门组织、委托中介机构、高等院校、社会上专家，或其他第三者，建立国别风险评估体系，定期发表报告，供企业海外投资参考。

2. 建立应对国际市场风险的预警机制

成立由政府相关部门、国际商会、企业和驻外机构共同组成的工作机构，负责对海外风险信息的收集和分析，科学评估对外投资的信用风险及管理，向我国企业及时发布，提供切实有效的规避、防范风险的指导。同时，成立专门机构，协调企业"走出去"的相关事宜，特别是企业在国外遭遇风险时，专门机构可及时参与，与企业共同应对。

3. 建立海外保险体系与风险补偿机制

中国企业近年来海外投资规模快速扩张，但与之对应的海外投资保险的覆盖面仍然较低，应建立健全对外投资保险以及风险补偿体系。企业在海外投资、经营和并购时，也可考虑各种专业投保，特别是针对政治风险、违约风险以及各种自然灾害对企业造成的财产损失进行投保。国家层面要建立风险补偿基金，如果预先提取了风险补偿准备金，就可能降低损失的程度，甚至全部补偿因风险导致的损失。

（五）加快海外投资的公共服务体系建设

（1）建设对外直接投资的人才支持体系。一是政府的海外投资促进机构要经常组织对企业家的培训，组织案例培训和境外考察。二是要对各级政府官员、银行、保险等相关机构员工进行海外投资的知识普及和技术更新培训。三是根据我国企业国际化经营的需要，建立人才国际化交流的平台，吸引海外人才加入国内企业国际化行列。

（2）构建我国企业对外投资的技术和法律支持体系。技术和法律支持体系建设的重点是针对我国企业在海外投资中面临的法律、会计、审计、风险评估以及其他经济技术方面的困难，组织国际、国内相关机构或企业，向我国跨国经营企业提供相应的技术援助。

（3）支持商会、行业协会等组织在海外投资方面发挥更大作用。与政府相比，商会组织在促进海外投资活动方面往往更有效率。因为这类组织熟悉本行业情况，掌握投资地信息比较快捷，可以协调行业内不同企业可能出现的利益冲突。此外，商会在与投资地政府交涉、沟通、谈判方面也具有优势。为此，在推动国家"走出去"的战略时，要充分发挥商会等民间组织的力量，将其作为公共服务体系的一个重要组成部分，鼓励和支持其积极发挥作用，引导、协调和帮助企业有组织、有秩序地"走出去"，发挥产业协同聚集效应，消除内部恶性竞争。

（4）建立矿产资源信息支持系统。资源型企业"走出去"的前提是掌握充分的、公开可获取的信息和资讯。中国企业在海外矿产资源并购的过程中，没有健全的矿产资源并购信息系统为其提供服务，企业自身也还未能建立了解国际市场信息的渠道和及时收集、整理、传递和分析信息的网络。因此，政府应出面建立高效、快捷、准确的海外矿产资源并购的信息支持系统和信息处理系统，广泛收集并及时掌握各国尤其是主要资源国有关矿产资源并购政策、政治、经济、文化和法律等条件以及目标企业相关情况，为中国企业提供全面而可靠的信息，有助于他们在此基础上做出正确的决策。

矿产资源信息系统应从以下几个方面着手构建：一是政府要倡导和支持成立各种民间机构举办的行业协会和服务机构，使其成为政府与企业之间的桥梁，这些机构不仅要在国内提供服务，还要在条件成熟的地区和国家设立分支机构，将服务延伸到海外。二是政府应在主要的矿产资源并购目标国家建立专门的信息咨询中心和研究所，对该国的投资环境进行分析评价，为国内企业海外矿产资源并购提供信息咨询。三是在国内设立海外矿产资源并购信息咨询中心，建立权威的信息情报数据库，为企业开展海外矿产资源并购提供信息和咨询服务，包括为对海外矿产资源并购有兴趣的国内企业提供包括东道国资源禀赋、地理位置、政治稳定性以及并购目标企业的资产和经济等的情况。四是政府驻外使领馆、两国间的民间友好机构、境外商会和行业协会也可以利用各种资源，为国内企业寻求境外合作伙伴搭建信息平台。五是可以利用联合国、跨国大型资源型公司、国际上著名的咨询公司已有的稳定的项目信息。例如，经联合国工业发展组织第三代项目评估软件评估的全球投资项目信息资料。六是中国政府应该加强指导中国企业"走出去"并购矿产资源的信息采集工作，获取各国有关外国投资的法律法规变动、投资机会等最新信息，并经常性地开展海外矿产资源并购的信息收集、整理和发布工作。

（六）鼓励民营企业进入资源类海外并购领域

国有资源型企业在海外的投资行为，很容易受到当地政府和民众的质疑，他们会担忧企业行为是我国政府意欲控制全球资源的战略性行动，所以很容易抵制这类并购。而民营资源型企业，如沙钢、紫金矿业、中川国际等，"走出去"属于纯粹的市场行为，一般不会触发资源国政府和民众的敏感神经。民营企业还具有产权清晰、经营决策自主迅速的灵活运作机制，能够对市场供求状况进行迅捷有效的敏感反应。而且民营企业投资资源的选择面广泛，可以根据资本的情况，采取大小资源通吃的策略。比如东南亚的越南、老挝、缅甸、柬埔寨、菲律宾等国，基础资源相当丰富，特别是我国急需的有色金属资源，开发利用的程度很低。但是，这些国家的资源有一个共同的特点，就是矿床规模小，较为分散，不适于大规模的开采和深加工，这就为资金较小的民间资本提供了更多有利的选择。

因此国家相关部门应当进一步完善政策支持民营企业开展资源能源类境外投资。借鉴国际经验（如韩国成立的中小企业振兴公团、中小企业协同组合中央会），成立专门机构为民营企业（主要是中小企业）提供境外投资的相关咨询信息服务。将大型民营企业所投资的资源类项目更多的列为境外投资重点支持项目，同时加大力度为民营企业营造良好的境外投资氛围。从当前资源型跨国投资的发展趋势看，我国要在帮助民企克服资金、信息等瓶颈的基础上，充分发挥民营企业的机制灵活的优势，鼓励民营企业积极"走出去"参与资源能源类跨国投资，利用其市场经济的"纯粹"身份，减弱部分资源国对我国企业的资源能源类境外投资的过度"政治化"认识。最终实现使民营企业和国有企业成为我国对外投资的"两驾马车"的目标。

（七）着力培育一批能够参与国际市场竞争的大型跨国公司

国际矿业的发展趋势是企业大型化和国际化，所形成的跨国矿业集团极力控制国际资源并积极参与国际资源分配。与发达国家和跨国矿企不断加强对世界矿产资源控制相比，我国参与全球资源的竞争力仍然较差。从总量上看，我国的钢铁、煤炭、石油、化工、建材等产业均可以与发达国家相较量，但我国任何一个矿业企业的规模都不足以与跨国矿企相抗衡。我国必须通过产业重组，组建若干与国外大矿业公司相抗衡的跨国矿业集团，培养一批既懂业务又熟悉国际经营的队伍，培育具有国际竞争力的大型资源企业集团，形成具有相当规模和经济实力的跨国矿企。以大型资源企业集团作为资金运作平台，通过国际贸易、规范上市、中外合资、互相参股、跨国并购等形式，实现矿业资本的全球运作，为参与全球资源配置奠定基础。

二 资源型企业认清天时地利人和，苦练内功，选择某些领域差异化发展

必须看到，目前的跨国矿企巨头的先天优势和垄断优势很早就形成了，其他企业没有办法与他们直接同场竞争。作为后来者，只能扬长避短，在细分市场，在矿业巨头尚无暇顾及的其他领域发展，而不是与其进行同质竞争。虽然中国有自己的先天不足，但是也有自己的有利优势。如果将"两种资源、两种市场"利用好，发展也会更好。比如钨锑稀土就是中国的资源优势，这些优势资源需要在产业链上去进行完善，进而把资源优势与产业优势合并成经济优势，最后在国际市场上获取话语权和定价权。当然，即便是差异化发展，也需要苦练内功，使中国的矿企也能像跨国矿企巨头一样决策和行事：这包括商业内部的功夫，提升国际管理运营能力、丰富投资方

式、完善组织架构、增强风险管控能力等，还包括商业外部的功夫，如注重履行社会责任和提高协调公关能力等。

（一）提升国际管理运营能力

对于企业而言，除了要利用好国家政策，更重要的是提升国际管理运营能力。

一要树立合作共赢的经营理念。中国企业在激烈复杂的国际竞争中要想立于不败之地，就必须树立长远、共赢的经营理念，站在平等的角度，积极谋求与当地合作方的战略合作，努力与所在国政府、上下游产业链企业、公众媒体维系良好的公共关系。在投资欧洲中，中国企业要积累合作以及并购的能力，逐步搭建友好信任的基础平台。当初日本投资欧美的时候被看成威胁，现在却很受欢迎；中国也类似，需要经过时间的历练。在进入方式选择方面，中国企业可以与欧洲企业合资经营，以学习欧洲的管理经验和国际投资经验。

二要提高跨文化管理的能力。如果中资企业要保持其在欧洲经贸投资的持久发展，就应以强化跨文化管理作为思路切入点，结合各自企业特点和市场需求，努力探索新的合作途径和方式。要注重对企业融合文化的培养和优化，加强跨文化训练，增强文化沟通技能，促进不同文化背景的人员之间的沟通和理解。要通过跨文化培训等方式，培养跨文化创新团队，提升企业管理整合能力，尽可能规避文化冲突和信任危机。

三要加强产业与金融的结合。我国知名企业的实践经验表明，"走出去"战略有很多成功的样本，其中一个经验就是产业与金融的结合。随着我国产业不断转型升级和参与国际分工地位的逐步提高，以及越来越多的制造业企业"走出去"，迫切需要加快银行金融机构同步"走出去"的步伐，拓展海外业务，为我国制造业企业"走出去"提供更加便捷安全的金融保险等服务，中国的金融机构和产业的"走出去"应该不断加强沟通、深化合作机制，尽量实现同步、共赢、良性发展。

（二）丰富投资方式

在全球化发展的进程中，我国企业应紧紧围绕国内短缺的重要矿产品种，综合运用贸易、投资、对外援助等灵活多样的形式，积极开发利用海外资源。通过国际资本市场控股境外企业是我国矿产资源企业全球化发展的重要方式。这种方式在获取国际矿产资源的同时还可以使他们在生产技术、营销渠道、品牌经营等多方面的优势资源为我所用,有助于我国企业学习国外公司先进的生产、管理经验,提升我国企业的全球化经营水平。这种方式风险小、效益高,适宜针对发达国家和国际矿产行业领先企业进行。争取除了股权并购之外,还可以考虑参股、技术合作等方式,不必拘泥于并购,特别是控股这种方式。从日本海外资源战略的实施看,日本多以非控股方式投资海外资源性公司。在对外股权比例上也是动态调整,早期投资额和股份较低,以后才逐步增加。实践证明,这种做法能较好地处理与当地和原有股东等方面的关系,更重要的是可以尽快将投资的范围扩大,掌握内部信息,并拥有进一步增加投资的灵活性。

但在资源丰富、与我国关系友好的发展中国家,则应尽量争取独立投资或以我方为主建设及管理矿产资源开发项目。这些发展中国家受制于资金和技术限制,多希望国际企业能以直接投资方式参与到他们的矿产资源开发和生产上,并为之提供各种优惠政策。我国企业应充分利用自己在资本、技术、国家关系上的比较优势取得资源开发的主动权。这种方式投资大、风险高,需要国家政治、外交层面的配合。除直接投资外,我国企业还可通过长期合同买断海外矿山一定时期内的生产权或租赁经营海外矿山,这种方式节省投资、风险小但时效短,对于企业长期的资源保障作用有限。

此外,在战略步骤上,中国资源型企业要循序渐进,低调谨慎,不要贪大求洋,不追求轰轰烈烈。日本三井公司虽然孕育了众多世界级企业,却一直选择刻意低调的公共政策。与这种低调相配合是其循序渐进、润物细无声的处事风格。作为初出国门的中国企业,尤其是资源型企业,也要学习这种风格。这方面,资源型企业刚开始时可选择投资于一个相对较小的项目,通过这个小项目来熟悉环境、锻炼队伍、发现人才;以这样的小项目为基础,积累经验,尤其是并购后整合的经验,探索并购后新的盈利模式,待成熟后再逐步拓展,逐步做大做强。这种循序渐进、低调务实的步骤才是中国资源型企业"走出去"应当遵循的战略步骤。

(三)完善组织架构,形成有利于实施国际化经营的体制机制

企业国际化经营战略的落实,必须有完善的公司治理,特别是完善的组织架构来保证。同时,有效的管理体制和组织架构又是企业实现规范化管

理、有效规避风险的基础和根本保障。要建立并不断完善境外经营管理的组织架构，明确职责、理顺关系、落实责任，重视国际化经营组织架构和经营模式的创新。一是要构建符合自身国际化经营要求的组织架构。各企业可根据国际化经营的实际情况，设立专门的国际化业务管理部门、境外事业部或境外经营实体等，实行规范管理。二是要建立与本企业特点相结合的国际化经营管理体系。加强国际市场开发、境外项目管理、风险控制部门与人力资源、财务、后勤保障等部门的协作，构建高效运转的管理体制和运行机制，对一些重点项目，可以采取成立联合工作组的方式，简化程序，提高效率。三是要在体制上保证境外企业的活力。要向跨国公司学习，探索复杂产权结构下，通过完善公司治理、明晰产权，创新国际化经营工作的有效方式。要根据投资方式方法和融资模式的创新要求，学会作为战略投资者，提升资本运作层面有效管理的能力。四是要为海外公司国际化经营业务的拓展提供信息、融资、技术、法律、政府协调等后台支撑，做好国际化经营的后勤保障，解除海外工作人员的后顾之忧。[①]

（四）夯实管理基础，增强境外风险管控能力

一是要完善企业各项管理制度。进一步建立健全境外资产、境外产权、对外投资等各项管理制度，严格财务管理，加强境外资产管理，做好境外资产总量、结构、变动、收益情况的汇总分析，完善境外资产损失责任追究制度。要将符合企业战略和主业发展作为对外投资的基本出发点，规范投资决策程序，严控风险，提高投资质量和效益。二是要加强对境外项目的运营管理和过程监控。推动项目的决策程序、策划和实施过程、后期运营的专业化管理。企业"走出去"要以经济效益评价作为项目是否可行的首要标准，要加强项目前期的尽职调查和可行性研究工作，可借用中介机构的力量，但更重要的是逐步培养和形成自己的专业化队伍。三是要提高风险意识，建立和完善境外业务全面风险管理体系。密切跟踪研究国际、地区和国别形势，增强分析判断能力和风险识别能力。加强对项目所在国政治、经济、法律、风俗文化等方面的研究，降低境外经营风险。牢固树立依法合规、守法经营的理念，全力打造国际化经营法律风险防范的完整链条。提高涉外法律风险

---

① 《黄丹华在中央企业"走出去"工作会议上的工作报告》，http：//money.163.com/11/0615/10/76J6GVLF00253B0H.html。

防范能力，建立一支适应国际化经营需要的涉外法律顾问队伍。重视境外安全和突发事件的管理，建立健全有效应对、妥善处置突发事件的应急预案，确保境外机构和人员安全。

（五）注重履行社会责任

要坚持依法诚信经营，注重履行社会责任。要注重文化交流和融合，促进社会和谐。

一是要完善境外机构社会责任工作组织体系和评价体系，建立企业社会责任报告发布制度，将企业社会责任全面融入企业管理。要把自身国际化发展与当地经济社会发展结合起来，努力实现与东道国的互利共赢。

二是要积极推进属地化经营管理。要加强与当地企业合作，积极推进本土化经营，提高对当地经济增长的贡献度，促进当地就业。通过培训、交流等方式，提高外籍员工的业务水平和能力。属地化经营管理主要体现在三个方面：第一，管理本地化。企业在海外发展首先应力求与当地政府的目标、政策保持一致，如有的国家规定跨国公司应雇用一定比例的本地员工，有的要求当地的管理者在该公司要有一定的控制权等，海外公司必须考虑这些因素，积极配合政府的发展计划以赢得当地政府的支持和称誉，实现长久发展。在对当地员工进行管理时，公司应充分考虑当地员工的文化差异，采取能为员工所接受的管理方式。并且在资源型企业海外并购时，应当因地制宜采用当地企业为适应市场经济环境形成的一套经营方式和经营手段。第二，人员当地化。实施人员当地化策略，一方面较多地聘用当地员工，降低企业劳动力成本；另一方面，大胆起用一些当地员工担任企业中高级管理人员，这样既可以发挥当地人的优势，又可以调动当地员工的积极性；实施人员当地化还可以在企业的人才引进和培训方面当地化，可以通过到当地高等院校招聘优秀毕业生、举办人才招聘活动或通过一些服务性机构的方式招聘企业需要的技术、语言和管理等方面的人才，而培训可以通过少部分事先掌握技术、技能的人来对当地大部分员工的培训。第三，产品市场和设备、材料等物资的采购或生产尽量本土化。矿产资源开发，尤其是固体矿产资源的开发，对设备和材料的需求比较大，实施设备、材料等物资的采购或生产尽量本土化可降低成本，从而提高海外企业竞争力，还可带动当地经济的发展。

三是要树立长远发展的理念，更加注重对自然环境和各类资源的保护，促进当地实现可持续发展。

四是要积极促进与当地的融合。要尊重当地法律和风俗习惯，积极参与社区建设，加强与当地的文化交流，为企业发展创造良好的外部环境。

（六）增强协调公关能力

中国资源型企业可以通过各种渠道同东道国进行沟通，如设立或聘请公关机构，通过举办宣讲会、媒体宣传、政府沟通以及社会责任的履行，进行形象宣传，降低东道国政府和国民对我国资源型企业海外并购的恐慌与敌意。中国企业在开展海外矿产资源并购的过程中，首先要注重企业形象宣传，淡化企业的国有背景，并向政治家、媒体、金融评论员等相关人士充分强调中国国有企业是自主经营、自负盈亏、独立核算的经营企业，中国政府依照所有权与经营权分离的原则授予国有企业经营管理权，国有企业也是追求经济利益最大化的"经济人"。中国政府对国有企业的管理与监控是宏观的、间接的，并未涉及国有企业自身的经营管理活动。其次要向监管部门、工会、当地社区、当地土著、当地劳工组织等进行清晰、简明、预先而公开的传播活动并充分释放善意，比如中国五矿在并购澳大利亚 OZ 公司过程中，公司管理层就有意识地与澳方执政党和在野党均进行接触，从而有效避开了反对党可能出现的阻挠。中国有色在并购亚卢安夏铜矿过程中，也是因为向该国政府作出了"不减产、不裁员工、不减投资"的承诺，进而取得了该国政府的大力支持。最后，企业应在一定程度上对投资地社会、社区进行捐助，取得当地社会的认同；要积极参加当地行业协会，对涉及对整个行业的资源国政策变化，要依靠行业协会的力量或同业间的联合来对政府公关，如中国石化下属的 ADDAX 公司为应对尼日利亚政府拟出台的"新石油工业法案"就与当地的国际石油公司结盟，联合游说尼日利亚国会，尽量使该法案向有利于国际公司的方向发展；要注重对资源国法律的遵守，对国际标准的遵守，以及对商业规则的遵守。

（七）建立资源型企业战略联盟

企业战略联盟是两个或两个以上的企业为了一定的目的或实现战略目标，通过一定方式组成的优势互补、风险共担、要素双向或多向流动的松散型网络组织，战略联盟是自发的，联盟各方保持着原有企业的经营独立性，具有边界模糊、运作高效、机动灵活等特点。战略联盟改变了传统的以竞争对手消失为目标的对抗竞争，联盟中竞争与合作并行不悖，为竞争而合作，靠合作来竞争，以寻求企业竞争优势。当前，国外大公司为了应付世界资源开采市场越来越激烈的竞争和挑战，普遍实行强强联合、机构重组，矿产资源企业并购风起云涌，产业链进一步完善，产业集中度得到提高。进入海外矿产资源市场会面临多种风险，而我国矿产资源企业海外开拓市场更多的是在单打独斗，显得势单力薄。从目前世界各地资源开发情况看，跨国公司在资源市场占据主导地位，并在一定程度上实现了资源垄断。因此，我国矿产资源企业通过强强联合，建立企业战略联盟，不仅可以凭借组合的实力减少企业海外投资的风险，还可以增强与国际跨国公司竞争的能力。随着我国经济的发展，市场化的逐步完善，并购重组的经济环境也日益改善。我国矿产资源企业完全可以通过建立战略联盟集合各企业优势的技术、人才、资金等生产要素，组建具有国际竞争力的企业集团作为海外拓展的主体。

企业战略联盟模式可以灵活多样，包括合资、互相持股、合作、R&D合约、合作开发、联合生产和营销、加强与供应商合作、渠道协议及特许协议等模式。企业可以参照所属行业以及实力的不同而建立相适宜的战略联盟模式。根据联盟企业的类型，我国资源型企业可根据不同情况着重考虑选择如下两种战略联盟模式：一是股份核心联盟模式。这种模式中关键的企业联盟成员通过股份的形式组合在一起，其他的联盟成员则通过较为松散的形式联系在一起。联盟的主体最好是国有企业与民营企业，这样可以淡化国有企业的政府背景，减少"走出去"的阻力。二是企业集合联盟模式。这种类型战略联盟模式的联盟各方都是中小企业，并且中小企业的数目较大。由于联盟企业各方均实力相当，可以根据联盟结合的具体形式和目标，将各个企业的优势资源整合在一起，并订立相应的协议来组织实施。

综上所述，我们基于国内外经济政治形势分析了中国资源型企业"走出去"面临的风险与阻力，从政府管理角度分析了企业"走出去"的内部制度性障碍，从企业自身分析了资源型企业在管理体制、投资方式等方面存在的不足，并在此基础上从政府和企业两个方面提出了推动企业"走出去"并"走得好"的政策建议。中国资源型企业要成为具有国际竞争力的大型跨国公司，并不是一蹴而就的，而是一个长期的过程。在我们提出的对策建议中，有些方面可能短期内有望实现，有些方面则是一个长期的过程。对政府而言，简化审批、规范程序，强化服务，促进投资便利化；加强对民营企业"走出去"的支持，促进投资主体多元化；加强和完善对企业境外投资的监管和安全保障；建立海外矿产资源投资的信息支持系统和信息处理系统，加强"走出去"企业的宏观指导都是在短期内可以实现的。但金融财税政策的加强则涉及金融制度、外汇管理体制、保险制度等多方面体制机制的改革，同时海外投资的公共服务体系建设涉及经济法律制度的建设以及商会、行业协会等组织的发展，都将是一个长期的发展过程。对企业而言，改变投资方式、夯实管理基础、注重履行社会责任，只要企业转变观念，就有望在短期内实现，但提升国际管理运营能力、完善组织架构，打造具有国际竞争力的跨国企业集团涉及企业制度的改革，尤其是国有企业体制的改革，组织结构的变革，人才的培养，这些内容对我国企业来说都不是短期内可以完成的。但不论是短期或长期实现，都将是政府和企业改革与发展的方向。

（本章主要执笔人：刘洁）

特别关注一

"走出去"后为什么走不好？

　　中国的资源型企业，大多有"走出去"的想法和实践，但为数不少的企业在"走出去"后却走不好，其主要原因和对策是什么？本部分给予针对性回答，相关企业和政府部门领导可以从本部分各节标题中找到观点性的答案。

——引子

一　前言

　　随着世界经济一体化趋势的加强和中国经济的崛起，在国家多项鼓励"走出去"政策措施的支持下，借助国际金融危机的有利时机，国内资源型企业积极参与境外矿产的开发和并购，已获得了可观的进展和收益，"走出去"成效明显。2010 年采矿业对外直接投资存量为 446.6 亿美元，占我国对外直接投资存量的 14.1%，位居第三。[①] 2010 年中国公司在海外矿业资产的收入高达 390 亿美元。[②] 如今不少资源型企业不仅拥有雄厚的资金实力，还拥有强大的技术优势，受到不少国家的青睐。这些国家热情欢迎中国企业参与该国的矿产资源勘查与开发，并加强合作。中石油、中石化、中海

[①]　根据普华永道发布的《2012 年上半年企业并购回顾与展望》报告，在中国 2012 年上半年的海外并购交易中，资源和能源领域的交易居于首要位置，占总数量的 44%，而 2011 年上半年，这一比例为 36%。这一领域的交易在金额上也占了很高的比重，2012 年上半年披露的资源和能源领域交易金额占该时期海外并购交易金额总数的 69%，在上半年披露的 9 宗交易金额大于 10 亿美元的海外并购交易中，其中 7 宗为资源和能源领域交易。

[②]　出自 Intierra 矿产资源数据分析公司（Intierra Resource Intelligence）IntierraLive 矿业数据库。

油积极参与阿尔及利亚、安哥拉、利比亚、尼日利亚、苏丹等非洲国家的油气勘探开发及下游建设，通过石油合作发展当地经济，受到了非洲产油国的欢迎，也为我国更大范围进入非洲创造了条件。

然而，在"走出去"的过程中，资源型企业不仅有着成长的喜悦，更有着成长的烦恼：不仅在"走出去"的过程中屡屡受挫，而且在"走出去"后常常面临赚不回的尴尬。最近两年，中国矿企海外投资巨亏的消息频频曝出，而且这些巨额亏损的企业往往是国有大中型企业。据中国石油大学 2010 年的一份研究报告显示：受管理制度及国际投资环境等因素的影响，中国三大石油公司[①]在海外的亏损项目达到三分之二。不仅仅是三大石油公司，很多央企的海外亏损账目都触目惊心。[②] 例如，截至 2009 年年底，中化集团投资开发的 6 个海外油气田项目中，有两个项目虽盈利但未达到可行性研究的预期目标，累计净现金流比预测少 1.33 亿美元，有 3 个项目累计亏损 1526.62 万美元。2012 年 8 月，中国冶金科工集团旗下上市公司中国中冶发布半年报称，公司下属中冶澳大利亚控股有限公司全资持有的西澳兰伯特角铁矿项目（Cape Lambert）资产的预计可收回金额远低于资产账面值，在截至 2012 年 6 月 30 日的 6 个月期间对采矿权计提资产减值损失 18.09 亿元。同时由于中信泰富西澳铁矿工程一拖再拖，中国中冶作为承建商或将面临 29 亿元的巨额索赔。一个公司在一笔投资上出现的失误或许有偶然性或者外部环境的客观原因，但如此多的大公司从事的一系列海外投资出现亏损，就不能不从投资体制机制上寻找其原因。只有全面剖析"走出去"却走不好的制度成因，才能通过自身的制度变革统筹解决这一共性问题。

二 "走出去"的企业近中期面临的国内外形势

（一）国际形势

1. 经济风险

2008 年发生金融危机以来，世界经济尚处于企稳、复苏阶段。从当前

---

① 即中石油（中国石油天然气集团公司，CNPC）、中石化（中国石油化工集团公司，SINOPEC）、中海油（中国海洋石油总公司，China National Offshore Oil Corporation，CNOOC）。

② 尹一杰：《石油三巨头海外投资超 4000 亿，三分之二项目亏损》，《21 世纪经济报道》2011 年 7 月 19 日，第 15 版。

全球经济的运行情况来看，全球经济进一步放缓风险极高，出现二次衰退的风险已显著上升。欧债危机仍是全球经济领域的最重要威胁所在，同时先进经济体经济增长率将持续下滑，新兴市场和发展中经济体增幅也将持续减缓。[①]

当前全球经济结构面临深度调整。美国等发达国家负债消费模式难以为继，这将促使发展中国家调整出口导向战略，全球贸易失衡格局有所改善。各国围绕资金、市场、资源、人才、技术、标准的争夺更加激烈，科技创新和新兴产业成为主要国家的发展重点。同时，部分发达国家开始"再工业化"过程，推行产业回归和制造业再造，输出制造业资本可能放缓。但随着国际分工进一步细化，产业链条向两端延伸，发展中国家承接产业转移仍有新的机遇。[②] 然而，金融危机爆发后，由于西方发达国家实施了一系列提升其国内产业竞争力的政策措施，中国的产业竞争力出现了下降的苗头。

2. 政治风险

世界政治格局变化加快。当今世界正处于大发展大变革大调整中，随着金融危机深层次影响逐步显现，国际力量的消长变化、国际体系的变革调整、经济和安全形势将更趋复杂。在当前的国际环境下，能源领域的国际地缘政治局势日益复杂。各国在能源安全战略上均有布局，而且往往存在冲突。并且国际政治经济形势日趋复杂多变，西亚北非局势动荡不已，欧债危机持续发酵，社会治安环境令人担忧。

新兴经济体已成为能源需求新的增长点，并且在国际社会中的地位逐渐上升。作为新兴大国的中国积极参与全球治理结构改革，并成为多种大国和多边合作新机制成员，为中国在全球范围提高配置资源能力、拓展外部发展空间提供了机遇，也为利用外资和境外投资创造了良好的外部条件。但与此同时，随着我国经济实力增强和国际地位提升，中国的迅速崛起对现有国际政治经济格局带来巨大冲击，发达国家为维持现有格局及其既得利益，针对我国设置诸多贸易、投资和技术壁垒，不断加强对中国企业的防范和打压，对中国企业特别是国有企业的直接投资严格设限，以国家安全为由，强化对

---

① 张晓华：《国际货币基金组织（IMF）预警：全球经济恐临二次衰退风险》，《南方都市报》2012 年 10 月 11 日。

② 国家发展改革委：《"十二五"利用外资和境外投资规划》，2012。

中国企业跨国并购的审查。发展中国家则注重资源把控，从政策、税收、就业、资源环境等方面对我国企业投资提出更加严格的要求，一些发达国家还以"中国威胁论"等进行挑拨，增加我国企业进入的困难，使中国资源型企业在"走出去"的过程中时常遭遇不公平待遇。

在发展中国家，资源环境问题还常常被政治化。例如，6 年前，中蒙就已宣布建立和发展睦邻互信伙伴关系。但多年来，蒙古有些人始终对华怀有猜疑态度，生怕中国资本过多地进入国内，以至于一直在寻找"第三邻国"来制衡中国。[①] 不仅如此，随着资源民族主义的高涨，越来越多的人认为，大型矿业集团很难在蒙古实现在矿业开发中获取回报的期望。2012 年 6 月，蒙古通过《外商投资法案》，规定当有外国的国有企业参与投资该国矿业等战略性领域项目时，外资持股比例不得超过 49%，这个限制的背后不仅有资源储备的意图，更多的是希望将初级产品的深加工留在国内，提高其附加值。2011 年，受民族情绪的影响，越共中央政治局已决定不允许中国投资者开发越南中部高地铝土矿，并且在此前一天，越南政府"允许"了在 11 周内举行的第 10 次反华游行。越南不让中国参与铝土矿开发，不是单纯的经济合作问题，也不仅仅是越南本国的环境污染问题和政治问题，主要还是越南对主权问题的敏感性和对中国的防范态度。[②]

（二）国内形势

1. 启动内需需要外部资源作为支撑

经过 30 多年的持续高速增长，中国经济增长的动力结构面临转型，主要表现在四个方面：一是由原来主要依靠外需向主要依靠内需转型；二是由原来主要依靠投资向主要依靠消费转型；三是由原来主要依靠政府投资向主要依靠社会投资转型；四是由原来主要依靠普通要素投入向主要依靠高级要素投入转型。[③]

---

① 以亚洲最大的铜矿蒙古额尔登特铜矿为例，这个曾支撑起蒙古经济三分天下的大矿，90% 以上的铜矿石都出口到中国，但至今没有一家中国企业能从这里得到第一手的合同。

② 范红杏、王渠、陶短房等：《越南国家主席称"不让中国参与开发铝土"》，《环球时报》2011 年 8 月 15 日。

③ 李佐军：《中国经济面临九大问题与挑战》，http://finance.sina.com.cn/stock/t/20120808/021112785680.shtml。

改革开放以来，中国一直倚重出口导向来作为保持经济增长的主要方式。当前世界经济复苏步履维艰，国际市场持续疲弱，国际需求的不断收缩导致出口贸易严重受挫，通过一系列传导机制，对我国经济运行的各个领域、各个行业、各个环节形成了不同程度的冲击，国民经济运行整体下滑。[①] 虽然从长期看，我国经济还将保持较快增长，但消费潜力挖掘仍然不足，部分行业产能过剩，通货压力加大，外需回暖仍待时日，全球经济企稳回升的态势还不稳定，未来依然面临很大的不确定性。在此情况下，我国寄望靠外部需求拉动经济增长之路已走不通，必须尽快转变经济增长方式，减少对出口的依赖，坚持扩大内需。在启动内需的途径中，城镇化是保持中国经济可持续增长的持久动力和最大的潜在内需。促进中国经济持续发展必须实现城镇化可持续发展。如果说工业化在某种意义上主要是创造供给，那么城镇化则主要是创造需求。城镇化在扩大内需实现可持续发展中具有重要的战略意义。城镇化不仅是引发消费需求、带动投资增长、推动经济服务化的重要途径，而且是培育创业者和新型农民、实现安居乐业市民梦的重要手段。[②] 城镇化的快速发展需要消耗大量资源，不仅需要内部资源，更需要外部资源的支撑，客观上也要求资源型企业加快"走出去"的步伐。

2. 资源和环境约束均在加重

随着我国人口增加，工业化、城镇化进程加快，经济总量不断扩大，资源消耗呈刚性增长。但是，从资源储量看，重要资源人均占有量低。从国内资源供应看，保障能力有限。从利用国外资源看，一些重要矿产资源对外依存度大幅上升。目前我国仍主要通过国际贸易方式从国际资源产品市场上进口资源产品，真正通过在国外投资开发矿产资源而获得资源销售控制权的行为较少，这一现状已经给我国维持矿产资源供应的安全稳定性带来了极大的风险。[③] 单纯依靠贸易进口的方式来利用国外矿产资源，使进口成本变得愈

---

① 世界银行最新发布的《东亚与太平洋经济数据监测》称，出口疲弱和投资增长减速将导致中国 2012 年的 GDP 增长从 2011 年的 9.2% 放慢至 7.7%，如果刺激措施的影响开始显现以及全球贸易出现回升，中国 2013 年的增长将回弹至 8.1%。

② 辜胜阻：《城镇化是我国最大潜在内需》，《光明日报》2012 年 10 月 22 日，第 10 版。

③ 因为国际大宗能源和矿产的定价权掌握在跨国垄断公司手里，它们背后反映的是西方发达国家的利益。西方发达国家通过多年在国际资源市场中的运作，不但能对国际资源产品市场进行操纵，更在一定程度上控制了资源运输的要道，并以此操纵国际资源市场，抬高产品价格，使像我国等新兴发展中大国蒙受巨大损失。

来愈高。而且，随着发达国家工业化的完成，在世界范围内新发现的大型矿山资源越来越少，且资源质量、金属品位下滑，矿山的建设费用大幅增加，资源价格将进一步上涨，在没有获得新的替代能源的情况下，中国不得不承受高价格带来的高成本。

同时，环境质量方面带来的压力也越来越大。这种情况下，推进经济发展方式转变必须充分利用"两个市场、两种资源"[①]。资源型企业"走出去"是主动利用外部市场和资源的重大举措，是加快经济发展方式转变的重要途径。但中国资源型企业目前"走出去"的天时已不如 20 年前。例如，日本的矿业海外投资是在铁矿行业低迷时进入的，成本低、矛盾少。因此，中国资源型企业"走出去"面临的风险和阻力将更多，必须更加注重优化自身的制度建设和投资策略。

三 从外面的世界看导致资源型企业 "赚不回"的困难

（一）并不真正公平开放的市场经济

在对外投资高速增长的同时，随着国际形势变化，中国企业特别是资源型企业"走出去"所面临的政治风险也加速显现。近年来，国外对中国资源型企业，尤其是国有企业存在偏见或过分敏感，在国际市场上，尽管中国资本受到世界各国青睐，欧美等国在其公开宣传中也加大了吸引中国投资的力度，但中国企业却时常在"走出去"过程中遭遇不公平待遇，特别是以"国家安全"为理由拒绝中国资源型企业并购的案例不在少数。[②] 从中海油收购优尼科失败，到中铝收购力拓不果，都折射了东道国政府以及相关政治势力对我国资源型企业海外并购的担心，它们视"中字头"的国有企业为我国政府的代言和象征，并不把其并购行为简单看做企业间的商业行为，担心本国资源行业受到冲击而影响产业安全和国家安全，畏惧我国经济不断发展和强大对其造成威胁，从而导致对我国企业大规模并购行为采取了消极甚

---

① 《加快转变经济发展方式是战略抉择——访国家发改委宏观经济研究院副院长王一鸣》，《人民日报》2012 年 11 月 2 日。

② 蓝庆新：《近年来我国资源类企业海外并购问题研究》，《国际贸易问题》2011 年第 8 期，第 154～165 页。

至反对态度。[①]

在国际经济形势低迷、贸易保护主义逐渐升温的环境下，许多所谓市场经济国家并不真正公平开放，而且政府效率并不高，但却带来了干预主体多元化的弊端。干预主体多元化主要表现在三个方面：第三国干预、第三国间接干预和竞争对手的干预。第三国干预主要来自美国。美国不仅要保证自身的矿产资源安全，致力于寻找对己有利的矿产资源来源渠道，而且还致力于控制世界矿产资源及供应源，干涉其他矿产资源供应国或消费国。美国通过立法的形式[②]来限制其他国家与某些资源国之间的合作。中国企业如果在缅甸、苏丹、伊拉克、利比亚、伊朗等"邪恶国家"并购矿产资源有可能遭遇来自美国的干扰。[③] 第三国间接干预是在中国企业参与海外矿产资源并购的过程中，一些国家出于战略控制意图和本国矿产资源战略等方面的考虑，对中国企业的并购行为施加影响和实施阻挠。[④] 竞争对手的干预是在矿产资源并购的过程中常遇到的问题。国外公司的竞争性行为会直接影响中国企业海外矿产资源并购的成败。竞争对手除了美欧等传统矿产资源进口大国，还有日本、韩国等传统矿产资源消费大国和印度、越南、菲律宾等新兴矿产资源消费大国。中国在海外矿产资源领域的拓展加剧了这些国家的供求矛盾，与中国在世界矿产资源主要产区构成竞争关系。[⑤]

---

① 如中铝在2009年2月宣布开始收购力拓，就受到澳大利亚内部一些政治势力的反对。澳大利亚国内许多议员与政府官员，还有一些协会组织甚至一些国际组织都认为中铝是我国国有大型企业，代表我国政府的利益，它对力拓的收购将极大地损害澳大利亚的国家安全，它们不断游说澳政府不要批准这一并购。正是这些因素导致澳大利亚外国投资审批委员会对原定30天审查期的拖延，再增加90天直到2010年6月15日，而这期间，国际铁矿石价格上涨，全球资本市场有了明显好转，力拓英国公司和澳大利亚公司采取了配股方式筹集了充足资金渡过了难关，于是便采取了毁约的方式。

② 1996年，美国公布《赫尔姆斯—伯顿法》，规定企业如果与伊朗、苏丹、朝鲜等美国所谓的"无赖"国家（Rogue state）开展经贸往来，就有可能面临遭受美国惩罚与制裁的风险。同年通过了《达马托法案》，禁止外国公司对伊朗和利比亚的能源产业进行大规模投资，并称要对违反制裁法案的外国公司进行报复。

③ 2004年初，中石化参与竞购沙特油气田项目时，美国外交部以伊朗武器问题为借口直接出面建议中石化退出竞标。2009年，美国驻非洲事务部外交官强硬要求修改刚果（金）与中国的基础设施换矿权协议。

④ 中国与俄罗斯石油管道问题就是因为日本的竞争性行为而一波三折，中国在俄罗斯的矿产资源投资规模也受到限制。

⑤ 刘晓岚：《中国企业海外矿产资源并购研究》，中国地质大学（北京）博士学位论文，2011。

（二）并不有利的时机

国际金融危机发生以来，全球产业正在经历一轮新的、更为深刻的调整，这其中就包括实体经济竞争的加剧，部分发达国家开始实施再工业化战略，重新振兴制造业发展。这也使得各国对矿产资源的重视程度与日俱增，很多国家特别是澳大利亚、加拿大等资源出口驱动型国家的政府加大了对本国矿产资源的控制力度，排斥国际资本进入其上游矿产资源开发领域，并试图以矿产资源为筹码谋取政治利益。他们通过加强并购审核和监管、提高政府分成、扩大对资源型企业的控股权、提高矿产资源税费等措施加大了对矿产资源的掌控力度。此时中国资源型企业大规模"走出去"很容易与抢资源关联起来，从而引起发达国家的过度敏感。

此外，不断上涨的成本也是成为中国资源型企业海外投资项目遭遇亏损风险的主要原因。

四　从自身的政府管理角度看资源型企业
为什么"'走出去'却走不好"

（一）"走出去"的行政审批程序繁杂

我国企业对外投资，需要经过国家外汇管理局、商务部、国家发改委、财政部和国有资产管理部门以及中国保监会、中国银监会、中国证监会等行业管理部门的审批。一般的企业对外投资至少要获得三个部门的审批，国有企业、保险公司需要审批的部门更多。而且除了商务部明确规定了行政审批的期限之外，其他部门的审批时间并不确定。而对国家规定的政策，各部门又有不同的理解，缺少统一的、具有较强可操作性的政策规范，增加了大量不必要的成本，也耽误了很多良机。

（二）政府的配套服务不足

第一，缺乏具有稳定性和权威性的基本立法。到目前为止我国还没有出台一部全面、系统规范对外投资的基础性法律，已有的规定仍然以国家多个相关部门的"数个"部门规章为主，缺乏足够的稳定性和权威性。第二，公共信息服务体系极不健全。目前有关政府部门虽然通过自己的网站建立了政务服务平台，但这类平台基本上都是根据本部门职能设计的，没有针对对外投资的统一平台，查找起来十分不便。而且外交部、商务部、国家发改委、中国银监会等政府有关部门各成体系，相互之间缺乏沟通和协调，很多有价值的信息往往不能传递到投资者手中而白白浪费。第三，缺乏能够帮助中国企业"走出去"的专业服务机构提供会计、法律等相关服务。第四，行业组织发育不够，难以对企业海外投资活动给予实质性支持。

（三）财税、金融等支持体系不完善

从目前国内所提供的金融服务来看，普遍难以满足"走出去"企业尤其是民营企业的金融需求。这主要表现在：第一，我国境内母公司向境外子公司在境外融资提供担保的审批门槛较高。由于政策的门槛较高、外汇审批时间相对较长，企业对外投资公司的后续资金，特别是补充境外企业流动资金遇到很多困难，有的企业甚至丧失了发展机会。第二，商业银行全球授信体系尚不完善。第三，对境外投资的政策性金融支持服务尚欠完善。我国"走出去"政策性金融服务集中在中国进出口银行。目前中国进出口银行提供的海外投资融资目前规模仍然较小，在其业务总量中占比较低，未能对境外投资提供充分的金融支持力度。同时，政策性融资以及融资便利的投向也存在明显的局限性，对国有企业、大中型企业的支持相对较多，而对中小型、民营企业海外投资活动提供的金融支持偏少。第四，商业银行提供跨境金融服务也远远不能满足企业跨国经营战略的需求。第五，资本市场不成熟制约企业跨国经营。第六，出口信用保险发展滞后。由于我国只有中国出口信用保险公司从事这方面业务，缺乏竞争，非商业化经营，因此，出口信用保险总体规模小，抗风险能力不强，所支持的境外投资项目不多，境外投资保险覆盖面较窄，并且出口信用保险公司目前的业务范围狭窄、业务规模较小、保费费率过高，这都制约了其对境外投资提供的金融支持力度。

（四）既有扶持政策之间缺少协调

从机构设置上看，中国目前还没有一个权威性的综合协调管理机构来进行海外投资的宏观协调和统一规划。由于海外投资管理机构不统一，职能分散在几个部门中，政出多门，多头管理的现象时有发生，导致审批内容重叠、职能交叉过多，大大降低了我国企业对外投资的效率。并且当中国企业"走出去"发生一些争议时，也因为各相关部门间缺乏协调，难以得到实质

性帮助和服务，也间接导致了企业在"走出去"过程中缺少全局的统筹协调，"走出去"时窝里斗的事件时有发生。[①]

五 从企业自身的角度看为什么走不好

尽管在目前的政治经济形势下，中国资源型企业面临着诸多的风险和阻力，我国"走出去"体制机制还不完善，但究其根本原因，还在于我国资源型企业自身没有做好准备，对天时地利人和考虑不够，且同跨国公司相比在国际化经营水平上存在较大差距。

（一）国际化经营管理能力严重不足

我国资源型企业在大型投资管理、大型投资资本运作方面都缺乏相关经验，既缺乏整体的企业模式运营经验，又缺乏具有国际经营经验水平的管理团队。在"走出去"过程中，很多企业急于先拿下项目，没有统筹考虑天时地利人和后而谋定而动。具体表现为：第一，考虑价格和易得性多而考虑投资目标与企业整体发展目标是否相符少；第二，没有制定长远的商业计划，对收购目标未来的发展方向不明确；第三，对投资目标的事前尽职调查不充分，导致没能及时发现其中的风险；第四，交易之前没有充分考虑整合计划，致使交易之后的整合失败或低效。同时，我国企业在海外经验中对当地的投资环境、政府效能、税收政策、劳工保护、工会谈判、国有化风险、外资政策、文化背景以及消费特点等各方面都缺乏细致的了解，在实践中常常不按跨国公司的规则办事，常混淆"政治"与"商业"之间的界限。此外，中国企业在文化整合和人力资本整合方面，与国际行业领先者相比存在较大差距。[②]

（二）投资方式单一

在投资方式上，体量太大且无本土合作方，收购和运营动静太大，以致容易将经济问题变为政治问题，最终被非经济因素破坏。由于资源行业

---

① 在澳大利亚收购铁矿石时，武钢、鞍钢、宝钢、中钢等央企都曾看中过皮尔巴拉的一处矿山，国内企业相互抬价，最终成交价格比原来高了1/3。

② 中国五矿正是在这些方面做得较好，具体可参见本书第四章"成功向资源型企业转型的中国五矿"。

本身就是个敏感行业，目前的海外资源并购往往以中国的超大国企为主进行，单一的投资主体和巨大的交易金额直接导致当地政府和民众对我国资源型企业的警觉与反感，再加上我国一些企业高调宣传，当地对"中国抢夺资源""中国威胁论"的担心与日俱增，结果使海外并购行为遇到许多障碍，甚至失败。比如在争夺蒙古的铜精矿奥优陶勒盖时，中国有多家企业决定参与奥优陶勒盖项目的开发，最后由国家发改委出面协调，由一家企业出面谈判。媒体对这一项目进行了过度报道，这让蒙古觉得奥优陶勒盖项目的背后还有强烈的政治色彩，一个项目的谈判却招来国家发改委的介入，对此非常反感。

（三）国企体制的弊端

中国资源型企业"走出去"的主体主要是国有企业，国企在体制上有着自身的弊端，主要表现在：一是从产权的角度来看，由于国有资产的"产权主体缺位"，企业缺乏严格的成本收益核算观念，对外并购不计成本，投资决策缺乏科学、全面的评估和调查。二是出于对政治影响、社会安定和国际安全等非经济目标的考虑，国有企业主导的并购不可能只考虑经济效益，往往以高价竞购海外矿产资源以保证国家的矿产资源安全，这显然不是市场经济中的企业行为。三是在以"走出去"的成果作为考察国企领导者政绩主要标准之一的大前提下，国有企业海外矿投资普遍存在好大喜功和盲目并购的问题。很多投资不具备商业理性，国有企业领导人为追求业绩把海外矿产资源并购当成"政绩工程"来进行，或把其当成理想来追求，而往往忽略了并购代价。四是国外银行提供并购贷款时，首先会对目标资产进行评估，而国内银行对国企多提供的是政策性贷款，很少对目标资产进行价值评估，这也会导致并购成本的虚高。①

（四）时机选择不当

在时机上，中国资源型企业没有未雨绸缪的超前思考，往往是在市场已经火暴时才开始部署相关工作，这样不仅成本高且易于吸引太多关注，经济问题政治化也与时机紧密关联。反之，跨国矿企的收购，如力拓，收购加

---

① 刘晓岚：《中国企业海外矿产资源并购研究》，中国地质大学（北京）博士学位论文，2011。

铝，就使其"经济的归经济"；合作开发蒙古铜矿，就是在冷门地域超前地开疆拓土。在中海油并购优尼科的过程中，时机选择就是中海油失败的一个重要因素。

（五）缺少全面规范的制度

部分中国企业过于"急功近利"，未将企业自身利益与东道国国家利益、所在社区利益有利结合，并且缺少全面规范的制度，从而引发争议。这种"急功近利"表现在两个方面。一方面，相当多的中国资源型企业"走出去"，主要盯着自身所缺乏的资源和技术，而在当地投资建厂较少、招募当地劳动力不够；另一方面，部分中国企业在海外没有履行好企业社会责任，特别是一些中小民营企业，社会责任意识普遍不强。尽管在当地投资建厂，但不注重招聘当地员工、无视资源的可持续开采和环境保护、与当地社区缺乏交流等，从而引发当地民众不满，爆发争议，这样的实例在第三世界国家时有发生。

综上所述，我国矿企"走出去"屡屡受挫，从内因角度，还是要归咎于一些公司考虑不周，且在一些方面没有像跨国公司一样办事，以致经济问题容易变成社会问题，在特殊情况下甚而引发政治问题。①

六　促进资源型企业"走得好"的政策建议

未来中国资源型企业"走出去"将面临更多的风险和阻力，而风险是普遍存在的，对不同的企业和行业来说，在不同地区拓展业务都会遇到不同的风险，但也会获得不同的机遇。未来几年，正是资源型企业抓住战略机遇提升国际地位的绝好时机。要把握好这一机遇，促进中国资源型企业"走出去"并"走得好"，既需要政府在政策上的大力支持与不断完善，也需要企业不断修炼内功，提升自身的国际竞争力。因此，对于上述我国企业"走出去"的体制性障碍和企业自身存在的问题，必须从政府和企业两方面入手，不断进行改革与发展，如附图1所示。

----

① 中国的矿企在非洲引发群体性事件已不是孤例，而力拓等跨国企业不仅近30年从未引发这样的事件，甚至其矿业生产安全状况（如事故伤亡人数）也实现了全球无差异（例如，2007年，力拓集团因为安全生产事故死亡3人，其中只有1人为其发展中国家分公司员工）。

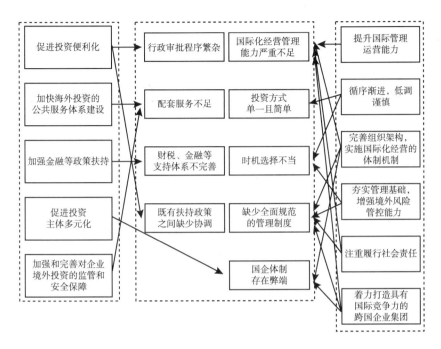

附图1 促进资源型企业"走出去"的政策措施

（一）政府助力资源型企业"走出去"

第一，促进投资便利化，完善对外投资的管理体系。进一步转变政府职能，深化境外投资管理体制改革，突出企业的市场主体地位，加快境外投资法制建设，对各类所有制企业一视同仁，简化审批、规范程序、强化服务，加强部门间协调与配合，形成合力，完善工作机制并充分发挥作用。各级政府应各司其职，积极为企业对外投资创造良好条件，根据国民经济发展和对外开放的需要，制定境外投资规划，抓紧制定出台境外投资产业指导政策。

第二，加快海外投资的公共服务体系建设。一要构建我国企业对外投资的技术和法律支持体系；二要支持商会、行业协会等组织在海外投资方面发挥更大作用；三要建立高效、快捷、准确的海外矿产资源投资的信息支持系统和信息处理系统，广泛收集并及时掌握各国尤其是主要资源国有关矿产资源并购政策、政治、经济、文化和法律等条件以及目标企业相关情况，为中国企业提供全面而可靠的信息，有助于他们在此基础上做出正确的决策。

第三，尽快加强金融等政策扶持。一是积极发展外汇市场，加快市场产品开发，方便跨国企业规避窗体底端汇率、利率等风险；二是继续深化外汇管理体制改革，取消不必要的管制，简化手续，提高用汇和汇出的便利化程度；三是鼓励有条件的国内金融机构设立和发展境外机构，包括探索采取并购方式参股境外金融机构，为企业跨国经营提供便利的金融服务等；四是充分利用区域性金融平台，积极鼓励企业参与国际经济合作；五是搭建以财政资金为导向、政策性金融为杠杆、商业性金融为主渠道、资本市场为必要补充的金融支持平台。

第四，促进投资主体多元化。我国具备"走出去"能力的资源类公司，以国有企业为主。国有企业的政府背景问题，将是我国资源型企业"走出去"不得不面对的问题。萌生于体制外的民营企业具有强大的生存能力，他们的投资行为模式与国企相比更接近商业运作，符合市场化、私有化的西方国家制度安排。加上实施主体背景的不同，可能遭受到的国际政治干扰和阻力会小很多，成功的可能性会更高。因此，要将民营企业高效的机制与国有企业强大的政策、资金支持和管理背景相结合，同时民营企业之间也要相互合作，结成战略联盟，形成合力，谋求共同发展。

第五，加强和完善对企业境外投资的监管和安全保障。一是对企业国际化运行情况进行有效监控，研究制定宏观监控规程，设立宏观监控分析数据指标体系；二是推动建立国内有关行业组织、我驻外使领馆经商机构、境外中资企业商会、国内投资主体等共同参与的形式多样的协调机制，加强行业自律，规范经营行为，且防范恶性竞争，维护我国利益；三是建立跨国经营风险预警系统，防范系统性风险。加强对重点国家和地区政治经济形势、民族宗教矛盾、社会治安状况、恐怖主义活动等信息的收集、评估和发布工作，建立安全风险预警、防范和应急处置机制。

（二）企业苦练内功，提高"走出去"的判断力和管理水平

第一，提升国际管理运营能力。一要树立合作共赢的经营理念；二要提高跨文化管理的能力。应以强化跨文化管理作为思路切入点，结合各自企业特点和市场需求，努力探索新的合作途径和方式。要注重对企业融合文化的培养和优化，加强跨文化训练，增强文化沟通技能，促进不同文化背景的人员之间的沟通和理解。要通过跨文化培训等方式，培养跨文化创新团队，提升企业管理整合能力，尽可能规避文化冲突和信任危机；三要加强产业与金融的结合。中国的金融机构和产业的"走出去"应该不断加强沟通、深化合作机制，尽量实现同步、共赢、良性发展。

第二，在战略步骤上，要循序渐进，低调谨慎，不要贪大求洋，不追求轰轰烈烈。资源型企业刚开始时可选择投资于一个相对较小的项目，通过这个小项目来熟悉环境、锻炼队伍、发现人才；以这样的小项目为基础，积累经验，尤其是并购后整合的经验，探索并购后新的盈利模式，待成熟后再逐步拓展，逐步做大做强。这种循序渐进、低调务实的步骤才是中国资源型企业"走出去"应当遵循的战略步骤。

第三，完善组织架构，理顺"走出去"，实施国际化经营的体制机制。要建立并不断完善境外经营管理的组织架构，明确职责、理顺关系、落实责任，重视国际化经营组织架构和经营模式的创新。一是构建符合自身国际化经营要求的组织架构，实行规范管理；二是建立与本企业特点相结合的国际化经营管理体系；三是在体制上保证境外企业的活力。通过完善公司治理、明晰产权，创新国际化经营工作的有效方式。要根据投资方式方法和融资模式的创新要求，学会作为战略投资者，提升资本运作层面有效管理的能力；四是为海外公司国际化经营业务的拓展提供信息、融资、技术、法律、政府协调等后台支撑，做好国际化经营的后勤保障，解除海外工作人员的后顾之忧。[①]

第四，夯实管理基础，增强境外风险管控能力。一是要完善企业各项管理制度。严格财务管理，加强境外资产管理，完善境外资产损失责任追究制度，规范投资决策程序，严控风险，提高投资质量和效益。二是要加强对境外项目的运营管理和过程监控。推动项目的决策程序、策划和实施过程、后期运营的专业化管理。企业"走出去"要以经济效益评价作为项目是否可行的首要标准，要加强项目前期的尽职调查和可行性研究工作，可借用中介机构的力量，但更重要的是逐步培养和形成自己的专业化队伍。三是要提高风险意识，建立和完善境外业务全面风险管理体系。

第五，注重履行社会责任。要坚持依法诚信经营，注重履行社会责任。要注重文化交流和融合，促进社会和谐。一是要完善境外机构社会责任工作组织体系和评价体系，建立企业社会责任报告发布制度，将企业社会责任全面融入企业管理；二是要积极推进属地化经营管理；三是要树立长远发展的理念，更加注重对自然环境和各类资源的保护，促进当地实现可持续发展；

---

① 《黄丹华在中央企业"走出去"工作会议上的工作报告》，http://money.163.com/11/0615/10/76J6GVLF00253B0H.html。

四是要积极促进与当地的融合。要尊重当地法律和风俗习惯，积极参与社区建设，加强与当地的文化交流，为企业发展创造良好的外部环境。

第六，加强学习与创新，着力打造具有国际竞争力的跨国企业集团。企业"走出去"实施国际化经营，在更大范围、更广领域、更高层次上参与国际竞争与全球分工，最重要的是在这个过程中打造企业的国际竞争力。因此，要加强与本行业的国际一流企业对标，找出差距与不足，科学谋划企业国际化经营发展方向，创新发展方式，逐步形成企业自身在技术、人才、营销和文化整合能力等方面的竞争优势和核心竞争力。要加强企业之间的联合，充分发挥各自优势，增强规模实力和国际影响力，不断提升国际化经营水平，打造具有国际竞争力的跨国企业集团。[①]

第七，加强协调公关能力。中国企业在开展海外矿产资源并购的过程中，一方面应向政府、政治家、媒体、金融评论员等相关人士充分强调中国国有企业是自主经营、自负盈亏、独立核算的经营企业，中国政府依照所有权与经营权分离的原则授予国有企业经营管理权，国有企业也是追求经济利益最大化的"经济人"。中国政府对国有企业的管理与监控是宏观的、间接的，并未涉及国有企业自身的经营管理活动。另一方面要向监管部门、工会、当地社区、当地土著、当地劳工组织等进行清晰、简明、预先而公开的传播活动并充分释放善意，比如中国五矿在并购澳洲 OZ 公司过程中，公司管理层就有意识地与澳方执政党和在野党均进行接触，从而有效避开了反对党可能出现的阻挠问题。中国有色在并购亚卢安夏铜矿过程中，也是因为向该国政府作出了"不减产、不裁员工、不减投资"的承诺，进而取得了该国政府的大力支持。

综上所述，我们基于国内外经济政治形势分析了中国资源型企业"走出去"面临的风险与阻力，从政府管理角度分析了企业"走出去"的内部制度性障碍，从企业自身分析了资源型企业在管理体制、投资方式等方面存在的不足，并在此基础上从政府和企业两个方面提出了推动企业"走出去"并"走得好"的政策建议。中国资源型企业要成为具有国际竞争力的大型跨国公司，只能从内外两方面循序渐进地完善。在我们提出的对策建议中，有些方面可能短期内有望实现，有些方面则是一个长期的过程。对政府而

---

① 《黄丹华在中央企业"走出去"工作会议上的工作报告》，http://money.163.com/11/0615/10/76J6GVLF00253B0H.html。

言，简化审批、规范程序、强化服务，促进投资便利化；加强对民营企业"走出去"的支持，促进投资主体多元化；加强和完善对企业境外投资的监管和安全保障；建立海外矿产资源投资的信息支持系统和信息处理系统，加强"走出去"企业的宏观指导都是在短期内可以实现的。但金融财税政策的加强则涉及金融制度、外汇管理体制、保险制度等多方面体制机制的改革，同时海外投资的公共服务体系建设涉及经济法律制度的建设以及商会、行业协会等组织的发展，这些不可能一蹴而就。对企业而言，改变投资方式、夯实管理基础、注重履行社会责任，只要企业转变观念，就有望在短期内实现，但提升国际管理运营能力、完善组织架构，打造具有国际竞争力的跨国企业集团涉及企业制度的改革，尤其是国有企业体制的改革，组织结构的变革，人才的培养，这些方面的进步也非朝夕之工。但不论是短期或长期实现，都是政府和企业改革与发展的方向。

（本部分主要执笔人：卓杰、刘洁）

跨国矿企是怎么跨进发展中国家的?

中国的企业尤其是矿企"走出去"后大多步履沉重,难言"走进去",以致迄今中国还找不出一家海外业务产值大于本土业务产值的真正的跨国公司。[①] 看到中国资源型企业"走出去"的种种不足后,必须"师夷之长"。在这方面,多家跨国矿企就是良师,例如力拓。中国矿企要想"谋发展",就必须借鉴这些跨国矿企的崛起经验,尤其是他们"跨进"发展中国家的经验。

——引子

一 大型跨国矿企的跨国成就

(一) 发展历程

国际知名矿业企业的历史大多可以追溯到 19 世纪 60 ~ 70 年代。在其逾百年的发展历程中,也曾走过不少弯路,也屡屡经历行业低潮[②],但是最终都能坚持下来并成长为矿业行业的巨人。纵观欧美国际知名矿业公司的战略发展模式的演变历史,可以发现这些公司普遍经历了诞生、成长、快速拓展和调整发展等阶段(如附表 1 所示),目前普遍处于调整和调整后的快速发展期[③]。

[①] 当然,从这个角度说,中国迄今为止找不出一家真正的跨国公司(像德国大众汽车公司那样在中国的产量和利润高于母国且其生产基地遍布全球多个国家),矿企概莫能外。

[②] 即便力拓这样的公司,在 20 世纪 90 年代矿业发展低潮中也曾长期"半死不活"。

[③] 燕凌羽、王安建、陈其慎等:《世界大型矿业公司发展历程浅析》,《中国矿业》2012 年第 5 期,第 8 ~ 12 页。

附表1　大型跨国矿企的发展历程

发展阶段	特　　　点
诞生期 19世纪60~70年代	本地企业：单矿种专业化、本地化，通常专注于单一矿种的勘探开采业务或单矿种的冶炼业务（这方面与中国现阶段的多数中小企业类似）
成长期 20世纪20~40年代中期	空间上开始跨国，业务范围上纵向一体化、矿种多样化：一方面向矿产品行业内部的中下游产业链进行延伸，实行纵向一体化经营战略；另一方面向不同矿产品之间进行横向延伸，实行矿种多样化经营战略
快速拓展期 20世纪40年代后期~80年代中期	从矿企向综合投资集团转型，且常常借助全球资本市场（在多国上市），业务领域多元化，逐渐涉足矿业以外的其他产业
调整发展期 20世纪80年代中期~90年代中期	在加大跨国力度的同时回归核心业务（矿业及相关领域）以提高效益：一方面内部主动决策放弃那些与矿业不相关或不具有竞争优势的行业以及竞争对手过强的项目，另一方面大举收购兼并中中小型矿业公司中的优良矿业资产
跨越大发展时期 20世纪90年代后期至今	着力于在发展中国家开疆拓土，并通过资本市场的战略性兼并重组，真正成为国家属性较淡、生产规模国外大于母国，但在矿业上下游产业（从勘探到海运）垄断地位大幅度增强的跨国矿企

　　通过跨国矿企发展历史的总结，可以看出国际一流矿业公司大多是由矿山采选业或冶炼业起步，在公司发展前期大多实行专业化经营；经过多年发展，逐步向上、下游延伸，实行一体化经营；然后再向多品种经营发展，直至壮大成为具有雄厚经济实力的集团公司。这些公司在战略模式的选择顺序上，一般按照专业化、一体化、多元化的顺序。在专业化战略、一体化战略发展到一定时期，再慎重考虑多元化。近几年来，世界矿产资源领域内的战略性兼并重组在不断深入，通过战略性兼并重组，在世界石油、天然气、铜、铝、锌、镍等矿产资源产业领域中形成了新的规模更大、实力更强的巨头，进一步控制了全球矿产资源的市场，改变了矿业的充分竞争格局，给产业未来发展带来了深刻的影响。尽管这种局面对中国这样的对大宗矿产资源存在旺盛需求的发展中大国不利，但就这些矿企的母国而言，显然这些矿企达到了为国家"保需求"和为自己"谋发展"的双重目的。

（二）跨国矿企在发展中国家的成就

　　相当多的跨国矿企在调整发展期和跨越大发展时期在跨进发展中国家时大获成功，这有其时代背景：随着发达国家环保要求提高及资源税等成本不断增加而发展中国家逐渐实行积极的矿业对外开放政策，全球矿业生产的重点逐渐由发达国家向发展中国家转移，跨国矿企在资源丰富却开发不够的发展中国家的矿业投资所占比例日益提高。例如，在非燃料固体矿产勘察投资方面，2006 年，拉美、非洲和亚太地区（不包括澳大利亚）占全球投资的比例为 42.1%，其中亚太地区为 3.7%，非洲为 15.6%，而拉美仍继续保持其优势地位，居全球第一位，占 22.8%。在非燃料固体矿产开发投资方面，2006 年 2080 亿美元（不包括延期项目）的矿山开发投资预算中，拉美、非洲和亚洲共占 58%，3 个地区占总投资的比例依次为 28%、16% 和 14%，拉美居世界第一位，非洲居第三位，亚洲居第五位。在矿山生产，特别是原矿生产方面，发展中国家占有较大的比重，在固体矿产生产中所占比例为：矿山产量占一半左右，精炼产量占 1/3 左右，分别比 20 世纪 80 年代初各增长约 15 个百分点。目前，70% 以上的黄金产于秘鲁、印度尼西亚等发展中国家。在石油生产中，发展中国家所占比例超过 60%，比 20 世纪 80 年代初增长了约 10 个百分点。[①]

以必和必拓、淡水河谷和力拓铁矿石三大巨头为例，它们都非常看重发展中国家丰富的资源及其对矿产资源开发的强烈需求，均加大了在发展中国家的投资力度。

——淡水河谷，其矿产开发规划项目遍及全球各个地方，新开发的大项目则主要在发展中国家，其中包括：在委内瑞拉开采煤、铝矾土、铜、铁和钻石；在巴西开采铝、铜、镍、铂族金矿、锰、钻石、高岭土和铝矾土；在蒙古开采铝、铜和煤；在中国开采煤、铜和铝等。

——必和必拓在全球 25 个国家拥有 100 余个项目，包括智利埃斯康迪达铜矿（Escondida）、秘鲁廷塔亚铜矿（Tintaya）、哥伦比亚塞罗马托索镍矿（Cerro Matoso）等发展中国家的矿山。2007 年必和必拓公司作为 Escondida 矿 57.5% 股份的持有者成为智利纳税最多的非国有公司，共向智利政府交税 23.9 亿美元。2008 年必和必拓在智利北部地区发现了一处新铜矿——"潘帕埃斯孔迪达矿"，该矿位于世界最大的埃斯孔迪达铜矿区，铜矿石储量达数亿吨，矿石中铜含量在 0.6% 和 1% 之间。此铜矿是必和必拓 1991 年在智利北部发现科亚瓦西铜矿以来的最大收获，初步估算可获纯铜 700 万吨，一些专家甚至认为纯铜量可达 3000 万吨。必和必拓在埃斯孔迪达铜矿区已累计投资约 62 亿美元。该矿区每年生产约 130 万吨铜，接近智

---

① 数据引自《全球矿产资源跨国开发现状与发展趋势分析》，gojoying. blog. hexun. com/24362240_ d. html。

利全国总产量的四分之一。必和必拓还计划未来 5 年内在智利投资 3.27 亿美元,用于扩大铜生产。

——力拓的生产经营活动遍布全球,主要资产分布在澳大利亚和北美洲,同时在南美洲、亚洲、欧洲和南非也有大量矿产。其中,力拓公司拥有印度 Gandhamardan 铁矿 51% 的开采权益,在巴西获得 Porto Trombe-tas 铝土矿 12% 的开采权益,在几内亚 Sangaredi 铝土矿和加纳的 Awaso 铝土矿分别拥有 22.95% 和 80% 的开采权益,在智利拥有 Escondida 矿山 30% 的矿山开采权,所控制的品位在 1.05% 的铜储量达 16.9 亿吨。力拓通过收购加拿大绿宝石山矿权获得了蒙古奥尤陶勒盖铜精矿项目。从储量来看这座铜矿是世界最大的铜矿之一,目前项目开发仍然按计划进行,将于 2013 年上半年首次开始商业生产。2011 年,力拓在发展中国家的钻石等小宗矿产品开发上也有一系列引人注目的动作:一是经探测发现,其在塞尔维亚的锂硼酸矿项目的矿床开发潜力可能超过全球锂需求的 20%;二是对在印度的钻石项目进行了可行性研究。

近些年来,中国已经成为跨国公司普遍青睐之地,跨国矿企自然也很重视中国市场,只是由于相关制度障碍,其在中国的开发力度在较长时间里相对较小,但其对中国矿业生产以外的其他环节介入更广,甚至包括法规修订。2002 年,力拓在甘肃成立甘肃秦齐勘探合资公司,主要关注铜镍矿。力拓在北京设有勘探代表处,7 名员工中 5 人是地质学家,在可能含煤、铜、镍和工业矿物的地区进行勘探作业,如:新疆、内蒙古、黑龙江和广西。另外,1994~1995 年,力拓曾参与讨论中国《矿产资源法》的修订,从 2004 年起,力拓定期与中国国土资源部有关专家就《矿产资源法》的修订进行对话,意图与中国分享可为中国勘探可持续发展借鉴的经验,并为其扩大在中国的开发力度进行铺垫。这几年,由于金融危机的影响,这些国际巨头更加看重在中国的发展。2011 年 12 月,力拓和必和必拓公布了 2012 年采购计划,并展开与中国供应商的深度洽谈。必和必拓首席采购官 Drik Van De Putte 强调:"必和必拓计划在未来 5 年内,在中国的采购额度将达到 60 亿美元,比过去 5 年的采购总额翻一番。"同时,力拓 2012 年在中国的采购预算也达到 10 亿美元。①

---

① 从 2003 年在中国设立采购办事处以来,力拓不断加大在中国市场的采购力度。2010 年,力拓在中国的采购原材料、运营物资的金额仅有 4 亿美元,2011 年这一数值已经攀升至 12 亿美元,2012 年更是有望突破 15 亿美元。

国际矿企能够成功跨入发展中国家既有其共性的手段，也有企业的一些独特经营方式。他们都具有科学合理的公司战略、先进的管理经验、强大的国际运营管理能力以及良好的企业社会形象等等，这些商业功夫以及商业之外的功夫都值得中国矿企学习与借鉴。

二 大型跨国矿企跨国发展的共性手段

许多跨国矿企在做大做强的过程中成功跨进发展中国家，其手段有很多共性。总结这些共性手段，显然对往往以其他发展中国家为目标的中国矿企"走出去"并走得好具有直接借鉴价值。

（一）具有科学合理的公司战略，并拥有较强的国际运营管理能力

科学的经营管理和正确的企业发展战略对于大型跨国企业至关重要。跨国矿企能够成功跨入发展中国家与其清晰的企业发展战略、强大的国际运营管理能力密切相关。力拓的发展战略是集中同行业中最好的资产，引领企业逐步成为世界矿业发展的领导者。长期以来，力拓依靠技术创新、与客户合作以及可持续发展理念来拓展业务，促进了力拓的发展壮大。必和必拓传承其一贯的精神理念——技术革新、提高生产力和发展多样资产组合的经营模式，并向股东承诺：今后将继续保持公司的稳定发展，并将其看作公司投资和日常运营的首要目标。瑞士斯特拉塔集团公司的主要战略目标是以可持续的方式创造卓越的股东价值，其战略实现途径是：提供股东有吸引力的资产组合；通过发展有机增长项目组合和执行增值收购，提高资产数量和质量；实现和保持行业领先的健康、安全和环保绩效的标准和与利益相关者一起努力；通过一个高度分权的管理结构，促进高绩效和创业文化；合乎道德地开展业务活动，具有商业可能的最大的透明度。[①] 一直以来斯特拉塔集团通过并购、经营转换和提升净现值、有机增长而不断发展。[②]

进入跨越大发展时期以来，跨国矿企普遍采用了并购战略来获得快速成长。纵观占据世界矿产资源舞台主角地位的跨国矿业企业的成长历史，无一例外都是经过数次甚至数十次的并购整合而成长起来的，他们的成长历史，

---

① 这些方面恰恰是我国资源型企业所欠缺的。
② 姚君：《斯特拉塔集团公司煤炭经营行为研究》，《中国矿业》2011年第11期，第32～35页。

实际上也是一部并购的历史。近几年来，跨国矿企对全球矿产资源的控制程度不断提高。许多跨国矿企，如埃克森、英荷壳牌、淡水河谷、力拓、必和必拓等，着眼于全球战略，将其产业链上的各增值环节定位到最能实现其全球化战略的目标上，采用联盟、联合、兼并、收购等方式，增收节支，提高公司经济效益。

开展并购行动的各大跨国矿企往往财务和经营状况良好，实力雄厚，富有竞争力，通过并购进行的资产重组和结构调整，大多不是出于经营和财务压力，而是着眼于未来竞争的需要而展开的战略性行动，是一种战略驱动型的并购。对于大型跨国矿企来说，其并购的主要目的是扩大规模和提升价值。这一点，即便不是三大矿企，手段也类似。例如，俄罗斯铝业公司通过并购成功地扩大了企业规模和市场份额。2006年10月9日，俄铝、西伯利亚—乌拉尔铝业公司和瑞士嘉能可国际公司（Glencore International AG）合并组建俄罗斯联合铝业集团（United Company Rusal），三家公司分别持有66%、22%和12%的股权。新组建的俄铝集团电解铝产量达到440万吨/年，铝产量为1130万吨/年，分别占到全球供应总量的12.5%和16%，成为全球最大的电解铝和氧化铝生产商。新公司组建后，继续在全球范围内开展大规模的并购投资和新建投资活动，尤其是围绕铝产品生产展开的投资，大大扩展了公司的经营活动区域，使其国际化生产与经营水平大大提高。并购形成的规模经济效应降低了俄铝的成本，减少了同行业间的过度竞争，同时提高了俄铝的竞争优势。而且这些矿业公司在进行跨国并购时，往往事先确定科学的并购战略，严格地按照战略部署来实施；在并购过程中能够适应科学的规律，根据企业成长的阶段来有序地进行；能够通过成功的融资安排、出色的谈判技巧来战胜竞争对手；在并购完成后能够较好地整合管理资源和人力资源，适应资源国的社会文化，从而能够很好地实现协同效应，创造新的价值。因此，并购对各大矿业来说是企业发展战略的需要，企业在并购过程中严格遵循企业规律，是单纯的企业行为，这与中国资源型企业在并购方面的做法有很大不同。①

（二）投资方式丰富多样

国际大型矿业公司在发展中国家的矿产资源开发进程中，根据实际情

---

① 本书第四章对此进行了详细阐述。

况，遵循国际惯例，采取了多样、灵活的投资形式，取得了良好效果，即便是在常见的并购方式中，不仅有纵向并购，还灵活地采取横向并购和混合并购等多种形式。斯特拉塔公司对加拿大鹰桥公司的并购方式主要是混合并购，这种并购方式既可以扩大企业规模以实现规模效应，又会减少竞争对手，加强其垄断地位。原斯特拉塔公司的经营范围主要是铜、炼焦煤、热煤、铬铁、钒、锌和铝等产品，并购后增加了镍、铜和白金等重要的矿产品，扩大了矿产品的经营范围，尤其是镍产品在世界上有了重要的市场地位。同时，斯特拉塔公司和鹰桥公司原来都有回收金属材料再利用加工厂，又属于横向并购的范畴，可以减少竞争和增加市场份额。这样，新公司在矿产品的结构上更为合理，营销网络也更为广阔，提升了公司的综合竞争实力。另外，混合并购的方式有效地规避了横向并购所产生的"反垄断审查"的麻烦，有助于斯特拉塔公司在与加拿大 Inco 镍业公司的竞争中胜出。

在并购模式上，随着矿业领域竞争的日益激烈，国际跨国矿业企业开始转向"强强结合"的并购模式，并购方与被并购方往往都是实力相当，规模相近，具有相当竞争地位甚至处于行业龙头地位的大型跨国资源型公司，目的是为了结成战略联盟，实现优势互补，如埃克森和美孚、英国石油和阿莫科、雪佛龙和特萨科等。其中，英国石油公司与美国阿莫科的并购就属"强强联合"的典范：这两大公司合并后几乎没有业务重叠，也没有区域市场的竞争，合并完全是出于扩张自身实力，增强国际竞争力的需要。它们合并后组建成美国国内最大的石油和天然气生产公司。①

（三）实施全产业链发展战略，重视上游矿产资源储备掌控能力

与中国资源型企业通常实行的因地制宜、灵活机动地有选择性地实施勘探、采矿、选冶和加工的企业发展战略不同，大型跨国矿企一般遵循集勘探、采矿、选冶和加工为一体的完整的产业链式的企业发展战略。实施这种发展战略虽然会遇到找矿难度大、风险高、投资大、矿山开发标准高、运营周期长的困难，但非常有助于实现矿企的规模性开发和生产，且企业资源利用率高，规模经济效益高，符合国际标准的环保、安全规范，是标准的国际

---

① 在海外投资，中国企业尤其是大型国企总是希望能够获得控股权，这也给外界造成了强势占据资源的态势，使资源国对中国企业产生了误会，更放大了国有企业的政府背景。事实上，中国企业可以先参与海外的投资运作，先学习别人的经验。

矿业企业发展模式。[①]

  首先,矿业公司的良性发展离不开自身资源储量的稳定性。纵观国际知名的综合性矿业公司,在其整个发展历程中无不把储备上游资源、拥有雄厚而稳定的原矿供应基地作为战略调整的基本出发点。尤其在矿业市场竞争日趋激烈的今天,各大矿业公司普遍意识到只有掌握雄厚的矿产资源储备,拥有自身稳定可靠的原矿来源,才能很好地规避由于原矿的来源和价格波动带来的经营风险。大型矿业公司一方面通过增加自主勘查投资,另一方面通过参股或购买已有勘探成果的方式不断扩张自身上游资源储量,拓展资源型矿山的服务年限。例如,通过公司合作和参股的方式,力拓公司目前分别拥有加拿大 Carol 铁矿和印度 Gandhamardan 铁矿 59% 和 51% 的开采权益,巴西 Porto Trom-betas 铝土矿 12% 的开采权益,智利 Escondida 矿山 30% 的矿山开采权等。必和必拓公司通过遍布世界各地(亚洲的新加坡、澳大利亚的珀斯、南非的约翰内斯堡、欧洲的莫斯科、南美的里约热内卢和加拿大的范库弗峰)的 6 个专业子公司进行全球的矿产勘探业务。2010 年的勘探支出达 18 亿美元,主要的勘探项目分布在:安哥拉和刚果民主共和国的钻石矿,蒙古和哈萨克斯坦的铜矿,西澳州、菲律宾、俄罗斯、中国和非洲的镍矿。除此之外,还在澳大利亚、南美、西非和东南亚等地成矿条件良好的地区开展资源风险探矿。

  其次,大型跨国矿企的资源储备战略是其实现全产业链战略的具体表现之一,而实施全产业链战略是一个大型矿业集团成长发展的必经阶段。通过全产业链战略,矿业公司可以更好地实现规模化经营和资源的优化配置,降低经营成本,提高效益,加强核心业务,提高企业竞争力,更好地实现和巩固其在国际矿产品市场的垄断地位,因此大型矿业公司在成长过程中普遍通过战略合作、兼并重组、参股等多种手段不断调整和完善自身的产业结构,在拓宽矿产品经营种类和范围的同时积极活跃在矿业产业链的各个环节,努力在业务上实现纵向一体化,即建立矿产勘查、开发、加工、分销到市场的一体化集成业务系统。放眼全球,成功的大型跨国矿企无不拥有包括专业勘探服务机构、矿山、冶炼加工厂、全球销售团队等全部的矿业产业链环节。力拓集团按地域来划分勘探团队,分布在北美、南美、澳大利亚、亚洲以及欧非地区。其中地处亚洲的勘探队是 2006 年成立的,另外还有一个新项目

---

① 丁龙:《国际矿业企业发展模式研究》,《中国矿业》2009 年第 6 期,第 17~23 页。

开发小组，旨在全球范围寻找新的勘查项目。集团每年要投入 1 亿美元在 30 多个国家开展勘探作业。力拓矿业还组建有技术创新部门，为各个集团业务产品公司提供技术帮助，为公司发展及管理层提供有关政策、技术咨询，包括提供安全和环保水准、优化集团整体的经济效益和增加产品附加值等，同时参与集团的对外合作项目。反观我国，金属冶炼能力虽然位居世界前列，但是上游原料严重依赖国外供应。中国钢铁企业话语权的缺失以及对铁矿石的依赖更是凸显了我国资源储备和企业在产业链中发展的不足。

（四）利用资本市场模糊企业的国家属性甚至企业属性，通过资本运作战略实现做大做强

正如我们在第四章中所述，大型跨国矿企通过多地同时上市，不仅使矿业公司具备了很强的国际资本市场的融资能力，极大地分散了企业资金运作的风险，而且更重要的是多地上市使这些矿业巨头融入了各个国家和地区，不再只是某一个国家的企业，从而模糊了国家属性。跨国矿企之间也使得企业在全球并购的过程中受到的政治阻力较少。力拓、必和必拓、淡水河谷、美铝等跨国矿企都是在世界各地多个国家的证券交易所公开上市。例如，必和必拓公司在澳大利亚、伦敦和纽约等地的证券交易所挂牌上市，南非安格鲁黄金公司在巴西的约翰内斯堡交易所、纽约证券交易所、澳大利亚证券交易所、伦敦证券交易所、巴黎交易中心以及布鲁塞尔交易中心等多个地区公开发售股票进行融资。利用从各地资本市场上募集来的巨额资金，各大矿业巨头便可以收购兼并潜力巨大的矿业资源或在产项目，从而获得快速发展。[①] 澳大利亚的埃奎诺克斯矿业公司（Equinox）1994 年即实现了在澳大利亚证券交易所的股票上市。为了募集资金开发非洲最大的赞比亚卢姆瓦纳铜矿项目，该公司在 2004 年又完成了在加拿大多伦多证券交易所的股票公开发行上市，成为双重上市公司。此次上市共募集资金 1248 万美元，用于推进开发卢姆瓦纳项目，继续在赞比亚、秘鲁和澳大利亚勘探新项目。然而不仅国际大型矿业公司积极通过资本市场募集资金，中小型矿业公司也通过资本市场获得了成长壮大急需的项目资金。瑞士的斯特拉塔矿业公司

[①] 例如，必和必拓利用同时从多个资本市场上募集到的庞大资金在 2005 年以 73 亿美元的价格成功收购澳大利亚 WMC 矿业公司，此举不仅为公司增加了世界级的镍、铜资源储备，同时也通过新增铀矿从而完善了公司的能源产业链。

（Xstrata）在 2001 年时仅是一个在瑞士上市的小型矿业公司，公司市值约为 5 亿美元，主要在南非和欧洲经营铁合金和锌的业务。2002 年 3 月 Xstrata 通过在伦敦证券交易所公开募股的方式，迅速募集了大量资金，其市值增加了近 10 亿英镑。Xstrata 公司借助募集到的资金成功收购了澳大利亚 Enex 和南非 Duiker 煤炭价值 25 亿美元的资产，成为世界上最大的热力煤出口公司，并作为全球最大的第 100 家公司进入 FTSE 100（英国富时 100 指数，又称伦敦金融时报指数，是世界三大股指之一）。2003 年 6 月，Xstrata 再次以 29 亿美元的价格收购 MIM Holdings①，此次收购扩大了经营的地域，并且开拓了两个新的生产领域：铜和焦煤。2012 年 2 月斯特拉塔矿业公司发布公告称将与全球最大的大宗商品交易商嘉能可（Glencore International）开启一项规模近 900 亿美元的对等合并。两家公司合并后，新公司将成为世界第四大矿业公司，市值将超过 800 亿美元，控制大约 30% 的动力煤国际交易市场，成为日本、韩国和中国发电厂至关重要的燃料供应商，并将成为全球最大锌、铅和铬铁合金生产商，以及全球第三大铜矿商和第四大镍生产商。

不仅如此，国际矿业巨头之间相互持股的现象也很普遍，而且在全球化的过程中通常采用合作、参股等方式收购、兼并其他企业实现规模经济效益，从而形成利益共同体，扩大了企业边界，模糊了企业属性，实现了企业之间的共生。例如，力拓致力于全球范围内勘探及开采的多元化发展，力拓与必和必拓不仅相互持股，而且在全球多个矿山中与必和必拓共同持有股份，共同经营。

（五）注重履行社会责任，促进矿区的可持续发展

发展中国家资源丰富，但技术、经济比较落后，如何能够在开发矿业的同时促进其技术和经济的发展并保护生态环境是发展中国家关心的重要问题。在大力实行全球化经营的同时，国际大型矿业公司非常重视实现本土化发展，并重视矿业社区经济、环境以及社会等问题，致力于建立生态可持续、经济活力、社会公平的可续矿业社区。在矿业公司看来，这项工作的重要性超过了开发新矿井，或者应对受影响矿区的反对，或者是非政府组织等人的批评。这也是跨国矿企能够成功进入发展中国家的重要因

①　MIM Holdings 是澳大利亚的一个金属和矿业公司，主要经营的业务为焦煤、铜、铅、锌、银和金矿勘探和开采。

素。必和必拓公司强调环境保护和采竭矿区生态复原，努力做到员工和环境"零伤害"，与矿区当地居民和谐相处，尽量为当地居民提供就业机会和社区服务，获得矿山项目所在国官方和民间的支持。公司董事会专门设有可持续发展委员会，负责评价公司政策对健康、安全、环境、社会等的影响，保证公司的声誉。必和必拓集团每年用于矿区环境治理的费用占集团公司税及利息前收益的 2.6%，全过程管理标准一直实施到矿井关闭后的土地复垦。

进入 21 世纪，矿企的社区政策开始扩展到促进当地经济发展、雇用当地居民、促进矿区周边小企业发展，逐渐使社区从短期利益分享转到长期可持续发展。在一些发展中国家，跨国矿企对可持续发展的承诺范围更广，可能包括教育和健康、对原住民的专门扶持等。一些大中型公司已经采取了相应措施，从设计和工程建设到开采和结束的每个阶段，都始终顾及社区居民的利益。多数矿业公司通过设立基金和社区发展项目，确保矿区能分享到矿产开发的收益。在中国，2010 年英美资源集团完成了英美煤炭西湾项目附近的陕西榆林孟家湾和小壕兔乡 7 个村的社区发展项目。从 2008 年开始，英美资源基金会为国际计划组织提供资金，用于这一地区的社区项目，共为 7 个村庄的所有家庭建造了 800 个卫生厕所、5 个灌溉系统和 3 个安全饮用水设施。在所有项目完成后，矿区周边村民的生活条件得到了极大的改善。①

在具体实践上，矿企除了为当地社区提供基础建设和教育培训以外，还考虑将支持当地社区发展的投资，用于支持给当地带来额外技术和资源的项目上。通过联合经营和优先采购、提供小额信贷以鼓励小型企业的发展等，促进社区的可持续发展。例如 2012 年 10 月，加拿大 Celedonia 矿业公司在津子公司 Blanket 矿业公司本土化的相关交易被津储备银行批准，标志着该公司已经完成本土化。这些交易包括：16% 的股份以 1174 万美元的价格出售给津国家本土化和经济授权基金；15% 的股份以 1100 万美元的价格出售给津当地财团；10% 的股份以 734 万美元价格出售给 Blanket 矿业公司员工基金。② 英美资源集团在智利建设一个冶炼厂，由于是农业地区，当地很担

---

① 崔征：《英美资源集团：致力于矿业界跨国公司的典范——英美资源集团全球副总裁毕凯瀚专访》，《WTO 经济导刊》2007 年第 10 期，第 68～70 页。

② 《津巴布韦 Blanket 矿业公司已完成本土化》，http://zimbabwe.mofcom.gov.cn/aarticle/jmxw/201210/20121008398080.html。

心工厂的存在会产生环境影响，集团不仅仔细评估分析，很好地控制和管理工厂的运作，没有对环境产生任何影响，而且还组织农业专家，挖掘当地在奶制品方面具有的优势，帮助他们制作、销售并建立品牌进行推广，取得了很好的效果，不仅使得企业和所在社区建立了良好的关系，并积极为社区的发展作出了贡献。

三 力拓跨国经营的经验

力拓是全球领先的集矿产资源勘探、开采、加工、运输等上下游环节于一体的大型矿企。其生产经营活动遍布全球，主要资产分布在澳大利亚和北美洲，在南美洲、亚洲、欧洲和南非也有大量业务。产品主要包括铝、铜、钻石、能源产品（如煤和铀）、黄金、工业矿物（如硼砂、二氧化钛、盐和滑石）以及铁矿石。集团在全球拥有约 80 个运营机构、35000余名员工，遍布世界约 40 个国家，在英国和澳大利亚上市，是真正的跨国公司。力拓近些年来在公司经营上的巨大成就，除了采用了跨国矿企成功的共性手段外，还有一些独到的个性经验，使得其在发展中国家开疆拓土的同时，无论安全、环保还是企业社会责任等方面，都打造了良好的口碑。

（一）好项目

力拓在资金决策方面，通常选择的是项目投资，而不是选择商品投资。例如力拓观察到，铜矿行业 80% 的收入来自全球不到 20% 的铜矿。力拓的目标就是让生产所有产品的铜矿来自这 20%，因为力拓相信自身擅长经营大规模、长寿命和低成本的铜矿。力拓在过去不是特别关心哪些产品会热销，因为从中短期而言，铜可能好于镍，铁矿石可能不如铝。但是展望未来50 年，就不那么清楚到底哪种金属会占优势。虽然某种金属的需求会高于其他，但关键是供需差别，供应经常会超过需求。力拓解决的方法是通过地理区域和基础建设维度，从下而上进行判断。这种矿藏是否能够长期以低成本进行扩产？如果答案是肯定的，力拓则投入资金。

除了以项目维度对资产组合进行分析之外，还需要从地理区域的角度分析。例如，力拓的资产组合中将近一半来自澳大利亚，40% 来自北美和欧洲，其中主要是加拿大，其余 10% 来自新兴市场。力拓寻找的新机会主要来自新兴市场，因此这10%将来会增长，但是会多考虑新兴市场的政治风险和管理挑战，尤其要与"较为安全"的成熟市场作比较。

（二）确保投资纪律

在投资方面，力拓公司建立了内部游说制衡管理制度。力拓成立了投资委员会，由首席执行官、技术创新负责人、商业服务负责人等组成，负责所有种类的大规模投资项目。委员会需要获得足够的数据，对投资进行冷静理智的讨论。为保证决策的独立性，力拓有两项纪律：一项是委员会将获得三份信息。一份是项目要素的建议，一份是由评估小组准备的财务和商业数据，一份是技术和环境分析。第二项纪律是投资后的评估。若干年后，力拓比对原始计划，计算获得的收益率，找出原先哪些估计值是错的，哪些挑战被低估了，哪些结果好于预期。进行多次投资评估后，判断出哪些地方容易出错，哪些地方的估计是准确的。这对于资本密集型公司是重要的纪律，对力拓也尤其重要。

（三）先进的技术和标准化的运作

力拓集团主要通过安全、高效地运营大型的、长期的、具有成本竞争力的资产，在整个集团实行标准化运作和长期实践，以及在其整个生命周期内进行全球性资产投资来创造价值。此外，通过在运营过程中有效地降低耗材的使用量、提高设备的运行时间及优化矿石开采，力拓的生产水平得到提高、成本有所降低、价值进一步优化。

从矿山层面来看，力拓之所以每天能够完成数百万吨材料的运输工作，是因为其采用了世界一流的技术手段对设备和工作进行规划、运作。此外，力拓还通过投资和应用技术创新不断优化其生产力。

从过程层面来看，力拓拥有领先的专利技术以确保回收率的最大化和生产流程的高效化，如铝冶炼技术。力拓还能准确生产客户需要的材料。从市场层面看，力拓的客户主要是工业企业，其加工的产品广泛应用在建筑、基础设施、汽车、工业机械、设备、能源和消费品等领域。力拓致力于与客户建立长期的合作关系，并不断创新和完善产品和服务，最大限度地提高产品价值。同时，力拓利用对市场和价值链的深入了解，为客户投资决策提供支持。

从交付层面来看，力拓利用各种不同的方式，高效、可靠、低成本地为客户运输产品。[①]

（四）本地化经营

力拓在全球发展的过程中非常注重本地化的经验。比如在蒙古开发奥尤陶勒盖就致力于尽量雇用当地人员。在建设阶段的项目，力拓采用了至少60％的蒙古劳动力。在操作阶段的项目，力拓将采用90％的蒙古劳动力。不仅如此，力拓还非常重视对员工的培训。2011年1月公司将5名蒙古技术人员派往瑞典厄勒布鲁的工厂进行为期两周的培训，学习最新技术。新操作员在使用真正的设备前，先在矿场利用一台计算机模拟器接受培训。他们还学习英语，这样无论大家的母语是瑞典语还是蒙古语，都能顺利交流。力拓还有一个专职部门与奥尤陶勒盖附近的小商贩打交道，这是一项支持当地经济的尝试。力拓认为扶持的供应商应该对企业有帮助，或者能为员工的食堂种植蔬菜。力拓致力于尽量雇用当地人员从事这个项目。

（五）恪守矿企开发惠及周边民众而无损周边环境的原则

力拓有大量与主业好像无关的岗位，如生物学家等，且其生物学家数量丝毫不逊色于一个名牌大学的生物系。设置这样的岗位，是因为力拓在环境保护、采竭矿区的生态复原以及社区与矿区的和谐发展等方面都力求尽善尽美，使矿业开发惠及周边民众而无损周边环境。

推动可持续发展，重视在生产和运营活动中对环境和生态的保护是力拓一直所坚持的重要原则。力拓非常重视对环境的保护和矿区的生态复原，对每一个矿山都要求对开采之前、开采期间及开采后所造成的环境影响制订计划并解决所有可能发生的环境问题，进行产品全生命周期的管理。南非东北部的克鲁格国家公园（Kruger National Park）世界闻名，在这个野生动物聚集的区域内，不仅可以看到狮子、大象、长颈鹿在林中悠闲地穿行，还可以看到被围栏围起的一辆辆巨型卡车和采矿设备。被围栏所包围的，是南非唯一一家生产精铜的企业帕拉博拉矿业公司（Palabora）所在地，力拓拥有这家公司57.7％的股权。将采矿场、冶炼厂设在国家公园周边区域，无论对

---

① 邵剑华、沈宁、王兴艳：《寻求资源优势，实现持续发展》，《冶金经济与管理》2012年第4期，第19～22页。

当地政府还是采矿商来说，都是极大的风险和考验，然而，从公司50多年前成立到现在，这个地方实现了生产发展、生态良好。

帕拉博拉矿的例子其实并不特殊，力拓所开采的很多矿山，都位于生态环境脆弱或者生态价值较高的区域，这就要求企业从开采前的勘探阶段，就要在权衡保护和利用的关系上做好全方位的准备。对力拓来说，寻找可以开采的矿山资源，必须满足苛刻的条件，包括"规模大，寿命长，成本有竞争力"——力拓将这样的资源称为"一级资源"。每年，力拓的目标就是要找到一个可以开采的属于"一级资源"的矿山，而这样的矿山可能要勘探1000个才能找到一个。

现在，力拓在全球有250多个地质专家在30多个国家进行勘探工作，非洲就是其重要的勘探地区。虽然目前公司在非洲的矿山收益只占全球的4%，但在非洲投入的勘探资金却占到了全球的16%。与一般的矿企不同，力拓的勘探部门除了要通过先进的技术找到"一级资源"的矿山，还要同时考虑在当地开矿的环境保护和社区存在的潜在问题。找到一级资源后，还要对当地的基础设施建设进行规划，同时对当地环境包括动植物的现有状况进行评估①，并与当地的社区进行洽谈，参与力拓的决策，至少要确保能将勘探开采后对环境的破坏恢复到跟之前一样的水平。如果这些都没有问题了，力拓才会把这样的一级资源交给公司的产品集团进行进一步的开采。

一个典型的例子是②，力拓曾在马达加斯加发现了一处符合其"一级资源"要求的矿产资源，但当地的生态环境非常脆弱，且位于国家公园附近。为此，力拓在开采前就对各方面的环境影响等评估了10年，包括植物可以移植到哪里、生物多样性如何保护等。而当各方面环保措施似乎万无一失的时候，力拓发现当地河流中晚上会出现一种发光的生物，于是又果断地推迟了开工，继续研究开矿是否会对这种生物的生存造成影响。

除了在勘探阶段就注意环境影响评价，进入开采阶段，力拓在环境保护上的投入依然不菲。在帕拉博拉矿业这家约有2000人的公司中，就有5个全职的环境顾问，每个部门的总监也都有一部分职责是确保环境与安全。在野生动物聚居区开矿，首先要确保的就是空气和水源不能被污染。为此，帕

---

① 在勘探阶段就对对环境等的影响进行评估，有的是当地政府和法律法规的要求，不过也是力拓公司自身的规定，因为很多当地政府的监测指标，还没有力拓公司本身规定得严格。

② 本部分内容引自陈姗姗《力拓可持续开矿：野生动物矿区边穿行》，《第一财经日报》2010年12月22日。

拉博拉矿业公司设立了一套非常严格的监测体系，定期会对进出矿区的水、空气、土壤，甚至是动物的排泄物进行监测，以防有什么异常出现。在帕拉博拉矿区共有 4 个检查站，对空气质量等进行定时取样监测，目前是为了防范排放事故。此外，由于铜冶炼的过程中会产生很多含酸气体，帕拉博拉矿业公司会将这些气体全部收集后制成硫酸，并对选矿厂所有废水进行回收，选矿后剩下的废石，也会选择非常安全的位置存放，这些都是为了确保地下水源不会受到污染。

而对于力拓运营的位于纳米比亚沙漠中的罗辛铀矿（Rossing），由于开采和加工的是具有高度辐射性的铀产品，保证各个环节的万无一失就更加重要。在罗辛铀矿氧化铀高度集中的生产区，都安装了遥控摄像头，并聘请了专业安保公司进行监管，要进入生产区还需要进行指纹识别和刷门禁卡，以将无权进入生产区的人员阻隔在外。为了保证矿区工人的安全，进入生产区的工人都会换上白色的生产服，衣服胸前还有检测辐射度的测试计，此外，所有定期工和合同工都会定期到当地的医疗机构进行体检，以确保身体健康。

除了在开采过程中注意环境的保护，一座矿山在开采完毕后对土地造成的损害，可能更让人担心。[①] 在非洲南部，采矿商在递交采矿申请时，就需要递交包括闭矿时的复垦方案，并拿出收入的一部分作为复垦基金。政府还会与企业商讨恢复土地的程度，至少也要恢复到开采之前的样子。比如力拓在南非负责运营的理查德湾矿（Richards Bay Minerals），就是与当地的林业局商议，三分之一的土地要恢复到原来的树种，三分之二的土地要种植上有经济价值的树种。事实上，理查德湾矿的土地复垦计划，在全球的矿业领域都算广为人知，公司的复垦计划甚至细化到复垦的土壤有多厚，以及复垦时使用什么废料。力拓有非常完善的复垦计划，在需要开矿的区域，会砍掉矿区以外 20 米的森林，但会把地表 1 米深的土壤进行剥离和保存，因为这些土壤是富含营养成分的，在采矿完成之后需要进行矿山复垦时，这些土壤就可以发挥作用。理查德湾矿区被分为多个区域，每开采完一个区域，力拓就会立刻种上树苗，而不是等到全部闭矿时才去处理。

当然，对力拓理查德湾矿业公司来说，复垦的成本也是巨大的，因为在

---

① 在我国，据测算，目前因采矿破坏的土地面积达 400 多万公顷，最近几年损毁的土地面积仍在以每年 20 万公顷的速度递增。其中 70% 被破坏的土地是耕地或其他农用地，多数还是土地质量很好的基本农田。

理查德湾矿山的开采中，其实只有3%的重金属被提炼出来可以进行出售，剩下的97%都要作为尾矿被丢弃处理。这几年，理查德湾矿业公司决定改变这样的状况，希望将被抛弃的尾矿再度"变废为宝"。通过尾矿处理车间，原矿运送到选矿厂选出产品后剩下的中低品位矿，就会同堆场上的尾矿一起送入处理车间进行提取。尾矿处理车间项目已经建设了两年多，总投资达12亿兰特（相当于12亿元人民币），虽然投资巨大，但它们可以对原来无法使用的低品位矿进行再处理，也就相当于延长了矿山的寿命。此前公司预计理查德湾矿在2016年开采完毕，现在就可以延长到2042年。

四 跨国矿企在发展中国家的经验对中国矿企的借鉴

综上所述，跨国矿企在全球化的发展过程中，积累了丰富的经验，形成了完善的管理制度，并且在环境和生态保护以及实现矿区周边的和谐发展方面有着显著成就。我国矿企与国际大型矿企相比，还存在较大差距。针对我国矿企在"走出去"中的通病及其在"走出去"中面对的一般情况，可以认为跨国矿企对中国的借鉴作用有四个方面：

第一，推进投资主体多元化，淡化国有企业的国家背景并力求实现矿企的本地化经营。近年来，民营企业境外投资矿业已成为我国企业资源领域"走出去"的重要力量，并创造出大量新的模式，如购买产能开展境外资本并购，实施勘探和开发，承接工程，技术换资源等等，从产业链运作程序看，主要通过直接运作矿权模式和开发服务协议模式，如中矿资源勘探股份有限公司在巴基斯坦、埃塞俄比亚等承包矿产资源勘察钻探工程项目等等。除此之外，民营企业在"走出去"方式上经过多年探索，逐步形成了中小企业依托集群化"走出去"，包括为大企业配套、境外平台等方式，以及多种主体合作"走出去"。通过境外金融市场进行融资，基于项目进行融资，通过股权性投资基金进行融资，以及通过民营企业抱团式贷款进行债权融资等，在实践中创造和积累了大量颇有成效的"走出去"方式。并且多数民营企业在海外的矿产投资首选非洲和南美洲的发展中国家。① 因此，一方面政府应重点扶持民营企业"走出去"，充分发挥民营企业的优势；另一方面

---

① 根据中国矿业联合会的数据，非洲已经成为中国企业海外矿业投资主要目的地之一，2011年中国对非洲矿业投资总额为151亿美元，同比增长10倍左右。

鼓励国有企业和民营企业建立企业联盟,相互参股,淡化国有企业的政府背景,实现优势互补,降低资源国的警惕性和敏感度,减少资源型企业"走出去"的政治阻力,增强在国外的竞争力。如中国的钢铁业,必须形成矿山—海运—贸易商—钢厂的利益共同体。同时,国有企业还应加强公关宣传力度,呈现给全世界一个良好的形象,那就是中国企业除了有资金实力,还有知识、技术、战略规划等能力。

在"走出去"之后,企业还要注意实行本土化的经营战略。当前本土化战略已成为跨国公司全球整体战略的有机组成部分。本土化意味着企业高度地融入当地社会,有效运用资源国的资金、技术、原材料、人力资源等,从而凭借其内部化优势,在全球范围内对各种资源进行调配,以实现物尽其用、利润最大化的经营目标。我国资源型企业在海外应当因地制宜实行适应当地市场经济环境的经营方式和经营手段。应实施人员本地化策略,较多地聘用当地员工,并大胆启用一些当地员工担任企业中高级管理人员;企业的人才引进和培训也要当地化,可以通过到当地高等院校招聘优秀毕业生、举办人才招聘活动或通过一些服务性机构的方式招聘企业需要的技术、语言和管理等方面的人才。[1] 在对当地员工进行管理时,应充分考虑当地员工的文化差异,采取能为员工所接受的管理方式。产品市场和设备、材料等物资的采购或生产也应尽量本土化,这样既可降低成本,又可以带动当地经济的发展。卡特彼勒全球副总裁兼全球矿用设备业务总裁 ChrisCurfman 曾指出卡特彼勒公司的经营之道就是本土化。该公司在全球各地所做的事情就是尽量让当地人感觉他们就是本土公司。在巴西,许多当地人都认为该公司是一家巴西公司。在欧洲亦是如此,公司努力融入当地的社区里。例如在加纳,当地一家公司在那里开发出一个很大的矿,当地的人需要转移再安置,政府没有基金,卡特彼勒公司就提供了支持,帮助它们建设了村落并实现供电。

第二,充分利用资本市场,采取资本运作战略。国内矿企应灵活利用资本市场的力量来做大做强,并通过资本运作模糊企业的国家属性,进一步淡化国家背景,更好地融入资源国。随着我国国内资本市场本身的逐步完善、发展,矿产资源企业通过发行股票、债券获取大量的融资已成为可能。并且我国金融管制逐步放宽,企业通过海外资本市场融资的机会也越来越多。因

---

① 王杰明:《我国资源型企业跨国经营面临的风险及应对》,《商业时代》2011 年第 4 期,第81~82 页。

此，一方面我国资源型企业要全面提高资本市场运作能力，运用新的融资产品做大做强，通过境外上市，搭建国外资本运作平台，通过股权形式，实现与世界著名企业合作。另一方面，政府应着力推进企业境外上市，探索建立和完善多层次的资本市场体系，在大力发展股票市场的同时，积极拓展企业债券市场、证券产权交易、期货市场和基金市场。

第三，生产中的安全、环保和促进周边社区发展都必须作为企业的底线，使生产服从于安全、环保要求，并使周边社区受益于企业。企业持续发展，必须建立在完善的环境保护工作以及合理利用和开发矿山资源的高效管理基础上。企业需要加强对生产环境多样化的各个矿山进行系统的规划，强化效率意识和安全责任相结合，共同努力，创造无事故的工作环境和生活环境。同时，努力与其他利益相关者建立合作伙伴关系，不断改进自身的环境建设，使企业在一个合乎世界矿业竞争环境要求的、负责任的方式下工作。此外，企业要详细了解并掌握生产企业所在国家和地区的有关法律法规，尤其是关于员工安全与健康和环境治理方面的各项规章，严格按照国际高水准的相关规范实施勘探、开采、选冶等各环节的技术、生产和管理活动，特别是安全和环保要高度重视。

第四，高度重视惠及当地民生。资源型企业要营造良好的外部环境，必须高度重视惠及当地民生，这样才能融于当地社会，取得有效的发展动力和发展空间。一方面要为当地社会作出贡献；另一方面要通过提高经营水平和与当地居民的亲和力来提高知名度。在资源国，企业要试图与当地政府、企业与社区居民等利益相关者建立一种能使各方共同参与政策制定及利益分配的机制，为矿业社区参与发展决策、维护自身各项权益提供途径。力拓Kennecott Utah 铜矿建立了一种社区关系网络，就公司各种事项与政府机构、社区委员会、环境和学术团体等，通过定期会议进行商讨。这一方式，提供了矿业社区参与发展决策、维护自身各项权益的途径。而在具体的执行过程中，应该在利益相关者协商初期，就设计出一套框架来解决争议，一旦出现冲突，有一种各方认可的调停或者仲裁方法。在建设过程中，要高度重视矿区环境与矿区的社会经济发展，并将此作为企业的奋斗目标，建立严密的高于当地标准的规章制度体系和全过程管理标准，并积极改善矿区周边社区民生，使周边社区成为矿企最坚定支持者。纽蒙特矿业公司把搞好社区关系作为一项重要战略和企业文化的一部分，让社区广泛参与矿业项目运行，使社区理解该矿业项目有利于社区的可持续发展。其下属公司——纽蒙特·米那哈萨公司项目总经理约翰·艾尔瑟姆认为，只有坚决执行社区参与并雇用当地村民的政策，才能使当地村民信任有加，这是项目得以顺利展开并获得成功的重要因素之一。为此，该公司采取了以下四项具体措施：一是雇佣并培训当地员工。纽蒙特·米那哈萨金矿公司使用的雇员总数为704人，其中658人为印尼籍员工，并从就近沿海渔村招收商业设施服务人员和劳工。矿山建设期间，总计约有1600名当地的印尼人被吸收成为建筑工人，其中许多人来自农村。二是支持项目所在地教育。力拓捐助8万美元重新装备当地的一座公立学校，并提供必要的培训文具用品，还为当地28名高中生提供奖学金。三是建立社区关系办公室。例如，力拓米那哈萨金矿公司设有"社区关系办公室"，指定专人加强同当地村民建立密切联系，如向当地村民解释就业事宜、出资提高当地医疗诊所的档次、为当地村民培训助产士等等。四是提高当地人的生活水平。公司雇请村民制作矿山矿工使用的工作服，鼓励其他村民种植蔬菜、稻米，由矿山按质收购。这些措施让当地老百姓非常"自动"地参与了金矿项目工程的建设，使米那哈萨金矿的开拓和发展变成当地老百姓自己的事情，直接提高了当地人民的生活水平，得到当地居民的拥护。[1]

（本部分主要执笔人：叶伟祺、刘洁）

---

[1]　黄娟、杨昌明、杨贺盈：《国外资源型企业实现可持续发展的战略措施分析》，《湖北社会科学》2004年第2期，第134～136页。

参考文献

[1] 陈丽丽：《中国企业海外投资行为分析》，《国际经济合作》2007 年第 12 期，第 12～16 页。

[2] 陈岩、杨桓、张斌：《中国对外投资动因、制度调节与地区差异》，《管理科学》2012 年第 3 期，第 112～120 页。

[3] 崔征：《英美资源集团：致力于矿业界跨国公司的典范——英美资源集团全球副总裁毕凯瀚专访》，《WTO 经济导刊》2007 年第 10 期，第 68～70 页。

[4] 戴春宁：《中国对外投资项目案例分析——中国进出口银行海外投资项目精选》，清华大学出版社，2009。

[5] 单宝：《中海油竞购优尼科失败的原因及其教训》，《国际贸易》2005 年第 10 期，第 14～17 页。

[6] 丁龙：《国际矿业企业发展模式研究》，《中国矿业》2009 年第 6 期，第 17～23 页。

[7] 冯雷、夏先良：《中国"走出去"方式创新研究》，社会科学文献出版社，2011。

[8] 付卓：《探讨后金融危机下中国资源型企业的海外并购——以中铝力拓并购案为例》，《企业导报》2012 年第 7 期，第 4～5、22 页。

[9] 辜胜阻：《城镇化是我国最大潜在内需》，《光明日报》2012 年 10 月 22 日。

[10] 国际货币基金组织（IMF）预警：《全球经济恐临二次衰退风险》，《南方都市报》2012 年 10 月 11 日。

[11] 国家发展和改革委员会：《"十二五"利用外资和境外投资规划》，

2012 年 7 月 17 日。

[12] 国务院发展研究中心金融所课题组：《促进我国对外投资的政策措施与发挥香港平台作用》，2007。

[13] 国务院发展研究中心企业研究所：《中国企业海外投资并购的商业模式：几种类型和初步讨论》，2010。

[14] 国务院发展研究中心资源环境所"新形势下钢铁产业转型升级与可持续发展研究"课题组：《中国钢铁企业"走出去"的途径与政策建议》，《中国发展观察》2012 年第 7 期，第 16～18 页。

[15] 贺冰清、姚华军：《实施全球矿产资源战略需要金融支持》，《中国国土资源经济》2010 年第 1 期，第 13～16 页。

[16] 侯捷：《中国企业海外并购强劲，上半年交易金额增 3 倍》，《证券日报》2012 年 8 月 15 日。

[17] 侯云春：《加快实施"走出去"战略促进我国经济发展方式转变》，《中国经贸》2011 年第 8 期，第 44～45 页。

[18] 胡俊芳：《中国矿业企业海外投资环境分析》，《对外经贸》2012 年第 4 期，第 31～33 页。

[19] 黄娟、杨昌明、杨贺盈：《国外资源型企业实现可持续发展的战略措施分析》，《湖北社会科学》2004 年第 2 期，第 134～136 页。

[20] 黄孟复：《中国民营企业"走出去"状况调查》，中国财政经济出版社，2009。

[21] 姜国峰：《"走出去"——海外开发实践》，《世界有色金属》2009 年第 2 期，第 66～68 页。

[22] 蓝庆新：《近年来我国资源类企业海外并购问题研究》，《国际贸易问题》2011 年第 8 期，第 154～165 页。

[23] 蓝晓梅：《世界大型矿业公司可持续发展及对我国煤炭企业的启示》，《煤炭经济研究》2004 年第 10 期，第 7～9 页。

[24] 李博：《力拓 Kestrel 煤矿的可持续发展之路》，《矿业装备》2012 年第 7 期，第 58～59 页。

[25] 李春超：《央企"走出去"——中央企业开发利用海外有色金属矿产资源现状》，《中国有色金属》2007 年第 8 期，第 24～25 页。

[26] 李桂芳：《中央企业对外直接投资报告（2011）》，中国经济出版社，2011。

［27］李俊江、孙黎：《中国资源类企业"走出去"：基于异质性企业贸易理论的分析》，《江汉论坛》2012 年第 1 期，第 42~47 页。

［28］李俊玮：《中央企业实施"走出去"战略问题分析》，吉林大学硕士学位论文，2012。

［29］李楠、曾伟：《矿产资源海外投资安全机制研究》，《企业改革与发展》2011 年第 1 期，第 164~166 页。

［30］李鑫轶、鲜艳：《石油企业："走出去"战略的急先锋》，《中国石化》2011 年第 10 期，第 26~27 页。

［31］李约汉：《力拓：大力开拓全球矿业——访力拓矿业集团亚洲及中国区总裁路久成》，《地质勘查导报》2007 年 9 月 20 日。

［32］梁将：《中国企业海外资源性投资损失原因探析及对策》，《亚太经济》2012 年第 1 期，第 104~108 页。

［33］林家彬、刘洁、李彦龙等：《中国矿产资源管理报告》，社会科学文献出版社，2011。

［34］林平：《我国矿产资源对外投资战略研究》，中国地质大学（北京）博士学位论文，2008。

［35］刘冰川、祁世兵：《中国企业投资开发海外铜矿资源现状及建议》，《中国金属通报》2011 年第 42 期，第 19~21 页。

［36］刘成：《海尔将美国智慧融入企业文化》，《经济日报》2012 年 2 月 3 日。

［37］刘建、李莉、关宇航：《略论资源型企业海外并购整合与内部控制模式之构建》，《现代财经》2011 年第 1 期，第 29~33 页。

［38］刘劲松、史忠良：《中国能源企业走出去的模式选择》，《南昌大学学报》（人文社会科学版）2011 年第 2 期，第 81~86 页。

［39］刘天宇：《加快我国矿产资源企业海外拓展之策略》，《当代经济》2008 年第 11 期，第 10~11 页。

［40］刘铁磊：《我国企业海外投资保障体系的政策性金融支持》，《经济论坛》2010 年第 8 期，第 48~50 页。

［41］刘晓岚：《中国企业海外矿产资源并购研究》，中国地质大学（北京）博士学位论文，2011。

［42］刘晓岚、陈方正：《2009 年中国企业海外资源并购活动分析》，《矿业研究与开发》2011 年第 2 期，第 98~106 页。

［43］柳昊明：《国际市场变化中的企业经营管理和发展战略调整——以力
拓与必和必拓为例》，《冶金经济与管理》，第 41 ~ 44 页。

［44］龙翠红、洪银兴：《经济发展方式转型与大国成长》，《学术界》2012
年第 1 期，第 26 ~ 34 页。

［45］卢进勇：《"走出去"战略与中国跨国公司崛起——迈向经济强国的必
由之路》，首都经济贸易大学出版社，2012。

［46］陆宇生：《构建企业"走出去"金融支持体系》，《上海金融报》2011
年 2 月 11 日。

［47］孟庆丰、周进生：《国内矿企"走出去"问题的探讨》，《中国矿业》
2010 年第 12 期，第 4 ~ 7 页。

［48］牛琦彬：《中海油并购优尼科事件分析》，《中国石油大学学报》（社
会科学版）2007 年第 1 期，第 12 ~ 15 页。

［49］潘颖、战京玲、王凯：《"走出去"战略背景下我国企业跨国并购风险
的识别与控制》，《未来与发展》2012 年第 6 期，第 110 ~ 113 页。

［50］裴长洪：《全球格局下的中国经济走势》，《中国流通经济》2012 年第
7 期，第 9 ~ 16 页。

［51］全国工商联经济部：《民营企业 500 强调研分析报告》，中华财务咨询
有限公司，2011。

［52］任忠宝、王世虎、唐宇、周海东：《矿产资源需求拐点理论与峰值预
测》，《自然资源学报》2012 年第 9 期，第 1480 ~ 1489 页。

［53］邵剑华、沈宁、王兴艳：《寻求资源优势，实现持续发展》，《冶金经
济与管理》2012 年第 4 期，第 19 ~ 22 页。

［54］施训鹏：《国外如何促进矿区的可持续发展》，《中国矿业》2005 年第
5 期，第 10 ~ 13 页。

［55］唐懿：《加大矿业投资，加强中国业务——访力拓中国区总裁》，《矿
业装备》2012 年第 9 期，第 32 ~ 33 页。

［56］童生、成金华：《我国资源型企业跨国经营的政治风险及其规避》，
《国际贸易问题》2006 年第 1 期，第 90 ~ 95 页。

［57］万丽娟、石睿、陈立泰：《中国企业对外直接投资存在的问题及对
策》，《探索》2011 年第 4 期，第 95 ~ 99 页。

［58］王边莲：《浅谈我国矿产资源储备战略》，《矿产保护与利用》2011 年
第 8 期，第 5 ~ 8 页。

[59] 王杰明：《我国资源型企业跨国经营面临的风险及应对》，《商业时代》2011年第4期，第81～82页。

[60] 王立军：《中国资源类企业"走出去"的保障措施》，《中国经贸》2010年第12期，第76～77页。

[61] 王青、刘妍：《我国企业海外投资风险及其管理》，《企业研究》2012年第1期，第104～106页。

[62] 王艳、程宏伟：《矿业社区可持续发展国际比较研究》，《中国矿业》2011年第2期，第56～59页。

[63] 辛希：《中国企业海外投资与经营面临升级——中国贸促会发布〈2011中国企业海外投资与经营情况调查报告〉》，《中国对外贸易》2012年第5期，第43～45页。

[64] 徐衍坤：《日本全球矿产资源战略及储备制度简介》（上），《金属世界》2008年第3期，第2～4、19页。

[65] 薛志伟：《内需成经济增长主动力——如何看待当前经济出现的积极变化》（中），《经济日报》2012年10月20日。

[66] 燕凌羽、王安建、陈其慎、李建武：《跨国矿业公司发展战略研究及对中国的启示》，《黄金》2012年第10期，第1～5页。

[67] 燕凌羽、王安建、陈其慎、李建武：《世界大型矿业公司发展历程浅析》，《中国矿业》2012年第5期，第8～12页。

[68] 杨贺盈、高岩：《南非安格鲁矿业公司发展的启示》，《中国矿业》2004年第5期，第78～81页。

[69] 杨蔚：《国际化战略的经验与启示——以海尔为例》，《山东经济》2010年第7期，第44～47页。

[70] 姚传江：《国际矿业巨头的成长模式及对中国的启示——以必和必拓公司为例》，《世界有色金属》2008年第6期，第58～63页。

[71] 姚君：《斯特拉塔集团公司煤炭经营行为研究》，《中国矿业》2011年第11期，第32～35页。

[72] 姚淑梅：《我国能矿资源企业跨国并购现状、问题及对策》，《经济研究参考》2008年第45期，第27～32页。

[73] 叶新草：《中国企业"走出去"的发展现状与政策建议》，东北师范大学硕士学位论文，2011。

[74] 庚莉萍：《我国矿产资源实施"走出去"战略任重道远》（续），《有

色设备》2007 年第 5 期, 第 50 ~ 54 页。

[75] 詹霞、张玉峰:《企业"走出去"战略机理探讨》,《企业经济》2011 年第 8 期, 第 29 ~ 32 页。

[76] 张承惠、朱明方:《我国企业对外投资的现状、问题和政策建议》,《重庆工学院学报》(社会科学版) 2009 年第 3 期, 第 4 ~ 8 页。

[77] 张光进:《资源型企业跨国经营财税金融支持研究》,《中国地质大学学报》(社会科学版) 2010 年第 3 期, 第 51 ~ 55 页。

[78] 张光荣:《制度要有, 适用要慎——"外资并购安全审查"个案调查程序不能频繁过度启动》,《中国外资》2011 年第 4 期, 第 14 ~ 17 页。

[79] 张广荣:《我国开展资源能源类境外投资的理论解读》,《国际贸易》2010 年第 8 期, 第 53 ~ 58 页。

[80] 张广荣:《我国企业海外资源能源并购实践》,《中国经贸》2010 年第 6 期, 第 66 ~ 69 页。

[81] 张广荣:《中国的资源能源类境外投资基本问题研究》, 中国经济出版社, 2010。

[82] 张广荣:《中国企业海外投资的对策》,《经济》2011 年第 10 期, 第 70 ~ 72 页。

[83] 张华:《我国企业投资海外矿产资源的策略》,《中国矿业》2010 年第 10 期, 第 28 ~ 31 页。

[84] 张华:《中国企业投资并购海外矿产资源现状与措施建议》,《中国国土资源经济》2010 年第 11 期, 第 20 ~ 26 页。

[85] 张建红、卫新江、海柯·艾伯斯:《决定中国企业海外收购成败的因素分析》,《管理世界》2010 年第 3 期, 第 97 ~ 107 页。

[86] 张建红、周朝鸿:《中国企业走出去的制度障碍研究——以海外收购为例》,《经济研究》2010 年第 6 期, 第 80 ~ 91 页。

[87] 张意翔、孙涵:《我国能源消费误差修正模型研究——基于产业结构重型化视角的实证分析》,《中国人口·资源与环境》2008 年第 1 期, 第 74 ~ 78 页。

[88] 赵昌文等:《中国企业"走出去"正面临各种越来越多的争议:怎么看? 怎么办?》,《经济要参》2012 年第 4 期, 第 3 ~ 13 页。

[89] 赵家荣:《破解资源环境约束, 加快转变经济发展方式》,《中国经济导报》2011 年 10 月 24 日。

［90］ 郑秉文：《纵观美日两国全球矿产资源战略》，《新远见》2009 年第 2
期，第 42～53 页。

［91］ 中国国际贸易促进委员会主编《2009 中国企业"走出去"发展报
告》，人民出版社，2010。

［92］ 中国国际贸易促进委员会主编《2010 中国企业"走出去"发展报
告》，人民出版社，2011。

［93］ 中国国际贸易促进委员会：《中国企业海外投资及经营状况调查报告》
2012 年第 4 期。

［94］ 周宏春：《我国资源效率提高空间辨析》，《论坛》2006 年第 4 期，第
1 页。

［95］《海尔走出去成功案例成"商业标杆"》，《青岛日报》2007 年 7 月 26
日。

［96］《加快转变经济发展方式是战略抉择——访国家发改委宏观经济研究
院副院长王一鸣》，《人民日报》2012 年 11 月 2 日。

图书在版编目（CIP）数据

中国企业"走出去"发展报告. 2013/林家彬等著. —北京：
社会科学文献出版社，2013.3
ISBN 978 - 7 - 5097 - 4332 - 4

Ⅰ. ①中… Ⅱ. ①林… Ⅲ. ①企业 - 对外投资 - 研究
报告 - 中国 - 2013 Ⅳ. ①F279.23

中国版本图书馆 CIP 数据核字（2013）第 035550 号

中国企业"走出去"发展报告（2013）

著　　者／林家彬　刘　洁　卓　杰　等

出 版 人／谢寿光
出 版 者／社会科学文献出版社
地　　址／北京市西城区北三环中路甲 29 号院 3 号楼华龙大厦
邮政编码／100029

责任部门／人文分社（010）59367215　　　责任编辑／许　力　范明礼
电子信箱／renwen@ssap.cn　　　　　　　　责任校对／刘宏桥
项目统筹／宋月华　　　　　　　　　　　　责任印制／岳　阳
经　　销／社会科学文献出版社市场营销中心（010）59367081　59367089
读者服务／读者服务中心（010）59367028

印　　装／北京鹏润伟业印刷有限公司
开　　本／787mm×1092mm　1/16　　　　印　　张／17.5
版　　次／2013 年 3 月第 1 版　　　　　　字　　数／282 千字
印　　次／2013 年 3 月第 1 次印刷
书　　号／ISBN 978 - 7 - 5097 - 4332 - 4
定　　价／79.00 元